庆祝中华人民共和国
成立七十五周年书系

新中国史研究文丛

改革开放初期中国工业结构的调整与发展（1978—1991）

贾子尧　著

当代中国出版社
Contemporary China Publishing House

图书在版编目(CIP)数据

改革开放初期中国工业结构的调整与发展：1978—1991 / 贾子尧著. -- 北京：当代中国出版社，2024. 12. -- (新中国史研究文丛). -- ISBN 978-7-5154-1463-8

Ⅰ. F429.07

中国国家版本馆 CIP 数据核字第 2024JQ0898 号

出 版 人　蔡继辉
责任编辑　袁又文
责任校对　贾云华　康　莹
印刷监制　刘艳平
封面设计　宋　涛　鲁　娟
出版发行　当代中国出版社
地　　址　北京市地安门西大街旌勇里 8 号
网　　址　http://www.ddzg.net
邮政编码　100009
编 辑 部　(010)66572264
市 场 部　(010)66572281　66572157
印　　刷　北京润田金辉印刷有限公司
开　　本　710 毫米 × 1000 毫米　1/16
印　　张　18.5 印张　1 插页　219 千字
版　　次　2024 年 12 月第 1 版
印　　次　2024 年 12 月第 1 次印刷
定　　价　88.00 元

新中国史研究文丛

— 总 序 —

在新中国成立75周年之际，当代中国研究所组织编辑出版的《新中国史研究文丛》第一批成果终于与读者见面了。

当代中国研究所是中共中央批准成立的专门从事中华人民共和国史研究、编撰与宣传工作的科研机构，自1990年成立以来，编写出版了《中华人民共和国史稿》《中华人民共和国简史》《新中国70年》《中华人民共和国史编年》《中国式现代化简史》等国史基本著作。为迎接新中国成立75周年，当代中国研究所组织编写《中华人民共和国史》《新中国史事编年》等学术著作，不断推动新中国史研究事业繁荣发展。《新中国史研究文丛》，既是当代中国研究所肩负“修史、资政、育人、护国”职责使命，为庆祝新中国成立75周年献上的一份厚礼，也是对当代中国研究所成立30余年来科研成果的又一次检阅。

习近平总书记在致国史学会成立30周年贺信中强调，要坚持正确政治方向，坚持历史唯物主义，以马克思主义中国化时代化最新成果为指导，进一步团结全国广大国史研究工作者，牢牢把握国史的主题主线、主流本质，不断提高研究水平，创新宣传方式，加强教育引导，激励人们坚定历史自信、增强历史主动，更好凝聚团结奋斗的精神力量，为全面建设社会主义现代化国家、全面推进中华民族伟大复兴作出新贡献。这不仅为当代中国研究所、国史学会的发展指明了方向，也为我们在新时代新征程上全面推动新中国史研究事业高质量发展提供了根本遵循。

赓续历史文脉，谱写当代华章。习近平总书记指出："重视历史、研究历史、借鉴历史是中华民族5000多年文明史的一个优良传统。当代中国是历史中国的延续和发展。"深入研究新中国史，一方面是继承发扬中国源远流长的史学传统，另一方面可以从中深刻体悟中华文明具有突出的连续性、创新性、统一性、包容性和和平性。在新的起点上深化和拓展中国式现代化，更好担负起新的文化使命，就需要立足中华民族伟大历史实践和当代实践，用中国道理总结好中国经验。这是编辑出版《新中国史研究文丛》的重要使命。

激励人们坚定历史自信，增强历史主动。历史是最好的教科书，也是最好的营养剂。新中国史是中华民族发展史上的时代画卷，是世界社会主义发展史、人类文明发展史上的辉煌篇章。只有坚持以习近平新时代中国特色社会主义思想为指导，不断深化新中国史研究，拿出高质量的研究成果，并加强研究成果的宣传、推广，才能真正把历史智慧和历史经验进一步转化为全国各族人民团结奋斗的精神力量，充分发挥新中国史资政、育人、护国的作用。这是编辑出版《新中国史研究文丛》的重要目的。

推动新中国史“三大体系”建设，建构中国自主知识体系。加快构建中国特色哲学社会科学学科体系、学术体系、话语体系是习近平总书记在哲学社会科学工作座谈会上提出的新时代战略任务。新中国史伴随着新中国的发展而发展，是一个兼具政治性与学术性的新兴学科。经过几十年特别是新时代十余年以来的努力，新中国史“三大体系”建设已经取得了一定的成绩。但毋庸讳言，与其他成熟学科相比，新中国史还有很大进步空间。编辑出版《新中国史研究文丛》，是加快构建新中国史“三大体系”、建构中国自主知识体系的一个重要举措。

展示真实、立体、全面的当代中国，促进文明交流互鉴。习近平总书记强调，要“着力加强国际传播能力建设、促进文明交流互鉴”。新中国史研究在这方面具有独特作用和特殊优势。新中国成立 75 年来，取得了令世界刮目相看的伟大成就。如何记录好、总结好新中国的辉煌成就和宝贵经验，是时代赋予的重大课题。新中国史研究工作者有责任积极参与国际性的对话和交流，在世界舞台上讲好当代中国故事，传播好当代中国声音，展示一个真实、立体、全面的当代中国，不断增强中华文明传播力和影响力。编辑出版《新中国史研究文丛》，希望有助于发挥新中国史研究在讲好中国故事中的独特作用。

培育新中国史研究力量，壮大人才队伍。“千秋基业，人才为本。”近几十年来，新中国史研究逐步形成了一支政治素养高、专业能力强、学科门类齐的人才队伍。推进科教融合，建立了中共党史系、中华人民共和国国史系，编撰出版教材，注意培养新中国史研究新生力量。但同时也要看到，新中国史研究还面临着成果发表平台不足、方法有待完善等现实问题，很大程度制约了人才的成长与发展。编辑出版《新中国史研究文丛》，有助于“出人、出书、走正路”，不断壮大新中国史研究人才队伍。

我们将编辑出版《新中国史研究文丛》作为一个长期项目，为新中国史研究的优秀成果提供优质的出版服务。期望得到学界同仁的关心和支持，大家一起通过此项目，为新中国史研究事业这座巍峨大厦添砖增瓦，并推动它不断繁荣发展。

李正华

2024 年 5 月

前　言

实现工业化，是发展中国家走向现代化的关键环节。中国仅用几十年时间就走完了发达国家几百年走过的工业化历程，不仅创造了伟大的发展奇迹，而且走出一条不同于西方的工业化道路，为发展中国家提供了新的选择。

新中国成立以来，我国的工业化进程大致可以分为三个阶段。1949 年到 1978 年是中国工业化的奠基阶段。我国选择实施优先发展重工业战略，并建立起高度集中的计划经济体制，依靠集中力量办大事的制度优势和全国人民的艰苦奋斗，建成了独立的、比较完整的工业体系。到 20 世纪 70 年代末，我国已经拥有了当前产业分类中 41 个工业大类中的 40 个大类。国防工业实现了从无到有、从小到大、从落后到较为先进、从模仿制造到自主研发的巨变。1978 年到 2012 年是中国工业化的加速发展阶段。我国转向轻重工业协调发展、相互促进的发展路径，逐步实现了向社会主义市场经济体制的转轨，并以完备的工业体系和丰富的劳动力资源优势融入国际分工体系，释放出强劲增长动能。2010年，我国制造业增加值超过美国，成为世界制造业第一大国。2012年以来，中国工业化进入高质量发展阶段。我国在推动发展方式转向创新驱动的进程中，不断推进新型工业化纵深发展，加快构建现代化产业体系，已于2020年基本实现工业化，正向着到2035年基本实现新型工业化和到21世纪中叶成为世界工业强国的目标迈进。

从新中国工业化的阶段性发展进程来看，中国工业化道路最显著的特征之一，就是打破了西方发达国家产业梯度升级的次序，呈现为由优先发展重工业，到轻重工业协调发展、相互促进，再到向现代化产业体系转型升级的过程。研究这一过程的历史成因，探究其中蕴含的启示和规律，对于解释中国工业化道路，总结工业化的中国经验、中国理论，具有重要意义。而梳理各个历史阶段工业发展战略的形成或转变，以及由此开启的工业结构调整与发展的历史，是这项研究中的重要课题。由此，本书选择以新中国工业化进程中第二个阶段的初期（1978年到1991年）为对象，梳理我国转变工业发展战略、调整工业结构、推动中国工业走上新的发展轨道的历史过程。

本书第一章叙述改革开放初期工业结构调整的缘起，即中国工业发展战略转变的过程，并初步探讨其中蕴含的历史逻辑。1978年召开的中共十一届三中全会开启了改革开放和社会主义现代化建设新时期，紧接着开始国民经济调整，促使我国实现了工业发展战略的转变。面对重工业脱离农业、轻工业发展从而导致国民经济效率低下的局面，以及人民生活亟须改善而消费品严重短缺的结构性矛盾，我国放弃了优先发展重工业战略，逐步走上轻重工业协调发展、相互促进的路径。这一转变是新中国工业化进程第二个阶段的开端，也是这一阶段初期工业结构调整的缘起。

本书第二章叙述 1978 年到 1991 年工业结构调整的主要政策措施。“五五”计划后两年和“六五”计划时期工业结构调整的主要目标是使轻重工业比例协调，工业结构和产业结构趋于合理。进入“七五”计划时期，我国在消费需求升级的推动下开启工业结构逐步升级的进程。总体而言，这一时期我国调整工业结构的方向是着力促进轻工业发展，推动重工业向服务农业、轻工业的方向转变，并努力加强能源工业等短板。这一时期工业结构的调整与发展是在计划经济加市场调节的“双轨制”条件下进行的。1992 年，我国将建立社会主义市场经济体制确立为改革目标，经济体制改革步伐加快，工业结构的调整与发展随之进入新的时期。

本书第三章到第六章分别叙述这一时期各工业行业调整与发展的过程，第七章简要总结这一时期工业的结构改善及发展成就。第三章聚焦轻工业，叙述轻工业发展方针的转变，以及内部结构的调整和转型升级，其中第四节专门叙述家电工业的发展。第四、五、六章聚焦重工业，分别叙述能源工业、原材料工业、机械工业中各个行业调整与发展的过程。这一时期，轻工业发展迅速，一批新兴行业蓬勃兴起，重工业逐步转变服务方向，并实施了一批重大建设项目和重大技术攻关项目，轻重工业共同成为工业发展以及经济发展的“双核”驱动力。在工业化的各个阶段重工业都发挥了关键性作用，这是中国工业化道路的重要特点。在工业技术方面，我国各行各业都通过引进国外先进技术和消化吸收快速提升了技术水平，航天、核能等领域依靠自主创新也取得重大突破。

本书透过工业结构这一视角，力图将宏观层面的工业发展战略和产业政策，同中观层面各个工业行业推进结构调整与发展的过程，以及微观层面的重大建设项目和技术突破有机结合起来，立体呈现新中国工业化由奠基阶段转向加速发展阶段的转型过程。叙述各个工业行业的章节力图凸显该行业在这一时期的突出特点，并呈现改革开放对于各行业结构调整和发展转型的影响。

本书集中于梳理历史过程，对历史逻辑和经验启示的探讨并不多。但作者发现，对改革开放初期中国工业的转型发展，乃至整个新中国工业化进程的理论解释仍有很大的发展空间。比如，新中国工业化进程中呈现出的产业结构变迁次序究竟应该如何解释？它是产业梯度升级规律在中国特定历史条件下形成的特殊案例，还是在某种程度上体现了发展中国家推进工业化的一般规律？中国的产业结构变迁过程，能否提炼为发展经济学的典型事实？与此相关的另一个问题是，改革开放初期工业占国民经济比重下降的现象应该如何解释？回答这些问题不仅需要进一步梳理历史，而且需要推进理论创新。

由于作者水平有限，书中难免有错漏之处，敬请读者批评指正。

贾子尧

2024 年 9 月 3 日

目 录

第一章

改革开放初期工业结构调整的缘起

新中国成立后，中国共产党选择以优先发展重工业战略推进中国的工业化进程。到20世纪70年代后期，中国已经建立起独立的、比较完整的工业体系，并基本解决了国家安全问题。然而在发展过程中，农业、轻工业投资长期偏低，重工业的发展超过了农业、轻工业的负担能力，形成了不合理的经济结构和工业结构。粉碎“四人帮”之后，随着经济领域拨乱反正的逐步展开，中国共产党内逐渐就把工作重点转移到经济建设上来、推进改革经济体制和引进外国先进技术设备达成共识，但对于是否需要进行国民经济调整存在不少分歧。即便在中共十一届三中全会之后，“调整、改革、整顿、提高”的方针已经提出，党内仍存在争论，一部分人主张抓住时机加快建设，另一部分人则主张对国民经济进行调整，使其走上健康、稳步发展的轨道。而围绕是否要调整国民经济展开的争论，引申出中国现代化道路应该怎么走这一更为根本的问题，最终促使中国改变了工业发展战略。

第一节　改革开放前“偏重”工业结构的形成

改革开放初期，中国之所以要对工业结构进行调整，首先是因为当时的工业结构极不合理。而这种结构的形成和延续，与改革开放前中国以优先发展重工业战略推进工业化进程的选择密切相关。

一、优先发展重工业战略的实施

在酝酿编制“一五”计划的过程中，中共中央逐步明确了优先发展重工业的方针。1951 年，中共中央根据国民经济开始好转和抗美援朝战局趋于稳定的形势，开始谋划大规模经济建设问题。2 月，毛泽东在中央政治局扩大会议上提出“三年准备，十年计划经济建设”的思想。会议决定，从 1953 年开始实施发展国民经济的第一个五年计划，并要求立即开始编制五年计划的准备工作。12 月 1 日，中共中央作出《关于实行精兵简政、增产节约、反对贪污、反对浪费和反对官僚主义的决定》。毛泽东在修改该决定的草案时，加写了一段内容：“从一九五三年起，我们就要进入大规模经济建设了，准备以二十年时间完成中国的工业化。完成工业化当然不只是重工业和国防工业，一切必要的轻工业都应建设起来。为了完成国家工业化，必须发展农业，并逐步完成农业社会化。但是首先重要并能带动轻工业和农业向前发展的是建设重工业和国防工业。”[1]1952 年 5 月，在中央财政经济委员会召开的全国财经会议上，作为五年计划编制工作领导小组成员的李富春在阐述关于“一五”计划指导思想的设想时明确指出：经济建设的重点放在重工业，尤其是钢铁、燃料动力、机械军工、有色金属和化学工业等基础工业上，为我国工业化打下基础；农业、轻工业和交通等事业应当围绕重工业这个中心来发展。[2]之后，经过认真研究，中共中央最终确定将优先发展重工业作为“一五”计划的方针。

而优先发展重工业的方针得以在“一五”时期真正落实，有一个至关

〔1〕《毛泽东年谱（1949—1976）》第 1 卷，中央文献出版社 2013 年版，第 426 页。

〔2〕房维中、金冲及主编：《李富春传》，中央文献出版社 2001 年版，第 421 页。

重要的条件，就是苏联同意对中国进行援助。新中国成立时仍是农业国，财政收入十分有限，而且还有大部分需要用于尚未结束的解放战争和抗美援朝战争，很难满足优先发展重工业的资金需要。而且，当时中国也非常缺乏建设重工业的技术人才和管理人才，缺乏勘察工业资源、设计制造工业设备、掌握工业技术的能力。仅凭中国自身的力量，是无法实施优先发展重工业战略的。苏联同意向中国贷款，设计、供应成套设备，并派各方面专家来华帮助中国建设，才使优先发展重工业真正具备可行性。

1950 年 2 月，中苏两国签订《中苏友好同盟互助条约》之后，还签订了由苏联援助中国建设和改造 50 个大型企业的协定；1953 年，与苏联签订了第二批苏联供应成套设备建设项目中苏协议书，共 91 个项目；1954 年 10 月，又与苏联签订了第三批苏联供应成套设备建设项目中苏协议书，引进 15 个项目，并扩大原定 141 项成套设备项目的供应范围。至此，苏联援建的项目共计 156 项。1955 年 7 月 30 日，第一届全国人民代表大会第二次会议审议通过“一五”计划纲要，其中明确提出“一五”计划的中心环节是优先发展重工业，核心任务首先是集中主要力量建设苏联援助的 156 个项目。1955 年 3 月，中国又与苏联签订了新的协定，援助项目增加 16 项；随后通过口头协议又增加 2 项。由于对项目进行增减和拆、并等调整，到“一五”计划末期，苏联援建项目共计为 166 项，而这些项目中实际施工的为 150 项，但习惯上仍按照“一五”计划纲要中的说法称为“156 项”。之后，1958 年和 1959 年中国又与苏联先后签订了几个由苏联供应成套设备进行项目建设的协定，共有 100 多个项目。整个 50 年代，苏联帮助中国建设的成套设备建设项目共有 304 项，单独车间和装置项目共有 64 项。[1]

---

〔1〕《当代中国的基本建设》编辑委员会编：《当代中国的基本建设》（上），当代中国出版社、香港祖国出版社 2009 年版，第 43—44 页。

优先发展重工业，是中国共产党综合考虑当时国内国际各方面形势和条件作出的重大战略决策，成为改革开放前主导中国工业化建设的指导思想。作出这一战略选择的原因是多方面的，其中包括两个重要的方面，一是维护国家的安全，二是尽快实现国家的完全独立。

第一，优先发展重工业是维护国家安全的迫切要求。一方面，新中国成立之初，仍面临着来自国民党反动派的军事威胁。1950 年 2 月 6 日，蒋介石集团派飞机轰炸上海。当时，中国曾要求苏联提供空军保护。斯大林同意给予支援，但提出苏中要签订一个秘密协定，规定苏联在远东边疆区和中亚地区、中国的东北和新疆享有一定特权。为维护国家安全，中国不得已同意了这一要求。国民党反动派败退台湾，在海军、空军方面占有一定优势，为解放台湾带来重大挑战。因而，要想不再受到那样的胁迫，实现统一，就必须建立自己的现代国防工业。另一方面，1950 年 6 月朝鲜战争爆发，9 月以美国为主的“联合国军”在仁川登陆，将战火烧到鸭绿江边。中国人民为抗美援朝、保家卫国，组成中国人民志愿军，于 10 月 19 日入朝参战。由于工业基础薄弱，志愿军在武器装备和后勤补给方面与美军存在巨大差距。经过浴血奋战，志愿军最终将敌军逐回三八线附近，但在战场上付出了巨大的代价。交战期间，美国与其他西方国家对中国实行封锁、禁运，还与亚洲一些国家及地区缔结双边、多边军事条约，形成围绕中国的“新月形”军事包围圈。在如此严峻的国际形势下，中共领导层更加深刻地感受到发展重工业，特别是国防工业的紧迫性。

第二，优先发展重工业是坚持独立自主的必然选择。近代以来，中国饱受列强凌辱，在侵略者坚船利炮的打击之下，逐渐沦为半殖民地。惨痛的历史教训使新中国第一代领导人有着强烈的“落后就要挨打”的危机感。新中国的成立标志着中国在政治上独立了，但由于工业落后，经济上尚不能完全独立。正如经过毛泽东亲自修订的中共在过渡时期总路线的学习和宣传提纲中指出的："因为我国过去重工业的基础极为薄弱，经济上不能独立，国防不能巩固，帝国主义国家都来欺侮我们，这种痛苦我们中国人民已经受够了。如果现在我们还不建立重工业，帝国主义是一定还要来欺侮我们的。"〔1〕1953 年，周恩来也指出："毛主席说过，我们的国家在政治上已经独立，但要做到完全独立，还必须实现国家工业化。如果工业不发展，已经独立了的国家甚至还有可能变成人家的附庸国。""不实现工业化和经济改造，我们的国家就不能完全独立，就不能持久，就不能避免遭受挫折。"〔2〕而当新中国成立之时，西方先进国家已经完成了第一次和第二次工业革命，第三次工业革命正在兴起，中国要尽快改变落后于人的面貌，实现完全独立，就必须加快追赶的速度，在尽可能短的时间内实现工业化。相比而言，西方资本主义国家一般从发展轻工业开始，用了五十年到一百年才实现工业化，而苏联通过优先发展重工业，仅用十多年时间就实现了国家的工业化。苏联的成功经验，使优先发展重工业战略对于迫切希望实现完全独立的新中国非常有吸引力。

由此看来，对于新中国而言，优先发展重工业不是单纯的经济命题，而是统筹发展和安全作出的历史性决策。这一战略的实施对中国工业结构乃至经济结构的演变产生了深远影响。

第一，建立高度集中的计划经济体制，以适应优先发展重工业战略。

新中国成立前后，考虑到中国的经济状况，特别是现代工业十分落后，中共一度设想先经过十到十五年的新民主主义经济建设，再向

---

〔1〕《建国以来重要文献选编》第 4 册，中央文献出版社 1993 年版，第 705 页。

〔2〕《周恩来经济文选》，中央文献出版社 1993 年版，第 151—152、152 页。

社会主义转变。与这种设想相对应，中共领导人认为中国的工业化路径大致应该是先发展农业、轻工业，再发展重工业。1951 年 7 月 5 日，刘少奇向中共中央马克思列宁学院第一班学员作报告时，将新中国成立后经济建设的步骤描述为：首先恢复农业及一切可能恢复的工业，其次发展农业和轻工业以及少数必要的重工业，然后发展重工业，然后依靠已经建立起来的重工业进一步发展农业和轻工业。[1]

然而，随着优先发展重工业战略的确立和实施，继续实行新民主主义经济就很难适应建设的需要了。首先，由苏联援助建设的重点项目需要由国营企业承担、有计划地实施。苏联的援助是中国实施优先发展重工业战略具备可行性的关键，而苏联的援助是全方位的，不仅提供技术设备，还派遣了众多专家，涉及经济、科技、教育等领域，为使援助顺利进行，中国在工作方法、工作程序，乃至制度安排上都需要与苏联协调配合。援助中国的苏联企业都是国营的，接受援助的中方企业也应是国营企业；在中苏贸易中，中方只能由国营商业企业经营，而不准私商经营；苏联实行高度集中的计划经济体制，实施援助的各个步骤都要依照严格的计划来进行，如果中方没有计划，合作就会很困难。因而，为便于与苏联合作，中国政府和国营经济需要具备强大的资源动员能力，这在客观上促使国有经济比重的不断上升以及经济的计划性不断增强。于是，中共中央决定提前向社会主义过渡。1952 年 9 月 24 日，周恩来带着苏联同意对中国的"一五"计划进行援助的商谈结果返回北京，并出席了毛泽东召集的中央书记处会议。周恩来汇报了就"一五"计划轮廓问题同苏联商谈的情况后，毛泽东讲话指出："我们现在就要开始用十年到十五年的时间基本上完成到社会主义的过渡，而不是十年或者以后才开始过渡。"[2]

---

〔1〕《建国以来刘少奇文稿》第 3 册，中央文献出版社 2005 年版，第 539 页。

〔2〕《毛泽东年谱（1949—1976）》第 1 卷，中央文献出版社 2013 年版，第 603 页。

其次，农业生产状况不适应大规模经济建设的需要。随着大规模经济建设的开展，对农产品的需求急剧增长。一方面，随着城市人口迅速增加和进口外国技术设备所需的外汇增加，城市消费用粮和外贸所需的农副产品数量大增；另一方面，经济作物种植面积扩大而粮食种植面积减少，种植经济作物的农民对国家返销农村的粮食需求也增加了不少。而经过土改，广大农民的生产积极性虽然极大提高，但由于生产技术落后、缺少抵御自然灾害的能力，产量的增长仍非常有限。在当时的实际情况下，人们认为提高农业产量的办法主要有三种，即大规模开荒、兴修水利和合作化，其中需要花费的资金最少、见效最快的就是合作化。因而，为提高农业产量，1953 年中共中央正式提出农业合作化，1955 年农业合作化步伐加快，到 1956 年底全国绝大部分农户都加入了农业生产合作社。诚然，在推进农业合作化的过程中出现了要求过急、工作过粗、改变过快、形式过于单一等问题，但这在根本上仍然是为了适应工业化建设的需要。1955 年 7 月，毛泽东在《关于农业合作化问题》中指出："我国的商品粮食和工业原料的生产水平，现在是很低的，而国家对于这些物资的需要却是一年一年地增大，这是一个尖锐的矛盾。如果我们不能在大约三个五年计划的时期内基本上解决农业合作化的问题，即农业由使用畜力农具的小规模的经营跃进到使用机器的大规模的经营，包括由国家组织的使用机器的大规模的移民垦荒在内（三个五年计划期内，准备垦荒四亿亩至五亿亩），我们就不能解决年年增长的商品粮食和工业原料的需要同现时主要农作物一般产量很低之间的矛盾，我们的社会主义工业化事业就会遇到绝大的困难，我们就不可能完成社会主义工业化。"[1]

---

〔1〕《建国以来重要文献选编》第 7 册，中央文献出版社 1993 年版，第 72—73 页。

因而，在实施“一五”计划建设的同时，中国对农业、手工业和资本主义工商业进行了社会主义改造，并逐步加强了中央对资源和决策的集中控制，建立起覆盖整个中国经济的、高度集中的计划经济体制。在计划经济体制下，以优先发展重工业的战略推进工业化进程，就构成了改革开放前中国经济发展模式的核心内容。

第二，集中有限的资金和资源用于重工业建设，国民经济运行长期处于紧张状态。

高度集中的计划经济体制的建立，极大提高了政府汲取和动员全国资源的能力。但中国的国情是人口多、底子薄、生产力水平低，即使举全国之力推进工业化建设，资金和资源仍十分有限。

首先是资金。工业化建设需要大量资金，优先发展重工业需要的资金更多。而旧中国长期遭受帝国主义的经济掠夺，蒋介石集团撤退台湾时又带走了国库里大量黄金储备和几乎全部外汇，使新中国能用于工业建设的资金微乎其微。当时能够为中国提供帮助的主要是苏联，但苏联答应提供的主要是技术设备和专家，提供的贷款并不多。“一五”时期，苏联贷款仅占工业基本建设投资的 3% 多一点。解决资金问题，必须主要依靠国民经济内部的积累，包括工业自身的积累和农业提供的积累。新中国成立初期仍是一个落后的农业国，1950 年至 1953 年国家财政收入共计 600 多亿元，而“一五”计划基本建设投资就有 588.74 亿元。因而，国家必须把有限的资金投入最急需、最重要的地方，首先就是重工业。关于优先发展重工业的战略，毛泽东有个言简意赅的概括：“重点是用一切方法挤出钱来建设重工业和国防工业。”[1]

---

〔1〕中共中央党史研究室：《中国共产党历史·第 2 卷（1949—1978）》，中共党史出版社 2011 年版，第 198 页。

改革开放前，国家把主要的资金和资源投入重工业，对农业、轻工业、非生产性基本建设的投资长期处于较低水平。1953 年到 1978 年，生产性建设投资所占的比重达到 81%，工业占全社会基本建设投资比重达到 54.7%，重工业占全社会基本建设投资比重达到 49.2%。[1] 除了"一五"时期和 1963 年到 1965 年的国民经济调整时期，重工业投资占基本建设投资的比重均高于 50%。（参见表 1-1）这一比例是非常高的。苏联在其第一个五年计划中，重工业的投资比重为 31.9%，农业、轻工业的投资比重分别为 15.6% 和 6.3%；而在反法西斯战争时期，苏联的重工业投资比重达到历史最高水平，也只有 39.8%，农业、轻工业的投资比重分别为 9.4% 和 3.4%。[2]

表 1-1　1953—1978 年我国农轻重基本建设投资比重

（单位：%）

时期	农业	轻工业	重工业
"一五"时期	7.8	5.9	46.5
"二五"时期	12.3	5.2	56.1
1963—1965 年	18.8	3.9	49.8
"三五"时期	11.8	4.0	57.4
"四五"时期	11.3	5.4	54.8
1976—1978 年	12.1	6.6	54.7

数据来源：马洪、孙尚清主编：《中国经济结构问题研究》，人民出版社 1981 年版，第 412 页。

其次是粮食。中国人口多、耕地面积少，粮食的供需关系一直很

〔1〕根据《中国固定资产投资统计年鉴（1950—1995）》，中国统计出版社 1997 年版，第 71、96、102 页数据计算。

〔2〕马洪、孙尚清主编：《中国经济结构问题研究》，人民出版社 1981 年版，第 411—412 页。

紧张。新中国成立初期，在吃饭问题尚未解决的情况下开展大规模经济建设，使粮食的供需矛盾变得十分尖锐。1953 年，“一五”计划刚刚开始实施，各地粮价看涨，粮食市价大大高于牌价，不仅农民普遍持粮惜售，而且私营粮商见有利可图，便大肆抢购、囤积。为稳定市场，同时满足工业化建设对粮食的需要，中共中央决定实行粮食计划收购和计划供应（简称“统购统销”）。随着工业化建设的持续推进，农产品的供需缺口越来越大，更多的农产品被陆续纳入国家统购统销的范围。统购统销实质上是由政府直接掌控短缺物资的配置，以达到稳定物价和保障供应的目的。尽管此后粮食产量不断增长，但仍赶不上人口增加和经济建设的需要，粮食长期处于短缺状态，统购统销政策一直到 20 世纪 80 年代才逐步取消。（参见表 1-2）

为了保障粮食供应，在粮食单产无法大幅度提高的情况下，只能尽可能扩大粮食种植面积。有些不适合种粮食的地区也要尽可能发展粮食生产。这样一来就减少了经济作物和其他作物的种植面积，使许多轻工业原料一直处于紧缺状态。

表 1-2 1949—1978 年部分年份我国主要农产品人均产量

（单位：千克 / 人）

年份	粮食	棉花	油料
1949	208.9	0.8	4.7
1952	288.1	2.3	7.4
1957	306	2.6	6.6
1962	231.9	1.1	3
1965	272	2.9	5.1
1970	293.2	2.8	4.6
1975	310.5	2.6	4.9
1978	318.7	2.3	5.5

数据来源：《中国农村统计年鉴（2022）》，中国统计出版社 2022 年版，第 16 页。

在这种情况下，全体人民不得不节衣缩食，艰苦奋斗，“先生产、后生活”。改革开放前，中国长期维持较高的积累率。从积累率来看，1953 年到 1978 年积累率为 29.7%；1970 年以前积累率波动较大，特别是 1958 年到 1960 年积累率猛增，1959 年达到 43.8% 的历史高点，而 1970 年到 1978 年则稳定在 30% 以上。从积累的构成来看，生产性积累额占积累额的比重在“一五”时期还保持在 50% 左右，之后大多数年份均高于 70%，导致城市住宅、交通、供水以及文教卫生建设缓慢。从积累与消费的增速对比来看，大多数年份人均积累额的增速都大大超过居民消费水平的增速，1959 年、1963 年甚至出现了积累快速增长，同时居民消费水平不升反降的情况。（参见表 1-3）

表 1-3　1953—1978 年我国积累和消费的相关比例关系

（单位：%）

年份	积累率	生产性积累占比	非生产性积累占比	人均积累额增速	居民消费水平增速
1953	23.1	49.4	50.6	20.9	12.6
1954	25.5	50.3	49.7	11.7	2.2
1955	22.9	51.4	48.6	–7.5	5.3
1956	24.4	71	29	12.9	5.1
1957	24.9	58.8	41.2	4.2	2.9
1958	33.9	82.3	17.7	37.2	2.9
1959	43.8	86.9	13.1	30.8	–9.4
1960	39.6	97.4	2.6	–9.7	5.9
1961	19.2	78.5	21.5	–155.6	10.5
1962	10.4	63.6	36.4	–101.3	2.6
1963	17.5	63.9	36.1	44.4	–0.9
1964	22.2	60.8	39.2	29.1	3.3
1965	27.1	70.7	29.3	25.9	4.0
1966	30.6	68.9	31.1	20.2	5.3

续表

年份	积累率	生产性积累占比	非生产性积累占比	人均积累额增速	居民消费水平增速
1967	21.3	82.2	17.8	–58.4	2.9
1968	21.1	78.5	21.5	–4.9	–3.0
1969	23.2	76.2	23.8	14.3	1.5
1970	32.9	71.8	28.2	40.6	4.3
1971	34.1	76.2	23.8	7.2	1.4
1972	31.6	78.7	21.3	–8.0	3.4
1973	32.9	73.7	26.3	10.5	5.2
1974	32.3	75.4	24.6	–1.8	0.0
1975	33.9	73.4	26.6	9.2	1.9
1976	30.9	79.3	20.7	–12.5	1.9
1977	32.3	70.9	29.1	8.9	2.4
1978	36.5	71.8	28.2	22.4	5.7

数据来源：根据《中国财政年鉴（1992）》（中国财政杂志社 1992 年版）、《中国统计年鉴（1990）》（中国统计出版社 1990 年版）中的数据计算。

第三，国防工业成为优先发展的重中之重。

出于维护国家安全、应对战争威胁的考虑，新中国在实施优先发展工业化战略时，把大力发展国防工业作为主要内容之一。1953 年 1 月 22 日，中共中央政治局扩大会议审议了国防工业“一五”建设计划，毛泽东在会议总结时指出：“无论抗美援朝战争的结果如何，都要搞国防工业的建设与军工生产。朝鲜战争证明，已不能靠夺取敌人的装备来武装自己了。”[1]1955 年 3 月，陈云在中国共产党全国代表会议上所作的《关于发展国民经济的第一个五年计划的报告》中指出：“除了经济上的考虑，我们还必须有国防上的考虑。大家知道，我们还处在帝

〔1〕《当代中国的国防科技事业》编辑委员会编：《当代中国的国防科技事业》，当代中国出版社、香港祖国出版社 2009 年版，第 10 页。

国主义国家包围之中，以美国为首的帝国主义侵略集团正在积极准备新的世界战争。为了加强我们的国防，为了建设一支强大的、现代化的、包含各个技术兵种的人民解放军，以便收复台湾，保卫我国领土，打击帝国主义侵略者，我们不能不优先发展重工业。”[1]作为“一五”计划工业建设的核心，“156 项”中兵器、航空、电子、船舶、航天等国防工业项目有 44 个，占比接近 30%。（参见表 1-4）而能源、冶金、机械、化工等基础工业项目中，有相当部分实际上是国防工业的配套项目。比如，为满足国防工业对钢材的特殊需要，在黑龙江新建了齐齐哈尔特殊钢厂。“一五”计划期间，国防工业实际完成基本建设投资 30 多亿元，约占全部工业基本建设投资的 12%，占重工业投资的 14%。[2]

表 1-4 “156 项”施工项目的企业构成

（单位：个）

种类	数量	种类	数量
能源工业	52	机械工业	24
煤炭工业	25	军事工业	44
电力工业	25	兵器工业	16
石油工业	2	航空工业	12
冶金工业	20	电子工业	10
有色金属工业	13	船舶工业	4
钢铁工业	7	航天工业	2
化学工业	7	轻工业和医药工业	3

数据来源：张柏春：《苏联技术向中国的转移（1949—1966）》，山东教育出版社 2004 年版，第 75 页。

---

〔1〕《陈云文集》第 2 卷，中央文献出版社 2005 年版，第 593 页。

〔2〕《当代中国的基本建设》编辑委员会编：《当代中国的基本建设》（上），当代中国出版社、香港祖国出版社 2009 年版，第 29 页。

“二五”计划时期，国家适当放慢了国防工业发展的步伐，但仍安排了 44 个重点建设项目。同时，这一时期国家决定将国防工业建设的重点放在尖端技术和无线电、光学仪器的科技发展上。在 1956 年制定的向现代科学进军的《1956—1967 年科学技术发展远景规划纲要》规划的 12 项重点任务中，国防科技任务位居前列，主要是：原子能技术、喷气与火箭技术、半导体技术、电子计算机技术、自动控制技术，这 5 项任务被誉为中国科技发展的“五朵金花”。1960 年，苏联单方面毁约中断对中国的援助，中央作出依靠自己的努力突破“两弹”（导弹、原子弹）技术的决策，并采取一系列有力措施，在短短几年内取得了令人瞩目的成就：原子弹、导弹相继研制成功；常规武器装备从仿制走向自行设计。同时，为迅速发展冶金工业，提供生产航空、导弹、原子能和电子工业所急需新型材料的设备，国家启动自行设计制造九套大型成套设备（简称“九大设备”）。

1964 年，国家在面临严峻国际形势的情况下，作出“搞好战略布局，加强三线建设”的战略决策，国防工业及其配套的基础工业再度成为建设的重点。“三五”计划的建设方针，从解决人民的吃穿用问题，适当加强国防建设，努力突破尖端技术，转变为积极备战，把国防建设放在第一位，加快三线建设，逐步改变工业布局。“四五”计划继续将战备作为重点，把国防建设放在第一位。1965 年到 1975 年，国家用于三线地区国防工业和科研基本建设投资累计达 200 多亿元，占同期三线地区基本建设投资中预算内投资总额的 18.6%，占同期工业基本建设投资的四分之一强。先后建成了 297 个工厂、42 个研究院（所），形成了年工业产值 130 亿元的生产能力。[1] 三线建设一直持续到

〔1〕《当代中国的基本建设》编辑委员会编：《当代中国的基本建设》（上），当代中国出版社、香港祖国出版社 2009 年版，第 137 页。

1980 年，之后随着国际形势的缓和，国防建设逐步迈上和平时期建设的轨道，国防工业的发展方针也随之转变为军民结合。

国防工业的优先发展对中国的工业结构产生了深刻的影响。一是军品生产成为重工业重要的服务方向。重工业中，生产基本生产资料的部门通常统称为基础工业，包括能源工业、冶金工业、基本化学工业及部分机械工业等。基础工业的产品既可以为部分轻工业产品、农业机械、化肥等的生产服务，也可以为军品生产服务，而这两个服务方向所需要的基础工业产品是不同的，因而存在一定的替代关系。1964 年毛泽东听取关于第三个五年计划编制工作的汇报时，把农业和国防工业比作“两个拳头”，把基础工业比作“一个屁股”，形象地说明了这种关系。[1] 由于改革开放前，国防工业长期是发展建设的重点，基础工业的建设和发展有相当部分是围绕国防工业展开的，进而促成了整个重工业体系主要为重工业自身服务的特点。

二是工业布局考虑备战因素，内地建起工业基地。“一五”时期在“156 项”选址时就考虑到了战争因素，把相当部分项目建在中西部。在最终实施的 150 个项目中，除去落地东北的项目，其余 94 项中落地陕西、山西、河南三省的有 49 项；而在 44 个国防工业项目中，落地东北的有 6 项，而落地陕西、山西两省的有 25 项。三线建设时期，更是在备战的指导思想下，集中力量建设内地。具体来看，三线包括四川、贵州、云南、陕西、甘肃、宁夏、青海等西部省区及山西、河南、湖南、湖北、广东、广西等省区的后方地区，共涉及 13 个省区。经过三线建设，中国内地建立起具有相当规模、门类齐全、科研和生产相结合的战略大后方现代工业、交通体系，形成了以重庆为中心的兵器

〔1〕《毛泽东年谱（1949—1976）》第 5 卷，中央文献出版社 2013 年版，第 348 页。

工业基地、以成都为中心的航空工业基地、以重庆为中心的造船工业基地，初步改变了中国内地基础工业薄弱、交通落后、资源开发水平低的状况，使中国工业的地区结构更加平衡。到 70 年代末，共形成固定资产原值达 1400 亿元，约占当时全国的三分之一。

二、改革开放前夕中国的工业结构

从 1949 年新中国成立到 1978 年中共十一届三中全会召开，经过近 30 年的艰苦奋斗，中国的社会主义现代化建设取得显著成就，独立的、完整的工业体系基本建立起来，中国的工业结构发生巨大变革。

第一，工业总产值及工业产品产量快速增长，工业化水平显著提高。从 1953 年到 1978 年，中国工业总产值增长了 15 倍，平均每年增长 11.26%。同一时期，美国工业每年平均增长 3.95%，苏联为 8.67%，日本为 10.99%，西德为 5.65%，英国为 2.53%，法国为 5.52%，印度为 6.18%，中国的工业发展速度比其他国家都要快。与 1952 年相比，1978 年全国工业固定资产按原价计算增长 22 倍多，达到 3800 多亿元；原煤产量增长 8.4 倍，达到 6.2 亿吨；发电量增长 34.2 倍，达到 2566 亿度；原油产量由 44 万吨增长到 10405 万吨；钢产量增长 22.5 倍，达到 3100 多万吨；化肥产量由 3.9 万吨增长到 869.3 万吨；糖产量由 45 万吨增长到 227 万吨。工业产值占工农业总产值的比重由 1952 年的 43.1% 提高到 1978 年的 72.2%，标志着中国在工农业经济总量上实现了以工业为主导、由农业国向工业国跨越的目标。[1]

第二，建成独立的、比较完整的工业体系，工业结构实现历史性变革。新中国成立之初，工业基础非常薄弱。一是工业结构偏“轻”，

〔1〕数据来自国家统计局工业交通物资统计司编：《中国工业经济统计资料（1949—1984）》，中国统计出版社 1985 年版，第 1 页。

主导产业为纺织工业和食品工业。1952 年，轻工业总产值占工业总产值的比重为 64.5%，重工业总产值所占的比重为 35.5%，而纺织工业和食品工业产值合计占工业总产值的比重达到 51.6%。二是工业门类不全。1952 年，纺织工业、食品工业、机械工业、森林工业、冶金工业的产值合计占工业总产值的比重为 75.4%；还不能制造汽车、飞机、坦克、拖拉机等。三是工业的地区分布不均衡。新中国成立前，超过四分之三的工业集中在东部沿海地区，其中重工业主要在东北地区，轻工业则主要在沿海各大城市，广大内地，特别是边疆少数民族地区，很少或者根本没有现代工业。沿海地区的工业又主要集中在上海、天津、广州等少数大城市。即使到了 1952 年，沿海地区工业固定资产占全国的比重也达到 72%，广大内地工业固定资产的比重只占 28%。

到 1978 年，中国的工业结构发生了质的变化。一是重工业比重大幅提高，主导产业转变为机械工业。1978 年，重工业总产值比重提升到 56.9%，轻工业比重下降到 43.1%。机械工业产值占工业总产值的比重由 1952 年的 11.4% 上升到 1978 年的 27.3%，成为工业中的第一大行业。二是工业门类比较齐全，基本上能够依靠自己的力量为国民经济各部门和国防建设提供原材料和技术装备，并为人民生活提供必要的消费品。1952 年到 1978 年，冶金工业产值占工业总产值的比重由 5.9% 增长到 8.7%，石油工业产值占工业总产值的比重由 0.5% 增长到 5.5%，化学工业由 4.8% 增长到 12.4%；1978 年，金属切削机床产量达到 18.32 万台，汽车产量达到 14.91 万辆，20 马力及以上拖拉机产量达到 11.35 万台，小型拖拉机产量达到 32.42 万台。基本建立起比较完整的现代国防工业体系，并取得“两弹一星”、核潜艇等国防尖端技术重大突破。三是工业的地区结构更加均衡。到 1978 年，内地工业固定资产占全国的比重已达到 56.1%，超过了沿海地区；全国东北、华东、中南、西南、西北各个地区都有了工业基础，内地和边疆少数民族地区建起了一批新的工业基地，三线地区不少工业产品的生产能力达到全国的三分之一。[1]

第三，工业技术取得巨大进步。到 20 世纪 70 年代末 80 年代初，已拥有大批机械化设备和一批自动化设备。例如武汉一米七轧机、上海金山化纤厂、辽宁辽阳化纤厂、北京燕山化工厂等企业已有一批 70 年代最新技术装备。在机械工业制造技术方面，掌握了第一套原子能反应堆和扩散机、年产 150 万吨钢铁联合企业、年产 250 万吨井下煤矿和 700 万吨露天煤矿、年处理 250 万吨原油的大炼油厂、30 万千瓦水电机组和 30 万千瓦火电机组、年产 10 万辆汽车厂、年产 30 万吨合成氨和 24 万吨尿素厂、30 万吨模锻水压机、5 万吨油轮、2.5 万吨货轮、4000 马力电力传动内燃机等成套设备技术。1978 年，全国共有机床 267 万台，其中大型机床 6.8 万台，高精度机床 2.28 万台，数控机床 0.53 万台。[2]

同时，到改革开放前夕，工业中长期积累起来的结构性问题也越发突出。

第一，工业结构“偏重”。在优先发展重工业的战略下，中国长期实行高积累政策，尽可能将国家有限的财力投入发展重工业，推动重工业比重快速上升。相对于新中国成立之初重工业基础薄弱成为经济发展的瓶颈而言，重工业比重的上升可使工业结构和经济结构趋向于合理化。在这一过程中，投资的经济效益逐步提高。但是，当重工业

〔1〕数据来自国家统计局工业交通物资统计司编：《中国工业经济统计资料（1949—1984）》，中国统计出版社 1985 年版，第 137 页。

〔2〕马洪、孙尚清主编：《中国经济结构问题研究》，人民出版社 1981 年版，第 26—27 页。

比重超过一定限度后，就会使工业结构和经济结构偏离合理化水平，从而导致投资的经济效益下降。从历年每百元积累基金增加的国民收入来看，“一五”时期基本呈上升趋势，“二五”时期波动较大，1963年到1965年在“一五”时期的基础上又有所提高，“三五”时期波动较大，但还未出现明显下降趋势，“四五”时期则明显下降，1976年到1978年有所回升，但水平仍然不高。[1]这表明从经济效益的角度来看，工业结构和经济结构已逐步偏离合理化水平，重工业比重已经偏高。1978年，轻、重工业在工业总产值中所占的比重分别为43.1%和56.9%，在工业净产值中所占的比重分别为38.4%和61.6%，在工业固定资产中所占的比重分别为15%和85%，在工业基建投资中所占的比重分别为10.7%和89.3%。[2]

第二，轻工业落后，不能满足城乡人民提高生活水平的要求。轻工业投资占工业基本建设投资的比重长期过低，1952年为24%，1957年降为15.2%，1978年进一步降为10.7%。国内按人口平均的轻工业品消费水平低于世界平均水平，更远远落后于世界先进水平。从吃、穿、用三方面看，食品工业中差距最大的是食糖和乳制品，纺织工业中差距最大的是丝绸和呢绒，日用品工业中差距最大的是纸张和耐用消费品。轻工业的生产技术大体相当于发达国家20世纪四五十年代的水平，有的甚至是20世纪二三十年代的水平，劳动生产率很低。轻工业落后导致市场供应紧张，市场商品可供量与购买力的差额一直有几

---

〔1〕马洪、孙尚清主编：《中国经济结构问题研究》，人民出版社1981年版，第726页。
〔2〕数据来自国家统计局工业交通物资统计司编：《中国工业经济统计资料（1949—1984）》，中国统计出版社1985年版，第95—96页。

十亿元。[1]

第三，能源工业发展滞后。能源工业发展速度始终低于工业增速，1953 年到 1978 年，工业总产值平均每年增长 11.2%，而能源生产平均每年增长 9.6%。1977 年和 1978 年，全国约有四分之一的企业因能源短缺而开工不足。重工业能耗水平较高，1978 年，1 元重工业产值需要能源 1.5 千克，而 1 元轻工业产值需要能源 0.27 千克，因而重工业比重过大加重了能源短缺的状况。[2]

第二节　工业结构调整政策的出台

“文化大革命”结束后，工业领域实行了一系列整顿、恢复和发展的政策措施，1977 年到 1978 年工业出现恢复性增长。然而，由于指导思想上急于求成的错误还没有完全得到纠正，这一时期的经济工作出现了片面追求高速度的冒进倾向，致使国民经济比例失调以及工业结构失衡的问题进一步加重。中共十一届三中全会实现了伟大历史转折，为纠正多年来经济建设指导方针的偏差、解决国民经济比例失调问题创造了条件。随着“调整、改革、整顿、提高”方针的提出，工业结构调整逐步展开。

一、工业结构失衡进一步加剧

到 1977 年，国民经济比例失调的问题实际上已经非常突出了。

〔1〕马洪、孙尚清主编:《中国经济结构问题研究》，人民出版社 1981 年版，第 4、210 页。

〔2〕马洪、孙尚清主编:《中国经济结构问题研究》，人民出版社 1981 年版，第 31、282 页。

1977年3月30日，中共中央批转国家计委《关于一九七七年国民经济计划几个问题的汇报提纲》，其中明确指出“当前国民经济中的一些比例关系不很协调”，而最突出的问题有三个：一是农业和轻工业不适应生产建设和人民生活的需要；二是工业中突出的薄弱环节是燃料、动力和原料、材料，而最突出的又是燃料；三是已经铺开的基本建设规模超过了财力、物力的可能。针对这些问题，这份汇报提纲实际上提出了一些调整国民经济的措施，比如：1977年和整个第五个五年计划，都必须特别注意农业和轻工业，真正按农轻重的次序安排国民经济计划，把农业放在第一位，下大决心，花大力气，把农业搞好，把轻工业搞好；要动员各方面的力量支援农业，特别是工业要做好支援农业的工作；要下大决心把一批项目减下来，要优先安排农业、支农工业、轻工业和燃料、原材料工业的挖潜改造项目等。[1]

然而，中共中央不仅没有把调整作为中心任务，甚至没有明确提出调整，而是在经济形势出现好转后就掀起了“国民经济的新跃进”。这一方面是由于当时的领导层面临着完成“五五”计划和实现长期战略目标的压力，另一方面是由于当时的发展思路仍然要求优先发展重工业。

首先，新一届领导层决定继续按照分两步走在20世纪内实现四个现代化的战略部署推进社会主义现代化建设。1975年1月13日，周恩来在四届全国人大一次会议上所作的《政府工作报告》中，重申了他在1964年提出的分两步走实现现代化的构想：从第三个五年计划开始，第一步，在1980年以前，建成一个独立的、比较完整的工业体系和国民经济体系；第二步，在20世纪内，全面实现农业、工业、国防

〔1〕中华人民共和国国家经济贸易委员会编：《中国工业五十年》第6部·中卷，中国经济出版社2000年版，第1715—1716页。

和科学技术的现代化。按照这一战略构想，1976 年到 1985 年这十年，是完成第一步、开启第二步的关键十年。周恩来要求国务院制定十年长远规划和五年计划。1975 年 6 月 16 日至 8 月 11 日，国务院召开计划工作务虚会研究长远规划。会后，国家计委在各部门提出的规划方案基础上，制定了《一九七六年至一九八五年发展国民经济十年规划纲要（草案）》。10 月，该草案经中央政治局讨论通过。后又在全国计划会议上广泛征求意见。12 月 19 日，李先念将国家计委报送的十年规划纲要草案修改稿报送邓小平，建议批印政治局讨论后，再报送毛泽东审批。而这时“批邓、反击右倾翻案风”已经开始，“四人帮”攻击国务院计划务虚会是“右倾翻案风的风源”，把十年规划纲要草案说成是“修正主义文件”，十年规划的编制工作就此中断。粉碎“四人帮”后，中共中央决定对原十年规划纲要草案进行补充和修订。1977 年 12 月，新修订的十年规划纲要正式形成。1978 年 3 月，《一九七六年至一九八五年发展国民经济十年规划纲要（草案）》经五届全国人大一次会议审议通过。

这份规划反映了当时的领导层和人民群众要求加快经济建设的愿望，但其中对 1985 年要达到的目标作了过于乐观的设想，表现出急于求成的倾向。十年规划纲要提出，1980 年、1985 年工农业生产的主要指标是：粮食由 1975 年的 5690 亿斤，增加到 1980 年的 6700 亿斤和 1985 年的 8000 亿斤；棉花由 1975 年的 4760 万担，增加到 1980 年的 6000 万担和 1985 年的 7200 万担；钢由 1975 年的 2390 万吨，增加到 1980 年的 3600 万吨和 1985 年的 6000 万吨；原煤由 1975 年的 4.8 亿吨，增加到 1980 年的 6.5 亿吨和 1985 年的 9 亿吨；原油由 1975 年的 7700 万吨，增加到 1980 年的 1.3 亿至 1.5 亿吨和 1985 年的 2.5 亿吨；发电量由 1975 年的 1958 亿度，增加到 1980 年的 3000

亿度和1985年的4800亿至5000亿度；纱由1975年的1160万件，增加到1980年的1400万至1450万件和1985年的1650万至1800万件；铁路货运量由1975年的8.67亿吨，增加到1980年的11.5亿至12亿吨和1985年的16亿至17亿吨。从1977年到1985年，工农业总产值计划平均每年增长9.5%，其中农业总产值增长4.7%，工业总产值增长10%。按照这份规划，从1978年到1985年这8年，主要工业产品新增加的产量都将大大超过之前28年增加的产量，国家财政收入和基本建设投资都相当于之前28年的总和。

其次，按照当时的发展思路，重工业仍是整个国民经济发展的关键。“文化大革命”结束以后，农业对国民经济发展的制约越来越严重。正如五届全国人大一次会议的《政府工作报告》中所强调的，“我们的农业如果不以比过去更高的速度向前发展，工业和整个国民经济就上不去，一时上去了也要被拉下来，一旦发生大的自然灾害还会遇到更大的困难。”[1]而当时中央认为，要把农业搞上去，主要靠认真学大寨，实行科学种田，加快农业机械化的步伐。以这种方式加快农业发展，特别是加快农业机械化，需要加强工业对农业的支援。1976年12月，第二次全国农业学大寨会议重申了毛泽东提出的1980年基本实现农业机械化的任务。1978年1月，第三次全国农业机械化会议召开，会议要求1980年，全国农、林、牧、副、渔主要作业的机械化水平达到70%左右；大中型拖拉机拥有量增长70%；大中型机引农具拥有量增长110%；手扶拖拉机拥有量增长36%；排灌动力机械拥有量增长32%；化肥年产量增长58%；农田基本建设机械、植物保护机械、运输机械、收获机械、农副产品加工机械、农药、炸药、塑料薄膜、林

---

〔1〕《人民日报》1978年3月7日，第3版。

业机械、牧业机械、渔业机械、农村小型电站、半机械化农具等都要有一个较大的增长；人工影响天气的装备也要积极发展；各种农业机械的质量要达到一个新的水平。为实现上述目标，会议提出：1978 年到 1980 年的 3 年，国家供应农机制造和维修用的钢材将比 1975 年到 1977 年的 3 年增加 50%；地方拥有的钢材资源用于农业和农机制造的比例将由 30% 左右提高到 40% 以上；1980 年国家供应农业机械化的各种油料将比 1977 年增加 1.2 倍。[1] 因而，大办农业实际上对农业机械工业，以及钢铁、石油等基础工业的发展提出了更高的要求。

而发展轻工业关键在原料。十年规划纲要中指出，要在增加农业原料的同时，大力发展工业原料，重点是发展化纤、塑料、合成革、烷基苯、合成脂肪酸等化工原料。这实际上对化学工业、能源工业等提出了更高的要求。

由于上述两方面原因，"文化大革命"结束后，中共中央选择以优先发展重工业带动整个国民经济高速发展。所不同的是，这一时期备战的任务已基本完成，战略重点转变为基础工业。正如五届全国人大一次会议的《政府工作报告》中指出的："我们必须以钢为纲，大力加强基础工业，特别要使电力、燃料、原材料工业和交通运输以更快的速度发展。只有这样，才能有力地支援农业，迅速地发展轻工业，大大加强国防工业。"[2]

因此，十年规划纲要将新建和续建 120 个基础工业建设项目作为核心任务，其中包括 10 大钢铁基地，9 大有色金属基地，8 大煤炭基地，10 大油气田，30 个大电站，6 条铁路新干线和 5 个重点港口。[3] 这些

---

〔1〕《人民日报》1978 年 1 月 29 日，第 1 版。
〔2〕《人民日报》1978 年 3 月 7 日，第 3 版。
〔3〕《人民日报》1978 年 3 月 7 日，第 3 版。

项目全部建成后，加上原有的工业基础，全国可以形成 14 个实力比较雄厚、布局比较合理的工业基地。到 1985 年，6 个大协作区各具特点、不同水平的工业体系可以基本形成：东北地区将成为一个燃料、动力、原材料和加工工业门类比较齐全、协调配套的大型重工业区；华北地区将形成一个新的门类比较齐全的大型重工业区，燃料、动力不仅可以自给，而且可以调出；华东地区有了比较稳固的燃料、动力和原材料基础，机电、轻化工等加工工业的长处得以进一步发挥，成为一个技术水平较高的综合性工业区；中南地区由于两湖、两广水电资源的大力开发，将弥补本区燃料的不足，初步建成一个有色金属和钢板品种比较齐全的工业区；西北地区将基本上形成一个以国防工业、机械工业为中心的工业体系；西南地区将建成一个比较强大的战略后方基地。[1]

这一宏大的规划调动起了广大干部群众的积极性，也滋长了急于求成的情绪。1978 年，各个方面不断强调加快建设速度，造成基本建设投资一再追加。年初计划的国家预算内投资总规模为 332 亿元，全年共追加了 83 亿元，达到 415 亿元，实际完成 417.4 亿元；全年预算外投资达 500 多亿元。两项分别比 1977 年增长了 105 亿元和 118.6 亿元，使 1978 年成为 1958 年以后基建投资增长最快的年份。1978 年，总投资在 10 万元以上的施工项目达 4.5 万多个，其中大中型施工项目达 1723 个，比 1977 年增加了 270 个。

从投资结构来看，1978 年的投资高度集中于重工业，当年重工业实际完成基本建设投资 243.8 亿元，占全年基本建设投资总额的 48.7%，占工业基本建设投资的 89.3%；非生产性建设投资 83.3 亿

---

〔1〕全国人大财政经济委员会办公室编：《建国以来国民经济和社会发展五年计划重要文件汇编》，中国民主法制出版社 2007 年版，第 447—448 页。

元，仅占全年基本建设投资总额的 17.4%，其中住宅建设 37.5 亿元，占 7.8%。1978 年，重工业总产值比上年增长 15.6%，轻工业增长 10.8%。这种“重重轻轻”的投资结构进一步加剧了国民经济比例失调的状况，特别是加剧了能源、原材料工业、交通运输与加工工业间的比例失调。1978 年，全国约有 20% 的生产能力因缺电而难以发挥，加工工业能力已超过了可能提供的钢材数量的 3—4 倍，不少铁路枢纽和港口货物堵塞、运不出去，严重影响了国民经济的发展。而且，基建规模的急剧膨胀、投资结构的“重重轻轻”，进一步加剧了积累和消费比例的失调。1978 年，积累基金比上年增长 30% 以上，而消费基金只增长 8.4%；积累率达到 36.5%，成为 1958 年后积累率最高的年份。[1]

二、引进规模一再扩大

“文化大革命”结束后，中国所处国际环境发生了改变。日本和西欧各国出于自身的考虑，都愿意同中国开展经贸合作。在政治方面，西欧受到苏联的威胁，希望中国强大一些，成为世界的稳定力量；在经济方面，西方资本主义国家正处在经济萧条时期，面临着严重的生产过剩和资本过剩，急于寻找出路。面对有利条件，中共中央把引进国外先进技术和学习国外先进经验，提升到战略地位的高度，将其作为推动现代化建设的重要动力之一。因而，在拟定十年规划纲要的过程中，1977 年 7 月 26 日，中央政治局经讨论原则批准了国家计划委员会拟定的《关于引进新技术和进口成套设备规划的请示报告》。规划期限为 1978 年到 1985 年的 8 年，即“五五”计划后 3 年和“六五”计划的 5 年，计划使用外汇 65 亿美元，因而又被称为“八年引进计

---

〔1〕《当代中国的基本建设》编辑委员会编：《当代中国的基本建设》(上)，当代中国出版社、香港祖国出版社 2009 年版，第 195—197 页。

划”或“六五方案”。

“六五方案”在一定程度上考虑到了通过引进使工业结构更加合理的问题。该方案强调提出了引进工作应注意的10个问题，其中包括“引进必须突出重点，解决国民经济中的薄弱环节”。引进项目虽然基本属于重工业，但有相当部分是为农业和轻工业服务的。比如，农业方面，计划进口以粉煤和重油为原料的2套化肥关键设备，生产高效低毒农药的4套中间体原料装置等；轻工市场方面，计划进口3套大型石油化工成套设备，北京30万吨乙烯综合利用工程和1个中型石油化工厂的成套关键设备，4套化纤及帘子线装置的成套和关键设备，2套年产200万至300万平方米的合成革装置，3套合成洗涤用品原料生产装置等。而且，该方案计划引进的项目投资效果均比较显著，增加积累快，两三年即可收回投资。例如，化肥、农药、合成橡胶、塑料、有机化工等装置用汇10亿美元，基建投资约100亿元，建成投产后每年产值约80亿元，利润30多亿元，不到3年即可收回全部投资。

然而，在“国民经济的新跃进”影响下，这一方案很快就被突破了，引进规模一再扩大。在1977年7月的中央政治局会议上，有中央领导同志就提出引进规模可以达到100亿美元。之后，根据中央领导同志的意见，国家计委对引进规划进行了修订，追加了一大批项目。1978年3月13日，中央政治局听取国家计委关于引进规划的汇报，决定原则批准新的方案，引进总额从65亿美元提高到180亿美元，已接近“六五方案”的3倍。这180亿美元的引进项目计划分三批签约成交，第一批拟于1978年签约成交近60亿美元。1978年下半年，随着引进工作大规模展开，签约规模又突破了计划，当年签约总额达到78亿美元。

促使引进规模扩大的一个重要原因，是出国考察带来的刺激和鼓舞。在 1977 年 7 月的中央政治局会议上，国家计委在关于引进规划的报告中就已经提出了“认真组织好出国考察工作”。1977 年下半年，各部委分别派团出国参观访问。如轻工业部等单位派团赴美国、西德、日本、英国考察化纤工业；地质部派团赴法国、西德考察；农业部派团赴意大利、法国、英国、丹麦、日本考察；冶金部派团赴日本、美国、加拿大和西欧考察；兵器工业部派团赴西德、法国、英国考察；石油工业部派团赴美国、日本考察；国家经委派团赴英国、法国、日本考察等。这些考察团回来，或是口头汇报，或是写出书面报告，向中央领导人吹风通气。他们一致认为，通过出国考察，眼界大开，承认我国的工农业技术和发展水平，至少比发达国家落后 15 年到 20 年，管理水平和劳动生产率的差距也非常大。

1978 年 4、5 月间，中共中央和国务院决定派出 3 个代表团出国考察，进行专门的调查研究。其中影响最大的是时任国务院副总理谷牧为团长的赴西欧 5 国（法国、瑞士、比利时、丹麦、西德）考察团。这是中国首次向西方发达国家派出的国家级政府经济代表团，考察期间受到了急于寻找市场的西欧 5 国的高度重视和热情接待。此次考察为期 36 天，考察团共参观了 5 国的 25 个城市和 80 多个工厂、矿山、港口、农场、大学及科研单位等，这些国家的工业、农业、交通运输、城市建设和科学技术现代化水平给考察团成员留下了深刻印象。考察团成员一致认为，当时中国的经济技术水平与发达资本主义国家比较大体上落后 20 年，人均生产水平差距更大。面对如此大的差距，考察团一方面深受刺激，感到若不奋起直追，就愧对人民、愧对时代了。另一方面，考察团看到欧洲一些国家在严重缺乏资源的情况下，只花了 15 年到 20 年的时间就实现了现代化，深受鼓舞，对于中国在 20 世纪末实现四个现代化更有信心了。6 月 30 日，考察团向中央政治局作了专门汇报，汇报会从下午 3 点一直开到次日凌晨 1 点，与会的领导同志都感到十分振奋。

在这种气氛的影响下，1978 年 7 月 6 日至 9 月 9 日，国务院召开务虚会，研究加快现代化建设的问题。随着国民经济的好转以及出国考察带来的信心，当时中央领导感到十年规划的指标还可以提高，要求会议讨论如何充实、补充十年规划纲要，其中的一个重要问题就是如何安排引进工作。由于出国考察过程中，许多国家表示愿意向中国提供贷款，领导层认为可以进一步扩大引进的规模。会议总结报告提出：8 年的基本建设投资从原设想的 4000 亿元增加到 5000 亿元，10 年引进 800 亿美元，最近三四年先安排三四百亿美元。

最终，1978 年共签订了 50 多个引进技术设备的项目，协议金额达 78 亿美元，比 1950 年到 1977 年 28 年中国引进技术设备累计完成金额 65 亿美元还多 13 亿美元。这些项目的签约是非常仓促的，约占 78 亿美元总成交额一半的项目是在 1978 年 12 月 20 日到年底的 10 天内抢签的。引进项目以重工业为主，在总金额中，冶金、化工项目占 62%，能源项目占 18%，轻纺占 11%，其建设的规模是巨大的，形成了一批特大型工程。50 多个项目中，有宝钢等 22 个重点项目，协议金额为 58 亿美元，占总金额的 74%。22 个重点项目设计年生产能力的总规模为：炼铁 650 万吨、炼钢 670 万吨、轧钢 650 万吨、铜矿采选日处理能力 13 万吨、电解铝 8 万吨、乙烯 120 万吨、塑料 88.5 万吨、合成橡胶 8 万吨、甲醇等有机化工原料近 50 万吨、合成氨 120 万吨、烧碱 40 万吨、合成纤维 71 万吨、尼龙 66 盐浸胶帘子布 1.3 万吨、合成革 600 万平方米、三聚磷酸钠 7 万吨、彩色显像管 96 万只、入洗原煤 1200 万吨，以及 100 套综合采煤机组（采煤能力 2000

万吨）等。[1]

1978 年签约的引进项目带有很大的随意性和盲目性，不少项目属于计划外工程，既没有经过认真的调查研究，进行必要的技术经济论证，作各种方案的比较，也没有经过计划部门综合平衡。22 个重点引进项目，按设计要求共需外汇 130 亿美元（包括 1978 年签约的 58 亿美元），按当时汇率约合人民币 390 亿元，加上国内配套投资 200 多亿元，总投资规模约 600 亿元。这么多大型项目如果同时开工，将于 1981 年、1982 年同时进入投资高峰，每年需要投资 130 亿元左右。这样大的投资规模超出了国力，如果执行下去，无疑会进一步加重国民经济比例严重失调的状况。

三、"调整、改革、整顿、提高"方针的提出

在扩大引进规模、加快建设速度的气氛影响下，1978 年 9 月 24 日至 10 月 22 日，国务院在务虚会结束之后接着召开了全国计划会议，讨论 1979 年和 1980 年的国民经济计划。国家计委提出，1979 年、1980 年每年农业增长速度为 5% 到 6%，工业增长速度为 10% 到 12%；粮食产量平均每年增加 300 亿斤，钢产量平均每年增加 300 万吨，并为 1985 年生产 8000 亿斤粮食、6000 万吨钢创造必要的条件。1979 年预算内直接安排基建投资 457 亿元，比投资规模急剧膨胀的 1978 年又计划增加 125 亿元；财政收入计划 1260 亿元，比 1978 年计划增加 300 亿元。由于对经济形势的估计过于乐观，对比例失调的严重状况认识不足，这次会议编制的 1979 年计划，基建规模、生产指标、财政收支、利用外资等方面都安排过大，在财力物力上留下了很

[1]《当代中国的基本建设》编辑委员会编：《当代中国的基本建设》（上），当代中国出版社、香港祖国出版社 2009 年版，第 195 页。

大的缺口，燃料短缺1500多万吨，建材满足不了457亿元基建投资的需要，财政收入有50多亿元未落实，打算借用的外债高达100亿美元。[1]

事实上，对于一味要求加快经济建设和一再扩大引进规模，也有一些人持不同意见，但是在当时的气氛下，他们的意见没有得以充分表达。陈云就对引进规模的一再扩大有相当的保留，他认为一味扩大引进规模，依靠外国借款，会加重国民经济比例失调的状况。在1978年的国务院务虚会期间，陈云就曾提议会议多开几天，专门听听反面意见，但并未被采纳。

1978年11月10日至12月15日，中共中央召开工作会议，会议议题包括商定1979年和1980年国民经济计划的安排。与会者在讨论中提出了一些重大比例失调的问题，特别是陈云就经济问题所作的系统发言，实际上提出了调整国民经济的主张。12月10日，陈云在东北组的发言中提出，在三五年内，每年进口粮食2000万吨，先把农民这头安稳下来。农民有了粮食，棉花等经济作物就好解决了。摆稳这一头，就是摆稳了大多数，天下就大定了。这是大计，是经济措施中最大的一条。工业引进项目，要循序而进，不要一拥而上。要给各省市一定数量的真正的机动财力。对于生产和基本建设都不能有材料的缺口。要重视旅游事业的发展，要同引进重要项目一样对待。[2]12月15日，李先念提出，随着大规模工业交通建设的展开和工业生产的增长，如果不采取坚决措施，某些比例失调现象就会更加尖锐、更加扩大，特别是农业落后将更加突出。因此，1979年和1980年还有调

〔1〕当代中国研究所：《中华人民共和国史稿》第4卷，人民出版社、当代中国出版社2012年版，第106—107页。

〔2〕《陈云文选》第3卷，人民出版社1995年版，第236—238页。

整的任务。[1]不过，陈云和李先念的意见此时还未获得太多认同，尚不足以形成调整的决策。中央工作会议结束后不久，12 月 18 日至 22 日，中共十一届三中全会召开。会议公报指出了“一些重大的比例失调状况没有完全改变过来”的问题，并提出要“切实做到综合平衡，以便为迅速发展奠定稳固的基础。基本建设必须积极地而又量力地循序进行，要集中力量打歼灭战，不可一拥而上，造成窝工和浪费”[2]。然而，会议没有作出调整的决策，而且原则同意了 1979 年和 1980 年的国民经济计划安排。

十一届三中全会后，陈云仍坚决主张调整国民经济。1979 年 1 月 1 日，李先念将准备下发的国家计委《关于一九七九、一九八〇两年经济计划的安排（草案）》批送华国锋、邓小平、陈云等审阅。陈云批示：“国务院通知中‘1979 年有些物资还有缺口’，我认为不要留缺口，宁可降低指标，宁可减建某些项目。”1 月 5 日，陈云又在新华社《国内动态清样》所载《国家计委还在留缺口》一文上批示：“我认为有物资缺口的不是真正可靠的计划。”邓小平赞同陈云的意见，批示：“请计委再作考虑。”[3]1 月 6 日，邓小平同余秋里、方毅、谷牧、康世恩谈经济建设方针问题时指出：“对今明两年的计划，陈云同志提了意见，他说有物资缺口的计划不是真正可靠的计划，计划不要留缺口，宁可降低指标，宁可减建一些项目。这个意见很重要，请计委再作考虑。有些指标要压缩一下，不然不踏实、不可靠。”[4]之后，国家计委会同有

---

[1] 当代中国研究所：《中华人民共和国史稿》第 4 卷，人民出版社、当代中国出版社 2012 年版，第 107 页。

[2]《三中全会以来重要文献选编》（上），人民出版社 1982 年版，第 6 页。

[3]《李先念年谱》第 6 卷，中央文献出版社 2011 年版，第 1 页。

[4]《邓小平年谱（1975—1997）》（上），中央文献出版社 2004 年版，第 466 页。

关部门着手研究调整 1979 年的计划安排。

在普遍存在着要求加快经济建设速度的气氛之下，陈云关于调整国民经济的意见引起了很大的争议。决定调整 1979 年计划之后，国务院和有关部委领导同志之间仍存在分歧，有的认为需要调整，有的则认为只需要整顿，争论很激烈。在这种情况下，1979 年 3 月 14 日，李先念同陈云联名致信中共中央，建议在国务院下设立财政经济委员会，作为研究制订财经工作方针政策和决定财经工作中大事的决策机关，以陈云为主任，李先念为副主任，姚依林为秘书长。信中还提出："现在的国民经济没有综合平衡的。比例失调的情况相当严重。""要有两三年的调整时期，才能把各方面比例失调情况大体上调整过来。"〔1〕3 月 21 日至 23 日，中共中央政治局召开会议，原则同意国家计委修改和调整 1979 年国民经济计划的意见，提出了以调整为中心，包括改革、整顿、提高的方针，并决定用 3 年时间调整国民经济。邓小平在会议上指出，现在的中心任务是三年调整。这是个大方针，大政策。〔2〕会后，中共中央同意在国务院下设财政经济委员会。

1979 年 4 月 5 日至 28 日，中共中央召开工作会议，讨论修改 1979 年国民经济计划，在更大范围内统一对国民经济调整的认识。李先念代表中共中央和国务院在会上作了关于国民经济调整问题的讲话，分析了当时的经济形势，论述了实现现代化的指导思想，调整的必要性和调整的主要任务、原则、措施等重大问题。李先念在讲话中对多年来造成的国民经济比例失调问题进行了总结。主要表现在 5 个方面：农业和工业的比例严重失调；轻、重工业的比例严重

〔1〕《李先念年谱》第 6 卷，中央文献出版社 2011 年版，第 21—22 页。

〔2〕《李先念传》编写组编：《李先念传（1949—1992）》（下），中央文献出版社 2009 年版，第 1090 页。

失调；燃料动力工业同其他工业的比例严重失调；积累和消费的比例严重失调；劳动就业问题十分严重。李先念在讲话中提出了调整国民经济比例关系的 12 条原则措施，其中涉及工业结构调整的原则和措施主要有：一是加快轻纺工业的发展，使轻、重工业的比例协调起来，使商品供应同国内购买力和对外出口的增长相适应。二是在重工业中要突出地加强煤、电、油、运和建筑材料工业的生产建设，以保证其他工业和整个国民经济的发展。三是按照国民经济发展的需要和燃料动力、原材料供应的可能，认真调整工业企业。必须坚决地、有秩序地关停并转一批，以保证那些产品对路、消耗低、质量好、盈利多的企业开足马力生产。四是坚决缩短基本建设战线，使建设规模同钢材、水泥、木材、设备和资金的供应可能相适应。全国在建的 1700 多个大中型项目，要砍到 1000 个以下。五是引进要循序前进，前后衔接，步子不能太急。引进要突出重点，多引进一些煤、电设备和投资少、见效快、换汇率高的项目。六是要扩大出口。七是在保持物价基本稳定的前提下，对某些不合理的价格作必要的调整。要有计划有步骤地适当降低农用生产资料的销售价格，提高煤炭、生铁等的出厂价格，降低部分机械、电子、轻工产品的出厂价格。[1]

此次中央工作会议正式通过“调整、改革、整顿、提高”的方针，通过了修改后的 1979 年计划安排（草案）和《关于调整国民经济的决定》等相关文件。1979 年 7 月 1 日，五届全国人大二次会议通过新“八字方针”，通过了修订后的 1979 年国民经济发展计划。中国经济进入调整时期。

---

〔1〕《三中全会以来重要文献选编》(上)，人民出版社 1982 年版，第 109—147 页。

第三节　工业发展战略的转变

“调整、改革、整顿、提高”方针提出之后引起了很大争论。在争论的过程中，对于改革开放前经济工作指导思想的反思和总结逐步深入，最终触及了转变发展观、调整发展战略等深层次问题，引发了关于中国现代化道路怎么走的思考。同时，国际环境的变化，使中国面临的安全威胁下降，重工业得以转变服务方向，更多为农业、轻工业服务。经过深刻的反思和总结，中共十一届六中全会通过《关于建国以来党的若干历史问题的决议》，对适合中国国情的社会主义建设道路作了基本总结，宣告经济建设的指导思想已经得到根本性转变。《决议》中明确指出，经过三十多年的艰苦奋斗，中国建成了独立的、比较完整的工业体系和国民经济体系。这标志着优先发展重工业战略完成了历史使命，未来中国将以新的发展战略继续推进工业化进程。工业化战略的转变为改革计划经济体制提供了更为广阔的空间，而沿海地区对外开放的先行发展，也促使工业布局开始转变。在新的指导思想下，中国共产党制定出新的长期发展战略设想和计划，将整个 80 年代定位为关键的调整时期。

一、放弃优先发展重工业战略

20 世纪 60 年代初，国民经济面临严重困难，当时人们都有切身感受，因而对于进行国民经济调整的必要性容易达成共识。与那次调整不同，1978 年国民经济实现快速增长，国内生产总值增长 11.7%，工业总产值增长 13.5%。在经济总体向前发展的形势下，中央的决策从组织“国民经济的新跃进”陡然转变为以调整为中心的新“八字方针”，引起中共党内很大的争论。1979 年 7 月 26 日的《人民日报》发表文章指出："当前一个值得注意的问题，是有些同志对调整的必要性和重要性认识不足，特别是有些领导干部思想不通。有的同志认为，过去两年工业发展不是很快吗？继续大干快上好了，何必调整呢？有的同志认为，调整就是'刮下马风'，他要接受历史教训坚决顶住。有的同志认为他这个企业是多年辛辛苦苦搞起来的，关别人的可以，停自己的不行。"〔1〕10月5日，李先念在省、自治区、直辖市党委第一书记座谈会上指出，中央提出的八字方针，大家都赞成，但如何执行，实际上存在着不同的认识。比如，要不要大力加强农业、轻工业？基本建设规模是大了还是小了，要不要压缩？怎么样利用外资来加快我们的建设？发展生产要不要把重点放在现有企业的挖潜革新改造上？要不要对那些产品不对路、质量差、消耗高、长期亏损的企业实行关、停、并、转？在经济管理体制上，哪些该集中，哪些该分散？实际上都有不同意见。〔2〕

从表面上看，产生认识分歧的原因，一是经济中的矛盾和问题在1977年和1978年还没充分暴露出来，二是许多同志认为当时可以向外国借款、大规模引进先进技术设备的机遇十分难得，应该抓住这次机会加快建设。而从深层次看，分歧的实质在于要不要继续实施优先发展重工业战略，要不要延续原有的发展模式，乃至于中国的现代化道路究竟怎么走的问题。随着争论的深入，以及国民经济中的矛盾和问题进一步暴露出来，人们越发清晰地看到了原有发展模式的弊端和困境，并最终决定放弃优先发展重工业战略。

首先，"勒紧裤腰带搞建设"已经难以维系。新中国在一穷二白的

---

〔1〕《人民日报》1979年7月26日，第1版。

〔2〕《李先念传》编写组编：《李先念传（1949—1992）》（下），中央文献出版社2009年版，第1112页。

情况下选择实施优先发展重工业战略，不得不尽可能挤出资金和物资集中投入重工业建设，因而人民生活的改善是比较缓慢的。1953 年 9 月 12 日，毛泽东在中央人民政府委员会第二十四次会议上指出：“所谓仁政有两种：一种是为人民的当前利益，另一种是为人民的长远利益，例如抗美援朝，建设重工业。前一种是小仁政，后一种是大仁政。两者必须兼顾，不兼顾是错误的。那末重点放在什么地方呢？重点应当放在大仁政上。现在，我们施仁政的重点应当放在建设重工业上。要建设，就要资金。所以，人民的生活虽然要改善，但一时又不能改善很多。就是说，人民生活不可不改善，不可多改善；不可不照顾，不可多照顾。”[1]因而，“高积累、低消费”“先生产、后生活”就成为传统发展模式的重要特征。

经过 30 年的艰苦奋斗，新中国的社会主义建设取得伟大成就，基本建成了独立的、比较完整的工业体系和国民经济体系，国防实力大大加强，成功研制出“两弹一星”，常规武器生产能力大幅提升，可以说，人民为长远利益作出的牺牲得到了回报。然而，长期积累起来的人民生活欠账问题越来越突出，已经到了必须下决心解决的地步。一方面，到 1978 年，全国 9 亿多人口中，至少有 2 亿多人生活在贫困线以下，不得温饱。尽快恢复和发展农业，纾缓农民的生活困难，在中共党内是有广泛共识的。中共十一届三中全会通过的两个文件都是关于农业的，并强调必须充分关心农民的物质利益。而且陈云在阐述调整的必要性时，反复强调的第一条就是：中国有 9 亿多人口，其中 80% 在农村，革命胜利 30 年了还有农民要饭，需要改善生活。另一方面，城市也积累了很多生活欠账，特别是由于非生产性投资长期偏低，

〔1〕《毛泽东年谱（1949—1976）》第 2 卷，中央文献出版社 2013 年版，第 163—164 页。

城市住房随着人口的增长而日益紧张。一些领导干部认为这种形势持续下去是非常危险的，十分不利于安定团结。对此，邓小平在一次谈话中指出："外国人议论中国人究竟能够忍耐多久，我们要注意这个话。"[1]陈云也发出警告："建国快三十年了，现在还有讨饭的，怎么行呢？要放松一头，不能让农民喘不过气来。如果老是不解决这个问题，恐怕农民就会造反，支部书记会带队进城要饭。"[2]

其次，盲目扩大基本建设规模成为一种顽症。改革开放前，在不同时期的不同情况下，中国一再提出生产上的高指标，尤其是重工业的高指标，推动基建规模几度急剧扩张，基建战线一再拉长，导致比例失调的状况反复出现，造成数次大的经济波动。自"大跃进"以来，片面实行"以钢为纲"的方针是造成这种状况的重要原因，而自三线建设启动以来，国防战备费、国防工业投资和三线建设投资过大成为造成这种状况的另一个重要原因。

陈云对其中的经验教训有深刻的认识。在 1979 年 3 月 14 日陈云和李先念联名写给中共中央的信中，第一条就强调前进的步子要稳，不要再折腾，必须避免反复和出现大的"马鞍形"。[3]在 3 月 21 日中央政治局会议上，陈云直接批评了制定高指标的做法："过去说，指标上去是马克思主义，指标下来是修正主义，这个说法不对。"针对"以钢为纲"，陈云指出，"单纯突出钢"的做法被证明是不能持久的，"钢太突出，就挤了别的工业，挤了别的事业。"[4]为了让中共党内领导干部更深刻地认识到这一点，1979 年 9 月 2 日，陈云将他请财政部整理出

〔1〕《邓小平年谱（1975—1997）》（上），中央文献出版社 2004 年版，第 380 页。
〔2〕中共中央文献研究室编：《陈云传》（四），中央文献出版社 2015 年版，第 1510 页。
〔3〕《陈云文选》第 3 卷，人民出版社 1995 年版，第 248 页。
〔4〕《陈云文选》第 3 卷，人民出版社 1995 年版，第 251 页。

的一份关于1950年至1979年国家财政收支总额及基本建设拨款的资料印发国务院财经委员会委员和中共中央政治局委员。这份资料列出了新中国成立后30年来每个年度的财政收入、财政支出、预算内基本建设拨款、基本建设拨款占财政支出的比重等数据。陈云认为，这些历史数据对于认识基建规模应该以多大为宜具有参考价值。材料印发后，9月2日至24日，国务院财经委员会连续召开会议，讨论1980年和1981年的国民经济计划。9月18日，陈云在会上讲话指出：基建战线太长是一个老问题，基建投资超过国家财力物力可能的状况，自1970年以来或多或少就存在了。[1]9月30日，国务院办公厅又将财政部整理的《关于国民经济和国家财政四次紧张和波动的资料》印发。材料历述1953年冒进倾向、1956年冒进、1958年“大跃进”和1967年至1976年十年间国民经济严重比例失调的情况，并总结道，问题主要在于基本建设超过财力、物力的可能，大上大下，情况一好就折腾。

“文化大革命”结束后，随着国民经济形势的好转，又出现了“折腾”的势头。即使新“八字方针”已经提出，在压缩基本建设规模的问题上仍是阻力重重。1979年，调整后的计划将预算内基建投资从1978年的389亿元压缩到360亿元，而实际执行结果是396.9亿元。由于基本建设投资压缩得不够，同时用于调整价格、增加工资、扩大就业等事项的开支大幅度增加，当年的财政赤字高达170.7亿元，这是新中国成立以来财政赤字最大的一次。在这种情况下，还有不少部门和地区急于铺摊子、上项目。1980年，计划将预算内基建投资压缩到241亿元，实际执行结果为300亿元。1980年的财政赤字仍高达127.5亿元。

---

〔1〕中共中央文献研究室编：《陈云传》（四），中央文献出版社2015年版，第1594—1595页。

面对国民经济中潜伏的危机，1980 年 12 月召开的中央工作会议作出进一步调整的决策，明确要求 1981 年基本建设要退够，财政收支要实现平衡。会议指出，长期以来全国热衷于大搞基本建设，特别是重工业建设，而且各项建设之间互不衔接，搞了一大批已经属于长线的加工工业，结果占用了大量财力物力，建设周期拖得很长，不能形成生产能力，或者建成了也不能正常生产。而对于已经建设起来的老企业，则不注重经营管理，不注意设备更新和技术改造，以致使它们长期陷于高消耗、低质量、产品性能提升缓慢的落后状态。同时，在生产上追求产值，不顾市场需要，产销脱节，造成大量积压。生产的这种落后的、盲目的不合理状态，又造成燃料动力和原材料供应紧张，促使再去扩大基建规模，特别是重工业的建设规模。这几乎成了一种顽症。[1]

围绕调整的争论最终在 1980 年底基本得出结论。1980 年 12 月的中央工作会议总结了新中国成立后 30 多年经济建设的经验教训，对经济工作指导思想中的“左”倾错误进行了较为彻底的清理，使中共各级领导干部对中国进行现代化建设的长期性、艰巨性有了比较清醒的认识。由于对原有发展模式的弊端和困境的认识越来越深入，人们认为中国必须放弃优先发展重工业战略，正如这次会议指出的：“今后再也不能走这条老路了”，“我们应当寻找一条新的路子”。[2]

再次，国际局势的缓和为中国放弃优先发展重工业战略提供了可能。新中国成立后之所以选择优先发展重工业战略，一个重要的原因就是要在时刻面临战争危险的情况下，加快国防工业建设，以维护国家安全。因而，要放弃优先发展重工业战略，也需要和平的国际环境。

---

〔1〕《三中全会以来重要文献选编》(上)，人民出版社 1982 年版，第 620 页。
〔2〕《三中全会以来重要文献选编》(上)，人民出版社 1982 年版，第 620 页。

实际上，1965年完成国民经济调整前后，中国就曾有机会转变工业发展战略。国民经济调整时期采取的政策事实上意味着优先发展重工业战略的搁置，到“三五”计划制定之前，一线领导人基本达成了“先抓吃穿用”“实现农轻重”的共识。而且到1965年，中国的工业体系已基本建立起来了，一是具备了独立制造机床的能力，主要机器设备自给率超过90%；二是各重工业部门基本建立，汽车、飞机、轮船、主要化工产品都能生产；三是全国除西藏外各省、市、自治区均通了铁路；四是国防工业体系基本建立，核武器实验成功；五是1956年制定的12年科学技术远景规划中的许多目标已经实现。[1]然而，进入20世纪60年代，中国面临着异常严峻的安全威胁，一是中苏关系恶化，中苏边境出现紧张局势；二是1962年爆发中印边境自卫反击战；三是蒋介石集团企图利用大陆的暂时困难叫嚣“反攻大陆”；四是美国不断扩大在越南的战争，对中国形成威胁。据资料证明，1964年和1969年，美国和苏联先后考虑对中国进行核打击。[2]这些使得中国领导人不能不把国家安全放在第一位，决定开启三线建设，进而恢复了优先发展重工业战略。

进入20世纪70年代，国际局势发生了有利于中国的变化。美国由顶峰走向相对衰落，希望通过中美和解获得战略上的有利地位。1972年2月，尼克松访华，中美发表《上海公报》，中美关系解冻，推动中国同日本、英国、西德、意大利、西班牙等西方发达国家建立外交关系。这为中国同这些发达国家开展经贸合作创造了条件。这一时期，西方国家经济转入滞胀，资本和产能均严重过剩，急于寻找国

〔1〕程连升：《筚路蓝缕：计划经济在中国》，中共党史出版社2016年版，第250页。

〔2〕萧冬连：《计划经济时代影响中共经济决策的主要因素》，《中共党史研究》2021年第3期。

际投资场所和向外转移产业。“文化大革命”结束之后，西方国家争相同中国谈贸易、谈合作。为了能够抓住利用国外的资金和先进技术设备来加快现代化建设的历史机遇，中国也希望争取和维护和平的国际环境。1978 年 8 月，中日缔结和平友好条约，1979 年 1 月中美建交。1979 年 1 月 6 日，邓小平会见欧洲议会议长埃米利奥·科隆博时指出：“我们同日本签订了和平友好条约，同美国实现了关系正常化。我们没有别的目的，就是争取比较长的和平环境。”[1]

进入 20 世纪 80 年代，作为中国战争威胁主要来源的苏联在阿富汗战争中陷入泥潭，随着勃列日涅夫于 1982 年去世、戈尔巴乔夫于 1985 年上台，苏联对内政外交政策作出重大调整，世界强国之间开始由对抗转为对话，爆发世界大战的危险减弱。根据国际形势的变化，中共领导人对战争爆发可能性的判断逐渐发生转变。1980 年 10 月 25 日，邓小平在一次谈话中指出：“我们过去的提法，是立足于早打、立足于大打、立足于明天就打。这里包括对世界大战的估计问题。我们还是认为，世界大战不可避免。但究竟什么时间打？我在一九七五年说过，五年打不起来。五年过去了，没有打。现在看，再有五年或者更多时间，也还是打不起来，因为双方的战略部署都还没有完成。这样，我们的工作就不能还是建立在过去那种估计的基础上。备战经费，可以挪出一部分来搞经济建设。”[2]之后，中共在战争问题上逐渐由悲观转为乐观，1985 年中央作出裁军一百万的决定，之后明确提出和平与发展是当今时代的两大主题。有了这一判断，中国才得以真正实现工业化战略的转变。

---

〔1〕《邓小平年谱（1975—1997）》（上），中央文献出版社 2004 年版，第 467 页。
〔2〕《邓小平年谱（1975—1997）》（上），中央文献出版社 2004 年版，第 685—686 页。

二、形成新的工业发展战略

在总结历史经验教训、深刻反思传统发展模式的弊端的同时，中国开始探索适合中国国情的社会主义现代化建设道路，确立新的工业发展战略。

第一，从中国的国情出发，有步骤分阶段地实现工业化的目标。

认清中国的国情，是探索现代化道路、确立工业化战略的首要问题。“文化大革命”结束之后，新上任的领导层之所以急于组织“国民经济新跃进”、制定超越国力的建设计划和大引进计划，其重要原因就是没有认清中国的国情。当时，大批出国考察的领导干部看到日本、西德、法国等国家在战后用较短的时间就发展起来了，因而对中国能够快速地实现现代化信心倍增。对此，陈云直截了当地提出批评：“有些同志只看到外国的情况，没有看到本国的实际。我们的工业基础不如它们，技术力量不如它们。有的国家和地区发展快，有美国的特殊照顾。只看到可以借款，只看到别的国家发展快，没有看到本国的情况，这是缺点。”〔1〕在力主进行国民经济调整的过程中，陈云反复强调的第一条理由，就是要认清国情。1979 年 3 月 21 日，陈云在中共中央政治局会议上强调，中国还很穷，但要在 20 世纪末实现四个现代化，这是一个矛盾；人口多，要提高生活水平不容易，搞现代化用人少，就业难，这又是矛盾。这个现实情况是制定建设蓝图的出发点。〔2〕邓小平十分赞同陈云的这一看法，1979 年 3 月 30 日，他在《坚持四项基本原则》的讲话中，将中国的国情概括为底子薄和人口多、耕地少两个特点，并指出：“过去搞民主革命，要适合中国情况，走毛泽东

---

〔1〕《陈云文选》第 3 卷，人民出版社 1995 年版，第 252 页。

〔2〕《陈云文选》第 3 卷，人民出版社 1995 年版，第 250 页。

同志开辟的农村包围城市的道路。现在搞建设，也要适合中国情况，走出一条中国式的现代化道路。”[1]

关于国情的讨论，使人们更加清醒地认识到中国社会主义建设的长期性、复杂性、艰巨性。1981 年 6 月，中共十一届六中全会通过的第二个历史决议中指出：社会主义经济建设必须从国情出发，量力而行，积极奋斗，有步骤分阶段地实现现代化的目标。经过进一步的理论发展，1987 年 10 月，中共十三大提出社会主义初级阶段理论，并以此为依据制定了新的经济发展战略：在社会主义初级阶段，发展社会生产力所要解决的历史课题，是实现工业化和生产的商品化、社会化、现代化。完成这个任务，必须经过长期的有步骤分阶段的努力奋斗，从中共十一届三中全会以后大体分三步走：第一步，实现国民生产总值比 1980 年翻一番，解决人民的温饱问题；第二步，到 20 世纪末，使国民生产总值再增长一倍，人民生活达到小康水平；第三步，到 21 世纪中叶，人均国民生产总值达到中等发达国家水平，人民生活比较富裕，基本实现现代化。[2]

根据“三步走”发展战略，中共制定了与之相应的、有步骤分阶段的工业发展战略目标：第一步，调整工业结构，增加消费品生产，并在能源、交通方面进行必要的基本建设，为第二步打好基础；第二步，工业部门的经济效益、劳动生产率和产品质量明显提高，工业总产值和主要工业产品产量大幅度增长，工业主要领域在技术方面大体接近经济发达国家 20 世纪 70 年代或 80 年代初的水平；第三步，实现工业化。

第二，以提高经济效益为中心，根据要素结构和需求结构变化，

---

[1]《邓小平文选》第 2 卷，人民出版社 1994 年版，第 163 页。

[2]《十三大以来重要文献选编》(上)，人民出版社 1991 年版，第 16 页。

不断调整优化工业结构。

改革开放前，中国通过实施优先发展重工业战略，初步建成了独立的、比较完整的工业体系，但由于严重偏离资本稀缺的要素结构和消费品短缺的需求结构，导致经济效益低，人民生活水平提高的速度慢于工业发展的速度。中共十一届三中全会以来，随着全党工作着重点转移到社会主义现代化建设上来，以及国际局势的缓和，追求经济效益成为经济建设的主要目标。1981 年 11 月，五届全国人大四次会议指出，“千方百计地提高生产、建设、流通等各个领域的经济效益，这是一个核心问题”，并围绕提高经济效益提出十条经济建设方针。1982 年 9 月，中共十二大提出，“六五”计划时期要把全部经济工作转到以提高经济效益为中心的轨道上来。1987 年 10 月，中共十三大进一步提出，实现“三步走”发展战略中的第二步奋斗目标，关键是要在提高经济效益上扎扎实实地做好工作。而要取得良好的经济效益，就必须根据要素结构和需求结构的变化，不断调整优化经济结构，包括工业结构。

20 世纪 80 年代，中国的要素结构特征是资金要素短缺、劳动力要素充足，需求结构是人民对基本消费品的需求旺盛、企业对能源和交通运输的需求旺盛。因而，这一时期中共将消费品工业、能源工业和交通运输作为工业发展的战略重点。首先，整个 80 年代，消费品工业成长迅速，纺织工业、食品工业和家电工业成为支柱产业。这一时期，随着农业生产的发展和人民收入的提高，消费品工业迎来良好的发展机遇。而且，消费品工业也成为关系发展全局的关键产业。一是消费品工业的发展能够更好地适应人民生活改善的需要，这不仅与“三步走”的第一步——解决温饱问题的战略目标相适应，而且能够增加财政收入、稳定市场物价、创造更多就业岗位，从而有助于安定团结政治局面的巩固；二是消费品工业的快速发展能够促进农业、重工业和国内外贸易的发展；三是消费品工业的发展能够促进整个经济结构的合理化，有利于积累和消费矛盾的妥善解决。其次，能源和交通长期以来一直是制约经济发展的短板，加强能源和交通建设对于经济结构的合理化具有重要意义。邓小平和陈云在谋划整个 80 年代的发展规划时，都强调要把能源和交通作为战略重点先行发展。

进入 20 世纪 90 年代，随着人民生活的不断改善，消费需求明显升级。适应这一变化，90 年代初，中国出台产业政策，着力推动机械电子工业、石油化学工业、汽车制造业和建筑业的发展。到 90 年代后期，中国告别短缺经济，形成买方市场，投资品和消费品普遍过剩，资本要素不再稀缺，劳动力依然充足，进一步改善生活和加强基础设施建设都对重工业产品提出更高的要求。要素结构和需求结构的这一变化推动了此后工业结构的重化工业化。

第三，积极利用外资，以补充工业发展所需资金，引进先进的技术、设备和科学的管理经验。

中共十一届三中全会之后，对外开放成为基本国策。1979 年 10 月 4 日，邓小平就利用外资的问题指出，“现在研究财经问题，有一个立足点要放在充分利用、善于利用外资上”[1]，强调了利用外资对于加快现代化建设的战略意义。1982 年 9 月，中共十二大提出，要尽可能地多利用一些可以利用的外国资金进行建设；要积极引进一些适合中国情况的先进技术，特别是有助于企业技术改造的先进技术，努力加以消化和发展，以促进中国的生产建设事业。[2]工业是利用外资的重点领域，利用外资成为补充工业建设资金、推动工业技术进步、提升中

〔1〕《邓小平文选》第 2 卷，人民出版社 1994 年版，第 199 页。
〔2〕《十二大以来重要文献选编》（上），人民出版社 1986 年版，第 24 页。

国工业竞争力的战略举措。

改革开放后很长一段时间，外资主要集中在工业领域，为加快工业发展提供了有力的资金支持。从实际利用外资额占固定资本形成总额的比重来看，1979 年到 1991 年，沿海地区率先开放，外资所占比重平均为 2.4%；1992 年到 1997 年，随着开放区域的扩大，外资占比快速上升，平均达到 14.8%。此后，随着买方市场的形成，尽管外资绝对数额仍在扩大，但由于国内投资增长更快，外资占比逐步下降。〔1〕从利用外资的数额来看，1992 年中国实际利用外资金额达 110.08 亿美元，成为吸引外资最多的发展中国家，在全球仅次于美国；2000 年中国实际利用外资金额达到 593.56 亿美元，实际利用外商直接投资 407.15 亿美元，其中制造业占 63.5%。〔2〕可见，在 20 世纪最后 20 年，利用外资对于解决工业发展的资金问题起到了重要作用。

在利用外资的过程中注重引进先进技术设备及对其进行消化吸收，是改革开放后促进工业技术进步的重要途径，特别是改革开放初期。当时，中国的工业技术水平与发达国家存在较大差距。无论是借用国外资金引进的技术设备，还是外商投资的企业，其技术水平和产品质量一般都比较高，有些技术填补了国内空白，促进了老企业的技术改造和产品升级换代。同时，在利用外资的过程中，国内企业通过模仿和学习提高了自身技术水平，来自外资企业的竞争也促使国内企业更加注重提升产品质量和技术含量。

1978 年到 1991 年是工业发展战略转变后的第一个阶段，工业结构的转变成为这一时期工业发展的主要特征。这一时期，轻工业迅速

---

〔1〕江小涓：《新中国对外开放 70 年》，人民出版社 2019 年版，第 128 页。

〔2〕国家发展和改革委员会国际合作中心对外开放课题组：《中国对外开放 40 年》，人民出版社 2018 年版，第 131—132 页。

发展，家电工业等新兴行业蓬勃兴起，带动了整个工业的发展；重工业结构也进行调整，更好地服务于农业和轻工业，能源工业建设得到加强。经过调整和发展，工业内部比例严重失调的状况得到扭转，轻重工业比例逐步趋于协调，消费品严重短缺的状况得到极大缓解，工业技术水平显著提高。

第二章

调整轻重工业的比例关系

20 世纪 70 年代末，中国轻工业发展仍十分落后，重工业则脱离农业、轻工业片面发展，轻重工业比例严重失调，消费品供应严重不足，城乡人民提高生活水平的要求无法得到满足。在“调整、改革、整顿、提高”方针的指导下，“五五”计划的后两年和“六五”计划时期采取多项措施促进轻工业发展，同时调整重工业的服务方向，使轻重工业比例逐步趋于协调。进入“七五”计划时期，在旺盛需求的驱动下，轻纺、机电等加工工业增长过快，超出能源、原材料等基础工业的供应能力。“七五”计划后期，根据治理整顿的有关部署，调整工业结构的主要任务转变为加强基础工业和限制加工工业。

第一节 “五五”后期工业结构的初步调整

1979 年和 1980 年是国民经济调整的第一阶段。中央制定了一系列政策措施调整轻重工业比例关系，使轻工业的发展速度迅速加快，但重工业基本建设投资的规模并未缩减到位。

一、对经济结构展开调查研究

李先念在 1979 年 4 月召开的中央工作会议上列举了国民经济比

例失调的 5 条主要表现，其中之一就是轻重工业的比例严重失调。[1]因而，调整轻重工业比例关系成为贯彻新“八字方针”、调整国民经济的主要任务之一。1979 年 6 月，国务院财经委员会决定成立四个调研组，就经济管理体制、经济结构、技术引进和企业现代化、理论和方法四个问题，对中国经济进行深入的调查研究。其中，经济结构组在马洪、孙尚清的领导下，组织了 400 多人的队伍，其中 200 多人从事理论研究工作，100 多人组成综合调研队，分别赴 10 多个省市进行了为期 10 个月的调查研究。此次调查研究摸清了中国经济结构的基本状况和存在的主要问题，为中央调整经济结构提供了重要的决策依据。关于轻重工业结构，调研组得出结论是：轻工业落后，不能满足城乡人民提高生活水平的要求，而重工业脱离农业、轻工业片面发展，并且内部比例失调。

一方面，新中国成立后，由于实施优先发展重工业战略，轻工业的发展长期滞后。轻工业投资占基本建设投资的比重过低，“一五”计划时期为 5.9%，之后不仅没有增加，反而有所减少。到 20 世纪 70 年代末，国内按人口平均的主要轻工业产品不仅大大低于世界先进水平，而且有些产品尚不能满足人民的基本需要；轻工业内部比例关系也极不协调。轻工业落后导致消费品市场供应紧张，市场商品可供量与购买力的差额一直高达几十亿元。[2]

另一方面，重工业以自我装备型为主，重工业产品中国防工业产品，以及满足重工业自身需要的中间产品占比较大，满足农业和轻工业需要的生产资料十分不足。1976 年到 1979 年，重工业投资中用于农机、化肥、农药的仅占 9.9%。据全国除广东、甘肃、青海、西藏以

〔1〕《三中全会以来重要文献选编》（上），人民出版社 1982 年版，第 112 页。
〔2〕马洪、孙尚清主编：《中国经济结构问题研究》，人民出版社 1981 年版，第 4 页。

外的25个省、市、区统计，农村的固定资产为849亿元，平均每个劳动力有310元；轻工业固定资产平均每个劳动力有5000元左右，重工业固定资产平均每个劳动力有12000元左右，可见当时中国农业的技术装备程度很低。改革开放以前，中国轻工业原料构成变化并不大。直到1979年，轻工业原料中农产品仍占69.3%，工业品仅占30.7%。生产化纤、塑料、新型耐用消费品的机器设备不能充分制造供应。轻工业所需要的燃料、动力，常常要为重工业“让路”。工业用电中重工业占80%—90%，轻工业一般只能用10%左右。重工业内部产业门类之间的比例也很不协调。一是燃料动力工业落后。1953年到1978年，中国工业总产值每年平均增长11.2%，而能源生产每年平均只增长9.6%，加上能源使用中浪费严重，能源问题成为国民经济中的突出问题。二是原材料工业和加工工业不相适应。当时全国机床加工能力大于钢材供应能力3到4倍，机床拥有量虽多，但粗加工为主的机床比重大，精加工为主的机床比重小，机床效率也比发达国家低得多，机械制造工业远远不能适应国民经济技术改造的需要。三是建材工业落后。1953年到1978年建材工业平均增长速度为11.8%，低于重工业13.6%的年平均增长速度。各重工业产业门类内部也存在比例关系失调问题。这些情况，使得重工业难以充分发挥对农业、轻工业和整个国民经济的主导作用。[1]

二、调整轻重工业比例的措施

针对这些问题，“五五”计划后期，即1979年和1980年，国家采取多项措施对轻重工业比例进行了调整。

---

〔1〕马洪、孙尚清主编：《中国经济结构问题研究》，人民出版社1981年版，第4、120—122页。

第一，加快轻纺工业的发展。1979 年 4 月的中央工作会议提出，要适当提高轻纺工业的投资比重，适当增加轻纺工业生产和建设所需要的外汇，多发展一些投资少、收效快、赚钱多、国内外市场需要的轻工业，少发展一些投资多、建设周期长的重工业。轻工业生产所需要的煤、电和原材料要优先保证，在这个前提下再安排钢铁等重工业的生产。[1] 用于轻工业的投资占工业总投资的比例，1978 年为 9.3%，1979 年为 10.8%，1980 年上升到 14.9%。1979 年 6 月，余秋里在五届全国人大二次会议上作关于 1979 年国民经济计划草案的报告时强调，要千方百计加快轻纺工业的发展。计划规定，化学纤维增长 5.3%，合成洗涤剂增长 8%，自行车增长 10.8%，缝纫机增长 8.6%，手表增长 12.7%，电视机增长 1 倍以上，照相机增长 23%。为了保证轻纺工业生产的增长，需要采取一些有力的措施：一是优先保证轻纺工业生产所需要的燃料动力和原材料的供应。按定额核定轻纺企业的用电指标，保证给足，供应落实。物资供应和交通运输部门对轻纺工业生产用的煤、油、原材料，要按订货合同，保质、保量，组织均衡送货。清仓查库清理出来的原材料，凡是适用的，优先调给轻纺工业部门。二是适当增加轻纺工业生产所需要的原材料的进口。1979 年计划用于这方面的外汇，折人民币，比 1978 年增加 3.2 亿元，增长 17%。三是大力提高轻纺工业产品的质量，增加花色品种。轻工业部要抓 83 种产品质量的提高和评比工作，对优质产品颁发优质奖。纺织工业部要解决一批产品质量中的关键问题，创出一批名牌优良产品，增产一批市场适销的短缺产品，改产一批滞销产品。四是加强工商协作，扩大产品销售。商业、外贸部门要协助生产企业按照需要安排好生产，并按

[1]《三中全会以来重要文献选编》（上），人民出版社 1982 年版，第 127 页。

计划收购产品。商业、外贸不收购的，允许轻纺工业部门按照国家规定的价格政策，开展自销。[1]1979 年 11 月，全国计划工作会议提出对轻纺工业实行“六个优先”原则，在财力物力上努力保证轻纺工业正常生产的需要。1980 年计划用于轻纺工业生产的原材料，多数比 1979 年明显增加。造纸工业需要的木材增加 7%；缝纫机生产需要的生铁增加 25%；整个轻纺工业需要的钢材、有色金属和大部分化工原料的数量也超过往年，其中轻工系统需要的铜、铝、铅、锌比 1979 年分别增加 8.7% 到 43.3%，纺织工业需要的烧碱、纯碱分别增加 7.2% 和 18.8%。[2]

此外，重工业实行重转轻、军转民，除在机械工业及国防军工企业中腾出一定生产能力，利用边角余料增产市场需要的日用消费品以外，还积极发展社队企业从事农副产品加工，恢复和发展城镇手工业生产，广开轻工业生产的门路。据统计，1980 年轻纺工业以外各行业生产的各类轻工业品产值，占全国轻工业产值的 31% 以上，发挥了良好作用。

上述措施收效明显。1979 年和 1980 年，轻工业增长速度均超过了重工业。1979 年，轻工业总产值增长 10%，比重工业增速高出 2 个百分点；1980 年，轻工业总产值增长 18.9%，比重工业增速高出 17 个百分点。轻工业产值在工业总产值中的比重由 1978 年的 43.1% 上升到 1980 年的 47.2%，而重工业的比重则由 56.9% 下降到 52.8%。轻工业企业提高产品质量降低成本，调整产品结构，压缩长线滞销产品，增加适销对路的新产品，取得了良好效果。1980 年 12 月，自行车、缝纫机、手表、糖、原盐、卷烟、塑料制品、机制纸及纸板、日用精铝

---

〔1〕《人民日报》1979 年 6 月 29 日，第 1 版。

〔2〕《人民日报》1980 年 1 月 8 日，第 1 版。

制品、灯泡、干电池、轻工机械等 14 种主要轻工业产品提前完成和超额完成全年计划产量。自行车、缝纫机、手表的产量都比 1979 年增加 33% 左右。1980 年，各地轻工业企业试制成功新产品有 7000 多种，新花色 10 万种，其中半数当年即投入批量生产。[1]

第二，压缩重工业投资规模，调整重工业的服务方向及内部结构。1979 年 4 月的中央工作会议提出，冶金工业要搞好内部的比例关系，把重点放在提高质量和增加品种规格上，努力把那些短缺的钢材、铁合金和有色金属搞上去，大力提高冶炼和轧制技术的水平，多炼优质钢和合金钢，积极提高钢材的质量和自给率以适应国民经济各方面的需要。军工企业要认真贯彻执行军民结合、平战结合、以军为主、以民养军的方针，充分挖掘现有企业的潜力，在保证按质按量完成军品生产任务的前提下，尽可能地多生产一些价廉物美的市场需要的民用产品，特别是耐用的日用消费品。在重工业中要突出地加强煤、电、油、运和建筑材料工业的生产建设，以保证其他工业和整个国民经济的发展。要采取双管齐下的办法，尽快改变目前燃料动力严重不足的紧张局面。一方面，煤、电、油的生产建设要尽快搞上去；另一方面，必须采取最严格、最有效的措施，节约能源，杜绝浪费。[2]

为了改变长期以来突出重工业建设的投资分配结构，国家压缩了重工业的投资规模。1979 年，重工业基本建设投资实际完成 226.25 亿元，比 1978 年减少了 17.61 亿元；1980 年进一步减少为 224.72 亿元。相应地，重工业投资在当年基本建设投资总额中的比重和在工业基本建设投资中的比重，从长期以来分别占 50% 以上和 90% 以上降了下来：1979 年分别为 43.2% 和 88%，1980 年分别为 40.2% 和 81.5%。

---

〔1〕《人民日报》1980 年 12 月 27 日，第 1 版。

〔2〕《三中全会以来重要文献选编》(上)，人民出版社 1982 年版，第 127—129 页。

进行调整之前，冶金工业主要是为重工业自身服务，人民生活急需的产品，在品种、数量和质量上都满足不了要求。如生产自行车用的带钢，做罐头用的镀锡薄板，民用建筑用的线材等都供应不足，部分或大部分要靠进口。在调整过程中，冶金工业部门着重调整了产品结构，把为轻纺工业服务作为重要任务。化学工业调整中停、缓建了一些大中型建设项目，关停并转了一批消耗高、产品质量低、销路差的小厂。对布点分散、重复生产的厂或产品，进行了适当集中和分工。对供过于求的产品进行了压缩或转产。化学工业的发展方向，开始转向主要为解决衣食住用行服务，重点放在为轻工、纺织、电子、建材等工业提供配套的原料、材料，为农业提供化肥、农药等，同时根据人民群众生活的需要，提供一些直接投放消费品市场的化工最终产品。机械工业着重调整了服务方向，扩大了服务领域，改善了机械产品结构。在为重工业、基本建设服务的同时，积极为轻纺工业、人民生活、城市建设、老企业技术改造和扩大机电产品出口提供设备。在基本建设需要设备减少的情况下，1980 年第一机械工业系统完成的工业总产值大体相当于 1979 年的水平，机电产品出口则比 1979 年增长 60.6%。为轻工业服务的重工业产品，1979 年只有 23 个品种，产值 6.5 亿元；1980 年增加到 93 个品种，产值达 40 亿元左右。

能源工业方面，国家调整了原油和原煤的生产，加强了石油的地质勘探和煤矿的掘进，并大力开展了节约能源的活动。为改变原油和原煤采储、采掘比例失调的状况，1979 年到 1980 年有计划地稳定和减少了原油、原煤的产量。石油开采企业在努力稳定产量的同时，积极采取措施，降低了油田的综合能耗。炼油企业调整了生产方案，重点提高轻油收率、提高产品质量、降低能耗。国家在能源政策上采取了开发与节约并重，短期内把节约放在突出地位的方针，以此来保持工业生产有一定的增长速度。[1]

第二节 “六五”时期工业结构的进一步调整

由于“五五”计划后两年调整措施执行不力，中央决定对国民经济进行进一步调整，时间延长至整个“六五”时期。“六五”计划完成后，财政经济状况实现根本性好转，轻重工业比例趋于协调。

一、坚决执行调整措施

“五五”计划后期，随着国民经济调整的展开，工业调整取得很大成效。工业生产在能源几乎没有增长的情况下，仍然保持了一定的发展速度。1979 年、1980 年，工业总产值增速分别为 8.8% 和 9.3%。轻工业的增长幅度较大，轻重工业比例关系有所改善，加上农产品原料供应增多，轻工业产品市场供应情况较好。然而，由于经济工作指导思想中“左”的错误没有彻底清除，中共党内对于国民经济调整的认识和意见存在较大分歧，许多领导干部对国民经济比例失调问题的严重性认识不足，导致这两年国民经济调整措施执行不力，比例严重失调的状况并没有从根本上改变过来。而且，在提高城乡人民的消费水平以后，基本建设总规模没有退够，造成国家安排的基本建设投资和消费支出超过了财政收入，货币流通量接近引起经济危机的临界点。因此，1980 年 11 月召开全国省长、市长、自治区主席会议，紧接着 12 月召开中共中央工作会议，对指导思想中“左”的错误进行了彻底的清理，并决定从 1981 年起对国民经济进行进一步调整，而且提出把

〔1〕汪海波等:《新中国工业经济史》第 3 版，经济管理出版社 2017 年版，第 284—285 页。

调整的时间延长至整个“六五”计划时期。为了彻底扭转国民经济比例失调的状况，争取财政经济状况的好转，中共中央决定调低工业发展速度，并继续采取措施调整轻重工业的比例关系，使工业走上健康、稳步发展的轨道。

1981 年 2 月，全国人大常委会审议并批准了国务院修订后的 1981 年国民经济计划。此次修订进一步调低了工业发展速度：工业总产值由原来预计增长 6% 降为 3%；在工业总产值中，轻工业由原来的 2390 亿元增加到 2473 亿元，比 1980 年预计增长 8%，重工业由原来的 2860 亿元减为 2637 亿元，比 1980 年预计下降 1.2%。[1] 实际完成情况：工业总产值增长 4.3%，大大低于前两年；轻工业产值增长 14.3%，重工业产值下降 4.5%。

1981 年在坚决压缩基本建设投资规模的同时，继续调整投资结构，压缩重工业投资，加强轻工业建设。重工业投资进一步减少为 172.63 亿元，重工业投资在基本建设投资总额中的比重和在工业基本建设投资中的比重进一步分别下降到 39% 和 79.9%。重工业各部门中，机械工业年度投资从 1979 年的 36.24 亿元、1980 年的 37.75 亿元，减到 24.39 亿元；在基本建设投资总额中的比重也相应从 1979 年的 6.9%、1980 年的 6.7%，减到 5.5%。冶金工业重点压缩了钢铁工业，投资额从 1979 年的 25.46 亿元、1980 年的 22.57 亿元，减少为 17.55 亿元。化学工业投资额从 1979 年的 29.46 亿元和 1980 年的 29.6 亿元，减少为 19 亿元，在基本建设投资总额中的比重由 1979 年的 5.6% 和 1980 年的 5.3%，下降到 4.3%。应该着重说明的是，在严格控制化学工业建设规模的同时，为满足人民日常生活需要的生活用塑料制品

---

〔1〕《当代中国经济》编辑委员会编：《当代中国经济》，当代中国出版社、香港祖国出版社 2009 年版，第 351 页。

的建设得到了加强。1981 年生活用塑料制品的建设投资从 1980 年的 1227 万元猛增至 21226 万元，增长了 16.3 倍。这对缓和市场生活用品供应紧张起到了积极作用。能源工业投资额从 1979 年的 109.92 亿元和 1980 年的 114.99 亿元，减少为 91.23 亿元。轻工业基本建设方面，尽管完成投资额由 1980 年的 50.6 亿元减少到 43.38 亿元，但在基本建设投资总额中的比重由 1978 年的 5.8%、1980 年的 9.1% 上升到 9.8%。[1]

除调整投资结构以外，国家继续采取措施，加快轻工业发展，以及调整重工业的服务方向和内部结构。1980 年底作出对国民经济进一步调整的决策之后，更好地落实了在原材料和能源供应、银行贷款、挖革改、基本建设、利用外汇和引进技术、交通运输六个方面优先保证轻工业发展的措施。[2]轻工业本身加强市场预测，狠抓重点产品、紧缺产品的生产和新产品的试制，结合企业整顿，推广全面质量管理，积极开展沿海中心城市和内地、城乡之间的经济联合和技术协作，充分发挥各自的技术优势和原料、厂房、设备的优势。1981 年轻工业总产值达 2781 亿元，占工业总产值的比重从 1980 年的 47.2% 上升为 51.5%，超过了重工业。主要轻工业产品中，自行车、缝纫机、手表、电视机、照相机、洗衣机等耐用消费品分别增长 30%—42%；化纤布、丝织品、呢绒、毛线分别增长 10%—28%，糖、啤酒分别增长 23% 和 32%，而且花色品种、中高档产品显著增加，丰富了城乡市场。多年来一直存在的工业消费品供应紧张的状况开始缓和。

---

〔1〕《当代中国的基本建设》编辑委员会编:《当代中国的基本建设》(上)，当代中国出版社、香港祖国出版社 2009 年版，第 210—211 页。

〔2〕《三中全会以来重要文献选编》(下)，人民出版社 1982 年版，第 1002 页。

二、轻重工业比例趋于协调

1981 年 11 月，五届全国人大四次会议通过的《政府工作报告》在肯定 1981 年国民经济调整取得显著成绩的同时，强调国民经济中的潜在危险还没有完全消除，国务院认为有必要再用五年或者更多一点的时间，继续贯彻执行“调整、改革、整顿、提高”的方针。1982 年 9 月，中共十二大再次提出，1981 年到 1985 年的第六个五年计划期间，要继续坚定不移地贯彻执行“调整、改革、整顿、提高”的方针。这一点又经国务院提议，经五届全国人大五次会议通过后，写入第六个五年计划中。

五届全国人大四次会议通过的《政府工作报告》围绕提高经济效益，走出一条经济建设的新路子，提出了十条方针。其中包括：把消费品工业的发展放到重要地位，进一步调整重工业的服务方向。报告指出，能源和物资的供应，贷款和投资的分配，科学技术力量的分配和科研课题的选定，以及国外技术和设备的引进，都应该注意保证消费品工业生产发展的需要。要充分利用资源丰富、劳动力充足的条件，多发展一些投资少、见效快的劳动密集型的消费品工业。在增产社会需要的高中档商品的同时，切不可忽视人民群众需要的利润不高的大路货、小商品的生产。要彻底改变长期以来片面强调发展重工业，一些重工业过多地为新建项目服务的偏向。重工业的发展，除了适当生产一些耐用消费品以外，更重要的是要调整服务方向，扩大服务领域，提高服务质量，提高适应能力，更好地为农业和消费品工业服务，为国民经济的技术改造服务，为出口服务，为国防现代化建设服务。[1]以这条方针为指导，1982 年到 1985 年，国家对轻重工业比例进行了调

---

〔1〕《三中全会以来重要文献选编》（下），人民出版社 1982 年版，第 1007—1014 页。

整和优化。

第一，继续促进轻纺工业发展。1982 年到 1985 年，继续实行“六个优先”原则，从能源和原材料供应、挖潜革新改造措施、基本建设、银行贷款、使用外汇和引进技术、交通运输等方面，给予优先照顾和大力支持。这四年，全国轻工业总产值分别增长 5.8%、9.3%、16.1% 和 22.7%。轻工业内部结构得到优化。以工业品为原料的轻纺工业产品在轻工业总产值中的比重继续上升，特别是合成纤维产量的增长远远超过了棉布的产量。在吃、穿、用三类消费品中，用的比重上升；在耐用消费品中，高档消费品的比重上升，特别是电视机、录音机、电冰箱、照相机等产品的产量大幅度增长。轻纺工业的持续发展促进了全国城乡市场的繁荣，消费品匮乏的状况得以缓解，市场货源比较充裕，大多数日用工业品实现敞开供应。

第二，继续调整重工业的服务方向和内部结构。1982 年到 1985 年，重工业直接为农业、轻工业和人民生活需要提供的产品越来越多。比如，钢铁工业坚持以提高经济效益为中心，把工作重点放在提高质量、增加品种、节能降耗、治理环境上，大力推进“五个转变”，即把产品质量逐步转到国际先进水平上来，品种转到适应技术进步的需要上来，高能耗结构转到低能耗结构上来，生产转到新技术上来，企业各项工作转到提高经济效益的轨道上来。机械工业以“上质量、上品种、上水平，提高经济效益”为中心，进一步调整了产品结构。能源开发和交通运输设备得到较快增长，并且做到保质、保量、按时和成套供应，保证了国家重点建设工程的需要。小型农具、饲养和经济作物机械、新兴行业装备和关键基础件，以及城乡物质文化生活所需要的机电产品，都有较快增长。从 1982 年开始，重工业增速不断回升，1982 年到 1985 年重工业分别比上年增长 9.9%、13.1%、16.5% 和

20.2%。

“六五”计划完成之后，轻重工业比例得到极大改善。六届全国人大四次会议通过的关于第七个五年计划的报告中指出：“过去我国农业、轻工业和重工业的比例关系、积累和消费的比例关系长期严重失调，极大地影响了国民经济的持续稳定发展和人民生活的改善。‘六五’期间，经过调整和改革，提高了农业和轻工业在工农业总产值中所占比重，明确了重工业的服务方向，它们之间的比例关系趋于协调。”[1]“六五”时期工业高速增长，大大超过原计划。“六五”计划规定，1981 年到 1985 年工业总产值平均增速为 4%，在执行中争取达到 5%。实际完成情况是：1981 年到 1985 年工业增速逐年加快，分别为 4.3%、7.8%、11.2%、16.3% 和 21.4%。这种高速增长加剧了能源、原材料供应和交通运输的紧张状况，引起生产资料的市场价格大幅度上升，成为 1984 年、1985 年出现经济过热的重要原因。

第三节 “七五”时期工业结构的优化与调整

进入“七五”时期，工业结构调整的重点转向调整轻、重工业内部结构，以及加强能源工业、原材料工业等薄弱环节，产业政策更加细化。然而，在推进改革和发展的过程中，社会总需求超过总供给的问题未得到很好的解决，工业结构再度出现失衡。“七五”后期，中央提出治理经济环境、整顿经济秩序、全面深化改革的方针，调整工业结构的主要任务转变为加强基础工业，限制加工工业。

〔1〕《十二大以来重要文献选编》（中），人民出版社 1986 年版，第 928 页。

一、工业结构调整目标更加细化

“六五”计划时期，贯彻“调整、改革、整顿、提高”的方针，国民经济逐渐走上协调、稳步增长的轨道，经济效益明显提高。在良好的经济发展形势下，1984 年 10 月，中共十二届三中全会审议通过《中共中央关于经济体制改革的决定》，加快了以城市为重点的经济体制改革步伐。1985 年 9 月，中共十二届四中全会原则通过了《中共中央关于制定国民经济和社会发展第七个五年计划的建议（草案）》，提出“七五”计划时期，建设的安排要有利于改革的进行。追求过高的建设速度，经济生活各方面都绷得很紧，改革就难以顺利进行。为了给改革创造好的经济环境，一定不能片面追求过高的经济增长速度，不能脱离国力的可能盲目扩大建设规模。[1]因而，“七五”计划规定，工业总产值 1990 年达到 13240 亿元，比 1985 年增长 43.4%，平均每年增长 7.5%。其中，轻工业总产值达到 6610 亿元，重工业总产值达到 6630 亿元，平均每年各增长 7.5%。[2]

“六五”计划完成后，轻重工业比例趋于协调，然而能源、交通、原材料供应紧张的问题仍然突出；轻工业得到快速发展，一些消费品已基本满足了人民的生活需要，而这也推动消费需求开始升级，要求轻工业提高产品质量、加快推动产品的更新换代、推动新兴产业发展。因而，“七五”计划时期调整优化工业结构的重点在于调整轻、重工业内部结构，以及解决能源、交通、原材料供应紧张的问题上。《中共中央关于制定国民经济和社会发展第七个五年计划的建议》中分析指出，“七五”期间，城乡人民消费将趋向多样化，将更加讲究食品的营养和

[1]《十二大以来重要文献选编》（中），人民出版社 1986 年版，第 788—789 页。

[2]《十二大以来重要文献选编》（中），人民出版社 1986 年版，第 982 页。

衣着的改善，住房、中高档消费品和耐用消费品的消费比重将有较大的提高。为适应这种情况，必须在继续抓好日用必需品生产的同时，大力增产名牌产品和优质产品，发展新品种和新产品，开辟新的生产门类。应当把食品工业、服装工业、耐用消费品工业作为重点，带动整个消费品工业生产的更好发展。《建议》指出，为了加快消费品工业的发展，应当继续在贷款、外汇使用、能源和原材料供应、运输条件等方面给予优先保证。要有步骤地拉开名牌产品、优质产品、新式产品同一般产品的质量差价，以促进品种的增加、质量的提高和新产品的开发。进一步调整重工业的产品结构，给消费品工业生产提供数量更多、质量更好的原材料。广泛实行加工企业同原材料生产企业和产地直接挂钩进行联营、合营的办法，使加工企业拥有稳定的原材料来源。[1]

鉴于能源、交通、原材料的供需矛盾仍然很突出，而 1984 年第四季度到 1985 年末的工业发展过热又加剧了这一矛盾，《建议》提出，要集中必要的财力物力和技术力量，高质量、高效率地建设一批能源、交通、通信和原材料工业的重点工程。能源工业的发展要以电力为中心。要积极发展火电，大力开发水电，有重点有步骤地建设核电站，争取到 1990 年全国发电量达到 5500 亿度左右。要加强煤炭工业的建设，到 1990 年全国原煤产量达到 10 亿吨左右；加强油、气资源的勘探和开发，搞好老油田的完善配套和改建扩建，到 1990 年全国原油产量达到 1.5 亿吨左右。为了加快能源工业的生产和建设，必须进一步增加国家对能源工业的投资，提高它们在国家投资中的比重。坚决打破部门、行业和地区的界限，充分调动各方面发展能源工业的积极

〔1〕《十二大以来重要文献选编》（中），人民出版社 1986 年版，第 804 页。

性。原材料工业应当积极增产短缺产品，努力提高技术水平，扩大产品品种，改进产品质量。钢铁工业要着重抓好一批骨干企业的技术改造和改建扩建，争取到 1990 年全国钢材产量达到 4400 万吨左右，并且提高合金钢、低合金钢等高效钢材在钢材总量中的比重。有色金属工业要积极采用新技术，继续改建扩建和新建一批重点生产基地。化学工业要加强矿山建设和基本化工原料的生产，积极开拓新的生产领域，提高复合化肥的比重，增产农药和各种精细化工产品。石油化工和煤炭化工工业要采用新的先进工艺，实现生产高效化，进一步搞好深度加工。适应建筑业发展的需要，大力发展水泥、玻璃等建筑材料，特别是新型建材、化学建材和木材代用品。要十分注意硅酸盐及其他非金属矿产资源的开发和利用。各项原材料工业都必须充分重视综合利用。[1]

1986 年 4 月，六届全国人大四次会议审议通过《中华人民共和国国民经济和社会发展第七个五年计划（1986—1990）》，对调整产业结构的原则和方向作出规定，并制定了农业、消费品工业、能源等重要产业部门结构调整的具体目标。“七五”计划提出，要在继续保持农业全面增长，促进轻工业和重工业稳定发展的前提下，着重改善它们各自的内部结构；加快能源、原材料工业的发展，同时适当控制一般加工工业生产的增长，使两者的比例关系逐步趋向协调；把交通运输和通信的发展放到优先地位；积极运用新技术改造传统产业、传统产品，有重点地开发知识密集和技术密集型产品，努力开拓新的生产领域，有计划地促进若干新兴产业的形成和发展。到 1990 年产业结构的目标是：在工农业总产值中，农业所占比重由 1985 年的 23.9% 下

〔1〕《十二大以来重要文献选编》(中)，人民出版社 1986 年版，第 805—806 页。

降为 21%，轻工业所占比重由 38% 上升到 39.4%，重工业所占比重由 38.1% 上升到 39.6%。

由于 1984 年出现了经济过热的问题，到“六五”计划结束时不稳定因素还未完全消除，“七五”计划的执行过程被划分为两个阶段：1986 年和 1987 年着重从控制过旺需求和增加有效供给两方面着手，解决社会总需求和总供给失衡的问题；而 1988 年到 1990 年则在经济恢复平稳发展的基础上进一步推进体制改革和生产建设，全面完成第七个五年计划的各项任务。根据这一安排，1986 年和 1987 年工业结构调整方面的主要任务是增加有效供给，使产品结构与已经升级的需求结构逐步相适应，并加强能源、原材料等基础工业的建设。

二、工业结构的失衡与调整

1986 年和 1987 年，为增加工业产品有效供给，国家着重调整了轻纺工业和机电工业的产品结构。1987 年 3 月，六届全国人大五次会议通过了关于 1987 年国民经济和社会发展计划草案，其中指出了工业产品结构不适应市场需求的变化的问题：名牌优质商品、中高档商品，以及农村急需的商品，供不应求；而质量低劣商品和滞销商品却继续生产，严重积压，占用了大量流动资金。并提出，要积极调整工业生产结构，重点是调整轻纺工业和机电工业产品的结构。在轻纺工业方面，要努力增加名牌优质产品和市场紧缺产品的生产，同时压缩低质产品和滞销产品的生产。对人民日常生活必不可少的小商品，要努力组织生产，保证供应。要根据城乡市场不同层次的需求，研制适销对路的新产品。1987 年争取将现有轻工产品的花色品种更新 20%，并开发一批新产品。在机电工业方面，主要是尽可能组织生产能源、原材料工业需要的大型专用成套设备和铁路机车车辆等；努力提高那些基本上依靠进口零部件装配的产品的国产化水平；限制生产供过于求的产品和高能耗产品。对于军工企业改产适销对路民用产品的，应积极予以支持。[1]

首先，着力扩大横向联合和加强技术改造，加速引进技术的消化吸收和技术开发，大量生产名牌、优质产品，增加新产品、新品种，并逐步形成新行业。为了加快引进技术的消化吸收和国产化，从1986年开始，国家经委牵头组织了彩色电视机国产化、数控机床、特殊钢连续铸造、出口船与远洋船设备国产化、电力机车和内燃机车制造、合成氨工艺设备、煤炭采掘机组、水泥窑外分解技术、气流纺纱机和箭杆织机、服装加工生产线、啤酒生产线、瘦肉猪生产系列工程等12个项目的系列攻关改造（简称“12条龙”），取得明显成效。通过引进、消化吸收外国技术和自主研发，轻纺工业中不仅新产品、新品种成倍增加，家电工业、包装工业、服装工业等新兴行业也逐步建立起来。1987年，服装工业产值达到163亿元，出口创汇29.2亿元，占纺织品出口额的三分之一。机电工业产品构成向高级化发展，如数控机床、内燃电力机车的发展快于一般机床和一般机车；适应重点建设需要研制的大型冶金、发电设备陆续交货，有力地支持了进口替代。包含软硬件开发、生产、销售、维修、配套、服务的计算机工业体系形成并继续壮大，微电子器件工业也逐步形成了产业基地。

其次，在控制固定资产投资总规模的前提下，努力改善投资结构，加强能源、原材料等基础工业的建设。1986年，国家计划压缩一般加工工业建设的投资比重，以腾出一部分资金用于基础工业的建设，并减轻对能源、原材料的压力。当年能源、交通和原材料工业合计的投资比重，由1985年的46.8%上升到51.4%。[2]1987年，在能源工业建

---

〔1〕《人民日报》1987年4月14日，第2版。

〔2〕《人民日报》1986年4月16日，第2版。

设方面，大力加快电力工业的建设。重点加强华北、东北、华东、华中等严重缺电省、市的电力建设。在项目安排上，首先抓好当年投产的发电装机和续建项目的建设；同时新开一些发电、输变电工程，为“七五”后期和“八五”期间的电力发展创造条件。全国计划建成投产发电装机550万至600万千瓦。在原材料工业建设方面，重点是加快钢铁工业的建设，同时大力发展有色金属、化学工业和石油化工以及建材工业。钢铁工业的建设，要坚持走以现有企业技术改造和改建扩建为主的路子，中心是上品种，抓矿山。主要是继续建设上海宝山钢铁厂二期工程，并使一期工程进一步配起套来；继续建设武钢、攀钢、唐钢等轧机工程和一批技术改造工程，扩大国内急需钢材品种的生产能力。安排攀钢、唐钢的高炉建设和鞍山、邯邢、冀东的矿山建设，为钢铁工业的长远发展准备原料基地。同时，加快山西铝厂、江西铜基地以及甘肃白银有色金属等工程的建设；继续建设南京扬子、山东齐鲁两套乙烯工程。〔1〕

1986年和1987年，尽管经济过热状态得到一定的遏制，但社会总需求与总供给失衡的问题仍没有解决。投资需求方面，由于对紧缩信贷的方针执行得不坚决、不一贯，用于国有企业固定资产投资的银行贷款大幅增长，再加上预算外投资、集体和个人投资大幅增长，导致全社会投资规模增长幅度超过国民收入的增幅。消费需求方面，由于国民收入分配中以各种方式向个人倾斜，导致消费基金膨胀，超过了劳动生产率的增长。1986年社会总需求大于社会总供给的差率为13.45%，1987年为13.6%。〔2〕为此，1988年3月，七届全国人大一次

〔1〕《人民日报》1987年4月14日，第2版。

〔2〕武力主编：《中华人民共和国经济史》增订版，中国时代经济出版社2010年版，第797页。

会议通过的1988年国民经济和社会发展计划规定：1988年经济工作的基本方针是，进一步解放思想，进一步稳定经济，进一步深化改革，以改革总揽全局。但在实际执行中，没有坚持把稳定经济放在首位，行动不坚决，措施不得力，1988年工业和国民经济再次出现过热，工业结构严重失调，轻纺工业和机电工业等加工工业超常增长，使能源、交通、原材料的紧张状况进一步加剧。

鉴于这种情况，“七五”后期调整工业结构的主要任务转变为加强基础工业，限制加工工业。1988年9月，中共中央召开十三届三中全会，提出了治理经济环境、整顿经济秩序、全面深化改革的方针，作出“七五”计划的后两年要把建设和改革的重点放到治理整顿上来的部署。七届全国人大二次会议通过的政府工作报告提出了治理整顿所要达到的六项目标。其中第五条目标为：认真调整经济结构，使粮、棉、油等主要农产品的产量有较多增加，使能源、交通、原材料供应的紧张状况有所缓和。1989年3月，国务院颁布了《关于当前产业政策要点的决定》，指明制定产业政策、调整产业结构的基本方向和任务是：集中力量发展农业、能源、交通和原材料等基础产业，加强能够增加有效供给的产业，增强经济发展的后劲；同时控制一般加工工业的发展，使它们同基础产业的发展相协调。这一决定规定了产业发展序列，针对生产领域、基本建设领域和技术改造领域，把各个产业和产品分为重点支持生产、严格限制生产、停止生产三大类，为在治理整顿、深化改革方针下调整工业结构提供了具体的指导和规定。

1989年和1990年，根据治理整顿的要求，在压缩投资规模的同时调整了投资结构，再加上其他调整结构的措施，使得能源工业和原材料工业的增长速度都加快了，加工工业的发展速度得到了抑制。1989年，工业增速与能源总量增长速度的对比关系由1988年的

1∶0.29 上升为 1∶0.54，工业增速与主要原材料增长速度的对比关系由 1988 年的 1∶0.35 上升为 1∶0.53。1990 年，基础工业比上年增长 6.5%，加工工业增长 4.1%；前者占工业总产值的比重由上年的 21.2% 上升到 21.5%，后者由 46.9% 下降到 46.4%。1991 年继续实行治理整顿方针，但在执行过程中，尽管基础工业都有发展，但由于工业的增长速度偏高，远没有达到调整的预期目标。1991 年能源总量比上年增长 0.9%，工业增速与能源总量增速的对比关系仅为 1∶0.06。经过三年的治理整顿，主要目标基本实现。[1]

从 1979 年到 1991 年，经过十多年的调整与发展，轻重工业的比例基本协调，改革开放前长期困扰中国的消费品严重短缺的问题得到极大缓解。中国工业结构中的主要矛盾已不再是轻重工业比例失调，而是转变为能源、交通、原材料等基础工业与加工工业比例失调，轻工业内部面临着技术改造和产业升级的压力。一方面，20 世纪 80 年代中国仍未摆脱资本稀缺的处境，在新旧体制转换的过程中，人们更多地把资金投向了投资相对较小、收效相对较快的加工工业，能源、交通、原材料、邮电通信等基础工业投资规模大、周期长的部门没有得到足够的资金支持，发展不足，继续成为制约经济发展的“瓶颈”产业。另一方面，随着轻工业的发展，中国人民的消费结构明显升级，由温饱型转向小康型。轻工业需要顺应需求结构变化，加速优化产品结构，促进产业升级。因而，进入 20 世纪 90 年代后，工业结构的调整优化步入了新的阶段。

---

〔1〕中华人民共和国国家经济贸易委员会编：《中国工业五十年》第 7 部·上卷，中国经济出版社 2000 年版，第 11—12 页。

第三章

轻工业发展显著加快

为改变中国轻工业发展落后、轻重工业比例失调、消费品供应严重不足的状况，中共中央决定在国民经济调整的过程中，着力加快轻工业的发展。轻工业转变指导思想，一方面加快发展生产，一方面优化内部结构，改善产品的品种和质量，以适应人民日益增长和多样化的消费需要。在满足国内需求的同时，轻工业采取改革措施着力扩大出口，为国家创汇作出重要贡献。

第一节 对轻纺工业实行“六个优先”

在国民经济调整的过程中，为加快轻纺工业[1]的发展，国家对轻纺工业实行了“六个优先”的政策措施。这项措施与优先发展重工业形成鲜明对比，成为中国工业发展战略转变的重要标志。

---

〔1〕新中国成立后，分别成立了纺织工业部和轻工业部，成为管理轻工业各行业的主要职能机构。之后历经几次机构改革，1978 年 1 月仍恢复轻工业部和纺织工业部分别设立的格局，直到 1993 年撤销轻工业部和纺织工业部，成立中国轻工总会和中国纺织总会。因此，轻工业也常常被称为轻纺工业。

一、“六个优先”的提出和落实

中共十一届三中全会之前，市场上的轻纺工业产品十分短缺。比如，新闻纸、凸版纸的生产从 1974 年至 1976 年连续 3 年未完成国家计划，靠国家储备维持低水平供应，导致报纸限制印数和发行量、中小学生的课本和抄本供应不足。在部分地区，不少日用生活必需品供应紧张，有的甚至连铁锅、饭碗、火柴都买不到。粉碎“四人帮”以后，国内形势要求把密切关系人民生活的轻纺工业搞好，以利于发展安定团结的大好局面。然而，由于经济工作中的“左”倾错误思想没有得到纠正，1977 年和 1978 年，轻纺工业在资金分配和物资供应等方面仍然处于被挤的状态，投资不足、欠账很多的情况尚未转变，原材料供应不足的情况没有改善，能源供应问题更加突出。1978 年，为保证钢产量增长 800 万吨，把轻纺工业生产所需的能源挤掉了。同年下半年，特别是到第四季度，部分地区的轻纺工业企业由于缺煤少电，每周甚至要停工 3 到 4 天。[1]

中共十一届三中全会之后，为扭转轻纺工业发展严重落后、轻重工业比例严重失调的局面，中央将加快轻纺工业的发展作为经济建设的重要方针。1979 年 4 月召开的中央工作会议提出“加快轻纺工业的发展，使轻、重工业的比例协调起来，使商品供应同国内购买力和对外出口的增长相适应”，作为调整重大比例关系的十二项原则和措施之一。[2]1981 年 11 月召开的五届全国人大四次会议提出“把消费品工业的发展放到重要地位，进一步调整重工业的服务方向”，作为“围绕着

---

〔1〕《当代中国的轻工业》编辑委员会编:《当代中国的轻工业》(上)，当代中国出版社、香港祖国出版社 2009 年版，第 208 页。

〔2〕《三中全会以来重要文献选编》(上)，人民出版社 1982 年版，第 127 页。

提高经济效益，走出一条经济建设的新路子”所必须贯彻的十条方针之一。[1]1985 年 9 月，中共十二届四中全会审议通过的《中共中央关于制定国民经济和社会发展第七个五年计划的建议》提出把“努力扩大消费品工业的生产领域，积极发展民用建筑业”，作为“七五”时期经济建设必须认真贯彻的六条方针之一。[2]

为贯彻落实加快轻纺工业发展的方针，1979 年 11 月，全国计划会议决定对轻工业实行“六个优先”的原则，即原材料、燃料、电力供应优先，挖潜、革新、改造措施优先，基本建设优先，银行贷款优先，外汇和引进新技术优先，交通运输优先，力图扭转轻重工业比例失调和改变市场消费品供应紧张的状况。[3] 经过调整，国民经济状况初见好转，重工业发展速度加快，在原材料、能源、资金等方面，又出现重工业挤轻工业的现象。面对这种情况，中央多次重申“六个优先”原则。1980 年 2 月，国家经委在《1980 年工业交通生产工作要点》中强调要狠抓“六个优先”的落实。各级工业主管部门，都要把轻工业、纺织工业和手工业放在重要地位。原材料、燃料和电力的供应，挖潜革新改造措施和基本建设施工的安排，各项贷款的分配，交通运输条件的保证，外汇的分配和新技术的引进，都要优先满足轻工业、纺织工业和手工业生产的需要。特别是原材料的供应，不要留缺口，宁可挤一些其他行业的需要，也要保轻工、纺织和手工业。这些方面的工作，要马上狠抓落实，并要一直抓下去，不能抓一阵子就松

[1]《三中全会以来重要文献选编》（下），人民出版社 1982 年版，第 1007—1014 页。

[2]《十二大以来重要文献选编》（中），人民出版社 1986 年版，第 804 页。

[3]《中国轻工业年鉴》编辑委员会编：《中国轻工业年鉴（1985）》，中国大百科全书出版社 1985 年版，第 41 页。

下来。[1] 1982 年 7 月，国家经委主任张劲夫在全国企业整顿工作座谈会上强调，针对轻重工业生产中出现的一些新情况，要对轻纺工业继续实行“六个优先”的方针，保证消费品生产的继续增长，安排好市场。[2] 1983 年 3 月，张劲夫针对当时出现的“重工挤轻工、大个挤小个、胖子挤瘦子”的现象，重申“六个优先”原则，强调必须把原材料、能源等优先供应轻纺工业。[3]1985 年 2 月，国务院重申继续对轻纺工业实行“六个优先”原则。[4]1986 年 1 月，国家经委副主任赵维臣指出，国家经委将继续贯彻对轻纺生产实行“六个优先”政策，增产适销对路的产品，发展高档优质、名牌耐用消费品和旅游产品、少数民族特需商品、人民生活必需的小商品，并积极开发新的消费品生产门类。[5]“六个优先”的提出和坚持实施，极大地改变了实施优先发展重工业战略时期形成的轻工业被排挤的状况，有力地推动了轻工业的发展，对调整轻重工业比例起到了重要作用。

二、轻纺工业指导思想的转变

为适应加快轻工业发展的形势，轻工业部在工作指导思想上作出三个重要转变。(1) 工作重点从着重抓产值产量转到着重抓质量品种上来。长期以来，轻工业生产片面追求产值产量，忽视质量品种。原先，轻工业产品由商业包销，质量好坏由商业兜着，品种少、质量差

[1] 中华人民共和国国家经济贸易委员会编:《中国工业五十年》第 6 部·下卷，中国经济出版社 2000 年版，第 2124 页。

[2] 中华人民共和国国家经济贸易委员会编:《中国工业五十年》第 6 部·中卷，中国经济出版社 2000 年版，第 1158 页。

[3]《人民日报》1983 年 3 月 7 日，第 1 版。

[4]《人民日报》1985 年 2 月 13 日，第 2 版。

[5]《人民日报》1986 年 1 月 18 日，第 1 版。

的问题容易被掩盖下来。从 1978 年下半年起，商业清理库存，大量处理质量低劣的积压商品；与此同时，社会上对轻工业产品质量下降，花色品种陈旧，也提出不少批评意见。因此，1979 年 1 月，轻工业部在上海召开全国轻工业局长会议，提出着重抓质量品种。同年 4 月 9 日，国务院批转了轻工业部《关于轻工业工作着重点转移问题的报告》。这个工作重点的转变势在必行，它体现了社会主义生产的根本目的和全心全意为消费者服务的根本要求。（2）从片面追求省区自给转变为因地制宜，发挥优势。1980 年，中共中央和国务院明确指出要发展社会主义商品生产。国务院在 9 月 1 日批转国家农委关于召开棉花、糖料生产座谈会的情况报告时指出，“扬长避短，发挥优势，争取最大经济效益，是我们经济工作的一个根本性方针”。各地轻工业的发展开始跳出了“省区自给”的框框，走上了健康发展的轨道。（3）沿海帮内地，先进帮后进，从单纯的技术支援转变为经济联合，共同开发。在国民经济调整过程中，根据中央关于推动经济联合的方针，使沿海帮内地迈向更高一级的水平，要求双方既要发扬风格、互帮互学，又要明确各自的经济责任和互惠互利，使沿海地区的先进技术向内地移植的步伐大大加快。[1]

同时，纺织工业部在工作指导思想上也作出重要转变。1982 年 6 月，纺织工业部部长郝建秀在全国纺织工业计划座谈会上提出了“三个转移”的方针，即纺织工业工作的指导思想要从着重抓速度、抓产量、抓扩大生产能力转到着重抓品种花色、抓经济效益、抓技术改造上来。她指出，过去长时期中，纺织品供不应求，一般不愁销路问题，生产什么，销售什么，就能得到经济效益。因而一般是较多地着眼于

〔1〕《当代中国的轻工业》编辑委员会编：《当代中国的轻工业》（上），当代中国出版社、香港祖国出版社 2009 年版，第 209—213 页。

扩大生产能力，增加产值和利润，真正从品种质量、适销对路上的努力是很不够的。当前，国内市场对纺织品的挑选性显著提高，花色、款式的变化加快，不从品种质量上下功夫，就不容易扩大市场。在国际市场上，纺织品竞争激烈，中国纺织品在国际市场上竞争力还不强。要进一步挤进国际市场，必须以新取胜、以质取胜。因此，如果不改变只考虑上生产能力，增加产值利润，而不从产品质量、技术水平上努力提高和创新，结果就会是生产越多，积压越多，人民得不到好处，经济效果不能实现，国家受到损失。[1]

轻纺工业发展指导思想上的转变，推动加快轻纺工业发展和提高经济效益的方针得以贯彻落实。（1）原材料和能源供应方面，从过去留有缺口转变为按计划基本上满足需要。1979 年以后，轻工市场用的钢材和木材供应量有了增加，在全国钢材和木材资源分配中的比例也有提高。为了弥补国内某些原材料供应的不足，还增加了原材料进口，特别是 1979 年至 1982 年，轻工业部系统进口原料所用外汇逐年增加，1982 年达到 13 亿美元。在能源供应紧张的情况下，轻纺工业用电和燃料获得了优先保证。国家在安排 1981 年计划时，为了保证轻工业生产用电和运输需要，毅然决定把钢的生产指标比上年压缩 400 万吨。（2）建设资金的分配得到优先照顾。为了保证轻工业建设资金的需要，采取了发放轻纺工业专项贷款和使用英、法、意、日等国政府提供的买方贷款等办法，扶持轻纺工业加快发展。地方的资金投放重点也从过去发展小钢铁、小机械、小化肥等转向发展轻纺工业。（3）获得了重工业的有力支援。一方面，重工业调整服务方向，除了生产一部分耐用消费品，增加市场供应外，主要从原材料供应和专用设备制

---

〔1〕《中国纺织工业年鉴》编辑委员会编：《中国纺织工业年鉴（1983）》，纺织工业出版社 1984 年版，第 178 页。

造等方面，努力满足轻纺工业的需要；另一方面，国家决定将重工业的一部分闲置厂房和设备调整给轻工业，支援轻工业的生产。据统计，1981 年由重工业划入轻工业系统的企业有 219 个，固定资产净值 3.9 亿元，职工 8.5 万多人，其中工程技术人员 2426 人，企业占地面积 821.5 万平方米，房屋建筑面积 246.8 万平方米。[1]

第二节　调整优化轻纺工业的内部结构

在轻纺工业快速发展的同时，人民的消费需求逐步升级。轻纺工业不断根据市场需求变化调整和优化内部结构，并推动一批满足新需求的新兴行业迅速发展起来。

一、根据需求调整产品结构

轻工业在整体加快发展的同时，对内部结构也进行了调整和优化。“五五”计划后期和“六五”计划时期，在“调整、改革、整顿、提高”方针的指导下，轻工业各行业不断根据需求调整产品结构，压缩长线产品，扩大短线产品，并着力发展了一批新兴行业。“六五”计划完成之后，财政经济状况实现根本好转，人民的生活水平显著提高，居民的消费需求结构发生明显变化，形成推动轻工业结构升级的动力。“七五”计划后期，随着治理整顿的展开，轻工业调整产业结构，努力增加有效供给，制定并实施了产业倾斜政策，为 90 年代的进一步发展奠定了良好基础。

1979 年初，各级轻工业部门在同商业部门衔接产销计划时，发现

[1]《当代中国的轻工业》编辑委员会编:《当代中国的轻工业》(上)，当代中国出版社、香港祖国出版社 2009 年版，第 214—216 页。

不少产品产大于销。历来由商业收购的国家计划和部管计划的 70 多种产品中，商业要货量低于生产计划的有 39 种。地方轻工业产品中，西南、西北地区商业对轻工业产品的收购量比上年减少 30% 至 40%；上海手工业管理局生产的 428 种产品中，商业收购计划小于工业生产计划的有 129 种，收购总量比上年减少 12%。针对这一情况，一些地区加强了产品结构的调整工作，按照市场需要组织生产，保持了发展势头。例如，1979 年上海手工业管理局一方面压缩了 129 种长线产品的生产，减少了 2 亿元产值，另一方面组织了 75 种短线产品的增产，同时投产了 600 多种新产品，增加产值 5 亿元。1980 年，各地积极主动调整轻工业产品结构。一方面抓了卷烟、糖、酒、自行车、缝纫机、钟表、皮革及革制品、家具、服装、工艺美术等 10 种社会需要量大、财政收入多或出口换汇率高的产品的增产。1981 年，轻工业部决定把重点产品从 10 种扩大为 15 种，增加了机制纸和纸板、盐、塑料制品、洗涤用品和家用电器。另一方面，对生产长线产品的企业逐个进行分析排队，分别酌情处理：产品质量好、生产成本低的企业有竞争优势，继续保持生产；竞争能力差的企业，有的转产适销对路的产品，有的为其他行业搞零配件加工，有的改为从事修理服务业务。[1]

“六五”计划时期，纺织工业着力调整产品结构，市场畅销的高中档纺织品比重上升。1985 年生产呢绒 2 亿米，比 1980 年增长 1 倍；毛线 11 万吨，毛毯 1950 万条，分别比 1980 年增长 93% 和 1.2 倍；涤纶长丝织物 11 万吨，比 1980 年增长 4.2 倍；苎麻织物 5000 多万米，比 1980 年增长 1.5 倍。同时，一批新型纺织品，如多种改性化学纤维制品、高密防羽布、氨纶弹力劳动布、天鹅绒、人造毛皮和防缩、

---

〔1〕《当代中国的轻工业》编辑委员会编：《当代中国的轻工业》（上），当代中国出版社、香港祖国出版社 2009 年版，第 217—218 页。

抗皱、阻燃、防静电、涂层等特种整理产品也在“六五”时期陆续投放市场。[1]

“六五”计划时期，造纸工业也进行了产品结构调整，短线产品的生产大幅度提升。1981 年和 1982 年，为适应国民经济调整的需要，适当压缩了长线产品（有光纸、书写纸等）的生产指标，同时加快重点短线产品（印刷用纸、技术配套用纸、纸板等）的生产。这两年全国纸和纸板产量平均每年递增 4.9%。1983 年到 1985 年，纸和纸板的社会需求量增加较大，促进了造纸工业的迅速发展，平均每年递增速度达到 15.6%。印刷用纸是“六五”计划时期的重点产品，其中新闻纸由于受木材供应的限制，平均每年递增 2.5%；凸版纸是印刷纸中产量最多的品种，1980 年产量为 55.78 万吨，1985 年达到 98.7 万吨，平均每年递增 12.1%；技术配套用纸 1985 年比 1980 年增长 20%。“六五”期间纸板的生产也有比较快的发展。1980 年时产量为 151.6 万吨，在纸和纸板总产量中所占的比重为 28.36%，1985 年产量达到 379.27 万吨，比重上升为 41.62%。[2]

二、一批新兴行业迅速兴起

随着人民生活水平的提高和经济建设各项事业的发展，轻纺工业中一批新兴行业受到重视，迅速发展起来。

合成洗涤剂工业是中共十一届三中全会以后，特别是“六五”计划时期获得较大幅度增长的新兴轻工业行业之一。1980 年，全国合成洗涤剂产量为 39.3 万吨，1985 年达到 100.45 万吨，五年内年平均增

[1]《人民日报》1986 年 12 月 31 日，第 5 版。

[2]《中国轻工业年鉴》编辑委员会编：《中国轻工业年鉴（1986）》，轻工业出版社 1986 年版，第 12 页。

长率为 20.6%。1986 年，合成洗涤剂产量为 117.52 万吨，较 1985 年增长 17%。人均占有量迅速提高，市场供应基本上得到了保证。1980 年，人均占有量为 0.4 公斤，1985 年上升为 1.04 公斤，1986 年又增加为 1.17 公斤。相应地，合成洗涤剂在洗涤用品中的比重也逐渐提高：1980 年占 31.6%，1985 年达到 50.2%，1986 年又上升为 52%。在居民使用的洗涤用品中，合成洗涤剂已经占据了优势地位，既满足了多种多样的消费要求，又适应了大量使用洗衣机的条件，受到了广大消费者的欢迎。从内部产品结构的角度来看，合成洗涤剂包括的四类产品（洗衣粉、洗衣液、洗衣膏和其他用途的液体洗涤剂）之间的比例发生了很大变化。1981 年以前，四类合成洗涤剂产品中，洗衣粉占了绝大部分，洗衣液和其他用途的液体洗涤剂产量很少，产地也不多。1985 年，整个液体洗涤剂产量达 9.5 万吨，占合成洗涤剂总产量的 9.5%。1986 年又增加到 21.46 万吨，比重上升为 18.2%。[1]

1979 年以后，随着轻纺工业部门的工作着重点从产值、产量逐渐转移到品种质量上来，包装印刷商品日益引起重视，包装印刷工业迅速发展起来。1984 年初，轻工业部包装公司正式成立。同年 4 月，轻工业部决定将包装公司改组为轻工业部包装印刷联合总公司。总公司既是一个企业性经济实体，又受轻工业部委托，负责管理装潢印刷、纸盒纸箱、印铁制罐和复合包装等 4 个自然行业的生产和建设。1984 年到 1986 年，总公司发展了 43 个分公司，分布在全国 28 个省、自治区和直辖市，包括 320 多个企业。截至 1986 年底，轻工包装印刷工业共有县以上企业总数 5138 个，职工总数达 58 万人。1985 年包装印刷工业总产值达 63.87 亿元，较 1984 年的 54.29 亿元增长 17.64%，

〔1〕《中国轻工业年鉴》编辑委员会编：《中国轻工业年鉴（1987）》，轻工业出版社 1988 年版，第 8 页。

1986 年达到 69 .72 亿元，较 1985 年增长 9.15%。[1]

中共十一届三中全会后，随着旅游事业的发展，旅游产品的生产也蓬勃发展起来。旅游产品的生产和供应从 1978 年开始起步。国务院在方针政策上作了明确的规定，在物资资金上给予了大力支持，有力地推动了旅游产品的生产供应工作。1980 年，根据国务院批转国家经委《关于旅游纪念品、工艺品生产和经营若干问题的暂行规定》，成立了中国旅游产品生产供应公司，与轻工业部工艺美术总公司合署办公，大部分省、自治区、直辖市和重点旅游城市也先后建立了相应的机构，负责组织轻工、纺织等部门旅游产品的生产和供应，协助有关部门做好生产安排，组织货源，指导销售，协调有关物资供应、价格制定、全国旅游产品交易会的组织等工作。旅游产品的生产规模显著扩大。1986 年，全国生产旅游工艺品的专厂达 200 多个。为扶持旅游产品生产，“六五”期间国家每年拨给专项基建投资 1000 万元。1986 年 3 月，中国旅游产品生产供应公司拟定了《重点旅游地区“七五”旅游产品发展规划提要》，并通过国家经委拟定了《关于扩大旅游商品生产和销售的若干规定》，国务院于 1987 年 1 月批转了这一规定。“六五”计划期间，旅游产品累计收汇 21.26 亿美元，占同期旅游业总收汇的 38.2%。在旅游产品中，旅游工艺品收汇 10.55 亿美元，占旅游产品收汇的 50%。1986 年，旅游产品收汇 6.6 亿美元，占同期旅游业总收汇的 40% 左右。其中，旅游工艺品收汇 3.17 亿美元，占旅游产品收汇的 48%。旅游工艺品在工艺美术行业总产值中所占的比重，也由 1981 年

---

〔1〕《中国轻工业年鉴》编辑委员会编：《中国轻工业年鉴（1987）》，轻工业出版社 1988 年版，第 11 页。

的 6% 上升到 1986 年的 13%。[1]

为适应旅游事业发展需要，室内装饰行业也快速发展起来。1983 年底，国家经委牵头组成由国家经委、轻工业部、城建部、建材局、旅游局等部门参加的两个调查组，对旅游宾馆卫生陶瓷和建筑五金的生产供应情况和进口情况进行了全面的调查研究，研究了尽快做到成套生产、成套供应的可能性。1984 年 3 月，国家经委在调查研究的基础上提交了调查情况和规划的报告，很快得到批示。4 月，国家经委转发了国家领导人的批示，成立了国家经委、轻工业部、城建部、建材局、旅游局参加组成的建筑五金、卫生陶瓷协调小组，由轻工业部部长杨波任组长。经过有关部门的规划和协调，在全国先后组成了四个配套区，即：东北三省配套区，北京、天津、唐山地区配套区，上海、江苏、浙江配套区，广东配套区。在这一基础上，有的配套区通过发展联合，使配套地区有所扩展。9 月，国家经委批准同意轻工业部成立中国室内成套用品总公司，重点抓旅游宾馆室内用品的开发、生产、协作等项工作。[2]

三、推动轻纺工业优化升级

随着人民生活水平的提高，居民消费结构升级成为推动轻纺工业结构调整升级的驱动力量。1985 年 3 月，六届全国人大三次会议通过的《政府工作报告》指出："随着农村改革和农业新政策的实施，近几年农业生产连续大幅度增长，去年全国平均每人占有粮食近八百斤，

〔1〕《中国轻工业年鉴》编辑委员会编：《中国轻工业年鉴（1987）》，轻工业出版社 1988 年版，第 13—14 页。
〔2〕《中国轻工业年鉴》编辑委员会编：《中国轻工业年鉴（1986）》，轻工业出版社 1986 年版，第 20 页。

棉花十多斤，按照我国人民当前的食物结构和衣着水平，一般已可以达到温饱有余。”〔1〕9 月，中共十二届四中全会指出：“过去我们的经济工作主要是解决人民的温饱问题，当前消费结构和生产结构已发生明显变化。作为中国经济水平发展的重要阶段，今后将开始由温饱型逐步转向小康型，使我国人民在本世纪末达到小康的生活水平。”〔2〕这一转变对轻纺工业中的各个行业都提出了挑战。

以食品工业为例。按照一般规律，随着食品消费在居民消费中的比重的下降，工业食品消费在食品消费中的比重会上升。1985 年，工业食品消费的比重还比较低，大约只占 30%，有巨大的上升空间。这一趋势为食品工业调整和升级行业结构和产品结构提供了强大动力。到 1985 年，食品工业中仍以初加工的原料行业和嗜好产品行业为主，传统的食品工业六大行业：粮油加工、屠宰及肉类加工、制糖、制盐、酿酒、烟草等总产值占食品工业总产值的 77%。为了把食品工业发展成为消费品工业的重点产业，轻工业部提出了调整食品工业的行业和产品结构的方向：（1）逐步改变原料粗加工为主的结构，增进原料的加工深度、精度、提高原料利用率；（2）开发营养源，特别是蛋白质营养源，发展新行业新产品；（3）逐步改变提供食品原料为主的现状，不断增加半成品、成品的生产，积极开发适合广大职工群众需要的方便食品，适合婴幼儿、老人、孕妇和其他消费者的食品；（4）要适应国际市场需要，开发新型的有优势的出口产品；（5）要采取政策限制卷烟和烈性酒消费的数量水平，适当降低它的比重。“七五”时期计划着重发展下列行业和产品：（1）发展基础原料的生产，包括乳、糖、食品专用油脂、专用面粉、植物蛋白、淀粉、单细胞蛋白、食用菌、

〔1〕《十二大以来重要文献选编》（中），人民出版社 1986 年版，第 687 页。
〔2〕《十二大以来重要文献选编》（中），人民出版社 1986 年版，第 787 页。

各类饮料原液等；（2）发展食品添加剂的生产，包括各种营养添加剂、各类改善食品色、香、味、组织、保存性能的添加剂和有利于提高原料利用率及设备效能的生产催化剂等；（3）发展与食品配套的包装材料，特别是新型的包装材料；（4）发展方便食品（包括主食、副食）、婴幼儿系列食品、保健食品、各种传统食品、出口食品、调味料、方便汤料和饮料的生产。特别是各种软饮料和含低酒度的啤酒饮料，在我国潜在的消费市场很大，应该是重点中的重点之一。[1]

1988 年，国民经济再次过热，轻纺工业出现了严重的结构失衡现象。具体表现在：人民生活必需品、名优产品有效供给不足，而某些低质产品供大于求；总体来看，产品档次低、品种少，出口产品结构不合理，竞争力不强；轻纺工业原材料基础产业发展严重滞后，一些加工行业盲目发展；技术装备落后，工艺技术水平低；一些行业的企业规模及组织结构不合理，专业化程度不高等方面。

为解决这些问题，轻工业部制定了产业倾斜政策，明确了 1989 年到 1990 年各产业、产品在整个轻工业经济运行中所处的先后发展顺序和轻重缓急程度，并将产品划分为重点支持、限制和禁止三类。重点支持的产品包括六类：（1）努力增产基本生活必需品、市场短线产品的生产（如纸、糖、盐、日用搪瓷、肥皂、铝制品、农膜、火柴、合成洗涤剂等）；（2）重点支持轻工业的原材料和装备工业；（3）积极发展对国内市场供给影响不大的轻工出口创汇产品；（4）大力发展高回笼货币的轻工消费品；（5）发展高附加值轻工产品及技术、知识密集型产品；（6）支持优质名牌产品的发展。重点限制生产的产品包括五类：（1）限制供大于求或市场需求疲软的产品，如滞销家用缝纫机等；

---

〔1〕《中国轻工业年鉴》编辑委员会编：《中国轻工业年鉴（1986）》，轻工业出版社 1986 年版，第 16—18 页。

（2）限制加工能力超过原材料供应，而短期内又难以缓和的产品，如一般塑料加工业；（3）限制高耗能、高耗粮和高耗汇产品，如空调器、电取暖器及低质高度白酒等；（4）限制不符合当前国情及消费水平的产品，如易拉罐、铝合金门窗等；（5）限制经济规模不合理、没有污染治理措施的或经济社会效益差的企业的生产和建设。禁止生产的产品有：凡达不到国家标准或专业标准、不符合国家有关法规、条例规定的产品一律禁止生产，如不符合食品卫生法和食品卫生规范的食品、饮料、土盐等。

此次制定的产业倾斜政策还强调要协调好国内国外两个市场。其原则是：（1）生活必需品确保国内市场供应；（2）高回笼货币的轻工消费品在优先供应国内的前提下，尽量挤出一些安排出口；（3）轻工业生产的原材料应保证国内市场供应；（4）国内市场需求偏松，对日常生活影响不大的产品，应积极组织出口；（5）大力培育换汇率高，在国际市场上有销路的高附加值产品；（6）全力扶持不与国内争原料、争资金的产品出口；（7）努力提高拳头产品的质量和档次。

随着宏观经济体制改革的深入，实施产业倾斜政策成为轻工业计划工作的重点。1989 年，国务院发布《关于当前产业政策要点的决定》后，轻纺工业系统认真贯彻落实。经过调整，轻纺工业结构失衡状况得到改善。

第三节　扩大轻纺工业产品出口

实行对外开放之后，中国的对外贸易由过去的互通有无、调剂余缺，逐渐转向利用国际分工，通过商品交换实现价值增值，从而促进国民经济发展。轻纺工业产品是当时中国重要的出口产品，承担着出口创汇的重任。“五五”计划后期和“六五”计划时期，为扩大出口，轻纺工业实行了工贸结合改革试点。“七五”计划时期，中共中央、国务院决定，把扩大轻纺工业产品出口作为实现中共十二大提出的到20世纪末实现工农业总产值比1980年翻两番战略目标的一个重要环节来抓。根据这一精神，轻纺工业发展战略重点转向出口创汇，推动轻纺工业产品出口快速增加。

一、实行工贸结合

从1979年开始，轻工业系统为适应扩大出口的要求，解决轻工业产品出口产销不见面、经营环节多、方式不灵活的问题，在玩具、陶瓷、工艺美术等行业实行工贸结合试点。1979年，国务院批准上海玩具行业实行工贸合一，即由上海手工业管理局的玩具工业公司和外贸部中国轻工业品进出口公司上海分公司的玩具部合并，成立上海玩具出口公司，工贸一体，组织统一生产和经营，初步做到“四联合、两公开”，即：联合办公，联合安排生产，联合对外洽谈，联合出国考察；外贸向工业公开出口商品成交价格，工业向外贸公开生产成本。同年，江苏省成立了工贸合一的陶瓷出口部。1980年，浙江省人民政府批准成立浙江省工艺品进出口联合公司。联合公司在组织上统一领导，计划上统一安排，财务上工贸分别核算，各负盈亏。除上述形式外，工贸结合的改革试点形式还包括：（1）轻工业部机械出口供应公司，负责向外贸部中国机械设备进出口总公司供应轻机成套设备出口，并承包对外工程设计；（2）各地开设的工艺美术服务部和上海市工艺品展销会，直接向外宾和来华游客出售工艺品；（3）北京绢花厂经国务院批准为自营出口企业，在服从国家统一政策规定下，享有谈判、签约、报价、结汇和使用外汇等权力。1982年，经国务院批准成立的中国工艺美术行业协会，是国家进出口委和国家经委领导下的全国工艺美术行业产供销的联合协调组织，也是工贸结合的一种形式。[1]

截至 1985 年，轻工业系统拥有进出口权的公司和企业有 67 个，经营近 20 个行业和产品，上千个花色品种。1985 年出口创汇 4 亿美元，占轻工业产品出口创汇总额的 8%。按照工贸结合的形式，这批工贸企业可分为七类：（1）以工为主的工贸合一公司，如上海玩具进出口公司；（2）以贸为主的工贸合一公司，如北京市抽纱公司；（3）工贸联合公司，工贸双方有统有分，如浙江省工艺美术进出口联合公司；（4）工贸公司，工业经营外贸，如福建省家具进出口公司；（5）企业自营进出口，如北京市绢花厂；（6）只有设备进口和成套设备及劳务出口权，没有其他产品出口权的公司，如中国轻工业对外经济技术合作公司；（7）只有出口权（只限 1 万美元小额贸易），没有进口权的公司，如北京市工艺美术服务部。[2]

从 1981 年开始，纺织工业系统也实行了多种形式的工贸结合改革试点。（1）在沿海纺织品出口主要城市建立工贸结合的纺织品联合进出口公司。1981 年，由青岛市 8 个纺织、印染和针织厂组成青岛纺织品联合进出口公司（简称青纺联）。1982 年，由上海 12 个手帕厂与上海服装进出口公司经营手帕部分结合组成上海手帕进出口公司。1985 年，国务院下达了《关于纺织品进出口若干问题的规定》，进一步推动了工贸结合的试点工作。上海、大连、宁波、广州、天津、福州等 6

〔1〕《中国轻工业年鉴》编辑委员会编：《中国轻工业年鉴（1985）》，中国大百科全书出版社 1985 年版，第 45 页。

〔2〕《中国轻工业年鉴》编辑委员会编：《中国轻工业年鉴（1986）》，轻工业出版社 1986 年版，第 89 页。

个沿海城市相继批准成立“青纺联”式的工贸结合公司。（2）选择部分企业和企业集团给予直接出口权。1981 年，广东省人民政府批准广州绢麻纺织厂自营出口业务，直接出口工厂生产的绢、麻纺织品，进口生产出口产品所需的原料、辅料、设备和先进技术，直接与外商洽谈，签订合同，报关托运，并可直接结汇。（3）在嘉丰棉纺织厂等少数企业试行外贸代理出口，对进口羊毛、化纤进行工业经营、外贸代理试验。[1]

工贸结合的改革措施有力推动了轻纺工业产品出口的增加。轻工业部系统出口换汇额由 1978 年的 24.59 亿美元增长到 1985 年的 50 亿美元，平均每年增长 10.7%。纺织工业部系统出口换汇额由 1980 年的 32.4 亿美元增长到 1985 年的 55.32 亿美元，平均每年增长 11.3%。1985 年，轻纺工业产品出口换汇额合计 105.32 亿美元，占当年全国出口创汇 258 亿美元的 40.8%。

二、出口创汇成为战略重点

“七五”计划时期，纺织工业部和轻工业部先后将发展战略的重点转到出口创汇上来。

1986 年 8 月，国务院常务会议提出，中国对外贸易在一定时期内要靠纺织，还得发挥这个优势。[2]同年 12 月 22 日，国务院批转了国家计委、国家经委、财政部、经贸部、纺织部、海关总署《关于扩大沿海地区纺织品出口有关政策措施的意见》，提出必须抓住世界产业结

[1]《中国纺织工业年鉴》编辑委员会编：《中国纺织工业年鉴（1988—1989）》，纺织工业出版社 1989 年版，第 24 页。

[2]《中国纺织工业年鉴》编辑委员会编：《中国纺织工业年鉴（1988—1989）》，纺织工业出版社 1989 年版，第 27 页。

构调整的有利时机，下大决心把纺织品出口搞上去。[1]12月23日，全国纺织工业厅局长会议召开，提出“以增加出口创汇为突破口，全面振兴纺织工业”的发展战略。会上，纺织工业部部长吴文英指出：“可以说，我国纺织工业正面临着一次新的重大转折。即把发展纺织工业的指导思想，从以国内市场为主转移到在保证国内市场的同时着重抓出口创汇上来；出口纺织品要从以量取胜尽快地转移到以质取胜上来；一切生产围绕发展最终产品，调整产品结构，提高产品质量，创造更多的附加价值。这是1982年提出的‘三个转移’指导方针的进一步深化和发展，是新形势下又一次新的战略转移。”[2]

为促进纺织工业战略转移，纺织工业部制定了全方位的战略目标，并对采取措施作出部署。纺织工业部部长吴文英提出，在保证国内市场供应的基础上，既巩固和扩大现有市场，又积极开拓新市场；既集中力量把沿海重点城市和内地重点企业建成深加工、外向型出口生产基地，又充分发挥其他企业出口创汇积极性；既积极发展深加工和高中档产品出口，又不使初级产品轻易退出已占领的市场。为实现这一目标，纺织工业部部署了五项措施。（1）在12个出口基地城市、沿海其他地区和内地，选择一批条件较好的深加工企业或集团，通过技术改造和调整产品结构，逐步建成外向型的、以深加工和高中档产品为主的纺织品出口基地。（2）重点以发展服装、装饰用布、产业用布三大领域的最终产品为目的，大力促进企业之间多种形式的联合与协作。（3）围绕最终产品，有层次、有重点地进行技术改造，全力振兴纺机、

---

〔1〕中华人民共和国国家经济贸易委员会编：《中国工业五十年》第7部·上卷，中国经济出版社2000年版，第979—980页。

〔2〕《中国纺织工业年鉴》编辑委员会编：《中国纺织工业年鉴（1986—1987）》，纺织工业出版社1988年版，第170页。

纺器行业。（4）以搞活企业为中心，深化改革，挖掘企业内部潜力，提高经济效益。（5）领导要狠抓决策研究。[1]

《关于扩大沿海地区纺织品出口有关政策措施的意见》提出从1987年起实施六项措施，为纺织工业增加出口创汇提供了良好的激励机制和外部条件。（1）设立重点出口企业发展基金。对广州、大连、上海、青岛、天津、苏州、无锡、常州、南通、杭州、北京、佛山等12个出口基地城市的出口纺织企业，以及上述12个城市以外的纺织品重点出口企业，以上年实际创汇为基数，每年新增创汇1美元，拨付企业发展基金4角人民币。这笔基金由12个城市的纺织工业厅（局）和12个城市以外的重点出口企业商经贸部门安排，用于出口企业提高产品质量、增加深加工产品的技术改造。（2）实行创汇与奖励挂钩。1985年基数内每创汇1美元奖励人民币3分，超过基数每多创汇1美元奖励1角。在此前提下，按深加工增值情况，把基数每创汇1美元奖励3分提高到平均4分。（3）换汇率与收购价补贴挂钩。凡出口产品由于质量提高、交货及时等原因增加售价或降低成本，可按换汇率提高的比例补贴人民币。（4）支持纺织机械（器材）行业的发展。对承担关键设备制造的重点纺织机械和纺织器材企业，按销售额的2%提取新产品研制开发基金。确属技术先进而国内尚不能制造的纺织机械（器材），采用技贸结合方式在国内生产的，所必须进口的少数关键零部件，减免进口关税和进口环节增值税。（5）鼓励出口企业集团和工贸结合企业的发展。在少数出口企业集团试点，对出口企业集团成员厂减征所得税。（6）增加贴息贷款。1987年分配给纺织部的贷款额度，

〔1〕《中国纺织工业年鉴》编辑委员会编：《中国纺织工业年鉴（1986—1987）》，纺织工业出版社1988年版，第174页。

在1986年的基础上增加贴息贷款4亿元。1988年继续给予安排。[1]

纺织工业部的战略转移与多项政策的实施产生了良好的实际效果。1987年纺织产品（包括纺织机械和部分原料）出口创汇91.5亿美元，比上年增长29%。其中，服装出口创汇30亿美元，比上年增长28%；丝绸服装出口达到3亿美元，比上年增长42%。1988年纺织品出口创汇突破100亿美元（海关统计），提前两年实现1990年出口创汇100亿美元的目标。[2]1991年，纺织工业出口创汇达167.4亿美元，比上年增长20.84%。[3]

深加工、精加工、最终产品的出口比重不断提高，出口纺织品的产品结构明显改善。1988年，印染布、针棉毛织品及服装已占总额的66.56%，比1987年提高6个百分点；针梭织服装的比重由1987年的34%，提高到37.47%。[4]1989年，出口棉纱交货量在1988年下降8.9%的基础上，又下降了1.82%，在总折纱量中的比重下降为22.8%，比历史最高年份1987年的26.7%下降了将近4个百分点。针棉织品折纱在总折纱中的比重连续上升，1989年达到173.7万件，占总折纱量的18.07%。服装的出口比重快速增加。1988年，服装贸易金额与其他纺织品贸易金额的比值达到0.88∶1，服装已接近其他纺织品的出

〔1〕中华人民共和国国家经济贸易委员会编:《中国工业五十年》第7部·上卷，中国经济出版社2000年版，第979—980页。

〔2〕《中国纺织工业年鉴》编辑委员会编:《中国纺织工业年鉴（1988—1989）》，纺织工业出版社1989年版，第24页。

〔3〕《中国纺织工业年鉴》编辑委员会编:《中国纺织工业年鉴（1992）》，纺织工业出版社1992年版，第2页。

〔4〕《中国纺织工业年鉴》编辑委员会编:《中国纺织工业年鉴（1988—1989）》，纺织工业出版社1989年版，第28—29页。

口。[1]1990 年，服装已成为出口最多的纺织产品，全年出口创汇 68.48 亿美元，比上年增长 11.7%，服装出口额占纺织品出口总额的 49.45%，比 1989 年提高 2.75 个百分点。[2]1991 年，服装出口达 89.98 亿美元，比上年增长 31.42%，占全部纺织品出口的比重突破 50%，达到 53.8%。同年，服装、工业用纺织品和装饰用纺织品等“三大领域”最终产品出口创汇的比重达到 63.04%。[3]

轻工业部也逐步将发展战略的重点转到出口创汇上来。选择以出口创汇为突破口，不仅顺应国际国内发展形势的客观要求，而且具有良好的产业基础和政策环境。1986 年 10 月，轻工业部建议国家采取鼓励轻工业产品出口的政策。中央财经领导小组决定，本着与外贸体制改革和鼓励纺织品出口政策一致的原则，制定具体措施。国务院决定，从 1987 年开始对轻工业系统实施设立重点出口企业发展基金、实行创汇与奖励挂钩、换汇率与收购价补贴挂钩、支持轻工机械行业的发展、增加贴息贷款等鼓励措施。1985 年，国务院决定把机电产品作为重点出口商品，要求重点扶植。1986 年，轻工业机电产品出口生产体系初步形成。1986 年底，经国务院批准的出口基地企业已有 37 个，扩大外贸自主权企业达 126 个。1986 年，这些企业出口换汇 4.66 亿美元，占轻工业机电产品出口换汇总额的 51%。[4]1987 年，国家给轻

[1]《中国纺织工业年鉴》编辑委员会编:《中国纺织工业年鉴（1990）》，纺织工业出版社 1991 年版，第 31—32 页。

[2]《中国纺织工业年鉴》编辑委员会编:《中国纺织工业年鉴（1991）》，纺织工业出版社 1992 年版，第 7 页。

[3]《中国纺织工业年鉴》编辑委员会编:《中国纺织工业年鉴（1992）》，纺织工业出版社 1992 年版，第 2 页。

[4]《中国轻工业年鉴》编辑委员会编:《中国轻工业年鉴（1987）》，轻工业出版社 1988 年版，第 81—82 页。

工业增加贴息贷款3亿元，用于安排沿海地区扩大轻工业产品出口技术改造项目。[1]

1987年6月8日，轻工业部部长曾宪林在全国轻工业厅局长电话会议上宣布了“以出口创汇为突破口，全面振兴轻工业”的战略方针，并作出部署。他强调要明确以质量为中心、以科技为先导、以管理为基础、以改革为动力的战略思想，发挥各方面的优势，扬长避短，抓住重点，全力突破。要抓住拳头产品，先行突破；要重视和支持乡镇轻工业的发展；要充分发挥集体所有制经济的优势；要十分重视发挥军工企业的作用。[2]这次会议向全国轻工业战线部署了发展战略的研究工作。会后，轻工业部派出3个调查组赴沿海地区进行调研，并分别召开了研讨会，研究讨论轻工业发展战略的有关问题。在此基础上，轻工业部起草了《轻工业振兴纲要》。此后，又派出3个调研组到中、西部地区调研，并分别召开研讨会。1987年10月，全国轻工业发展战略研讨会在北京召开，会议修改制定了《轻工业振兴纲要》，明确了“以出口创汇为突破口，全面振兴轻工业”的战略思想、战略任务、战略目标和战略措施。[3]

这一战略的确立有效促进了轻工业出口创汇能力的提升，催生了大批出口骨干企业。1988年出口创汇在1000万美元以上的企业有31个。轻工业机电产品出口生产体系建设稳步发展。截至1988年底，出口基地企业和扩大外贸自主权企业增加到346个，其中出口基地企业

---

〔1〕轻工业部经济研究所编:《中国轻工业年鉴（1988）》，轻工业出版社1988年版，第133页。

〔2〕《人民日报》1987年9月18日，第5版。

〔3〕轻工业部经济研究所编:《中国轻工业年鉴（1988）》，轻工业出版社1988年版，第217页。

94 个，扩大外贸自主权企业 252 个。涌现出一大批优秀轻工业出口产品，在国际市场上声誉渐增。出口产品结构逐步优化。在巩固和发展劳动密集型产品出口优势的同时，技术密集型以及高附加值的产品出口也有所发展。1988 年与 1987 年相比，家用电器、自行车以及化妆品出口增长幅度都比较大。[1]在这一发展战略的推动下，轻工业产品出口超额完成“七五”计划 55 亿美元的创汇指标。据海关统计，1990 年轻工业产品出口额达 157.57 亿美元，比上年增长 26.18%，占全国出口总额的 25.37%。据经贸部统计，1990 年轻工业产品出口创汇 115.9 亿美元（含烟草），五年累计创汇 408.1 亿美元，平均每年增长 24.6% 以上，扭转了“六五”计划时期轻工业出口创汇徘徊不前的局面，达到了《轻工业振兴纲要》提出的目标。[2]据海关统计，1991 年轻工业产品出口额达 191.76 亿美元（不含烟草），比 1990 年增长 21.69%，高于全国出口 15.81% 的平均增长幅度。轻工业产品出口额占全国总出口额的比重提高到 26.67%。[3]

第四节　家电工业快速发展起来

20 世纪 80 年代，轻工业迅速发展起来，一大批新兴行业快速兴起。家电工业是轻工业中发展最快的行业之一，家用电器走进千家万户，成为这一时期人民生活水平显著提高的一大标志。家电工业企业

[1] 轻工业发展战略研究中心编:《中国轻工业年鉴（1989）》，轻工业出版社、中国轻工业年鉴社 1989 年版，第 190—191 页。

[2] 轻工业发展战略研究中心编:《中国轻工业年鉴（1990）》，中国轻工业年鉴社 1990 年版，第 16 页。

[3] 轻工业发展战略研究中心编:《中国轻工业年鉴（1992）》，中国轻工业年鉴社 1992 年版，第 150 页。

通过引进吸收国外先进技术设备，迅速扩大整机和零部件的生产能力，并缩小了与世界先进技术水平的差距。在需求的驱动之下，家电工业粗放增长，到20世纪80年代中后期出现了盲目引进、重复建设、产品质量不高、售后服务跟不上等问题。在解决这些问题的过程中，行业管理得到加强，企业的经营管理水平得以提高，为家电工业的进一步发展积累了宝贵经验。

一、家电工业的归口管理和规划发展

预测到随着人民收入水平的提高，家用电器的社会需求会越来越大，轻工业部加强了对家电工业的归口管理，并在多次市场调查的基础上，对家电工业的发展进行了统一规划，为20世纪80年代家电工业的大发展奠定了良好的基础。

早在1966年的广州出口商品交易会上，有关部门的代表就建议轻工业部加强对家电工业的管理，积极发展家用电器的生产。但由于种种原因，归口管理工作迟迟没有进展。1975年7月，广州市的家电工业发展较好，轻工业部委托广州市第二轻工业局做了家用电器工业调查。调查结果显示，家电工业是一个极有发展前途的行业，建议轻工业部加强对整个行业的管理，将主要产品列入轻工业部部管计划。1978年10月，在全国计划会议期间，国家计委正式同意轻工业部提出的建议，决定由轻工业部对整个行业实行归口管理，并将洗衣机、电冰箱、单相空调器、电风扇、电熨斗、吸尘器等6种产品列为轻工业部部管计划产品。从1979年起，轻工业部就根据计划要求，组织原材料供应，保障6个部管计划产品大幅度增产。1982年，轻工业部成立家用电器工业局，主要负责6个部管计划产品的生产管理工作。同年，国家计委决定把家用洗衣机升级为国家计划产品，由物资总局直接调拨物资材料供应。1983 年，国家计委决定将电冰箱升级为国家计划产品，同时增列电饭锅为轻工业部部管计划产品。

1980 年、1983 年和 1984 年，轻工业部先后进行了三次成规模的家电产品市场调查。1980 年，轻工业部和商业部对电视机、洗衣机、电冰箱、电风扇、空调器等家用电器消费状况作了市场调查。[1]1983 年 3 月到 6 月，轻工业部组织了有关省、市的人员共 658 人，对 20 个省、市、自治区家用电器三大件（即电冰箱、洗衣机、电风扇）的生产、销售和消费需求进行了比较全面系统的调查。[2]1984 年 10 月到 12 月，国家计委轻纺工业局和轻工业部家用电器工业局联合组织进行了家用电器市场调查和预测，调查范围覆盖 25 个省、自治区、直辖市，818 个厂家，292 个商店，39153 户城镇家庭和 17065 户农村家庭，初步掌握了家用电冰箱、洗衣机、电风扇、空调器、冰柜等 5 种产品的生产、销售和消费需求，作出了市场预测。根据这次市场调查，轻工业部制订了家用电器行业“七五”发展计划。[3]

在市场调查的基础上，轻工业部对市场需求进行了预测，有针对性、有重点地组织家电产品生产，取得良好的效果。“六五”初期，针对人们对耐用消费品购买水平还不高，对家用电器产品还不很了解的情况，重点发展普通型洗衣机的生产，结果产量增长快，产品销路好，带动了全行业的发展。“六五”后期，针对城镇和少数富裕农民购买中高档耐用消费品欲望逐渐增强的情况，重点发展电冰箱和中高档洗衣

〔1〕黄良辅:《我国家用电器市场预测》,《经济管理》1981 年第 2 期。

〔2〕轻工业部家用电器产品市场调查预测组:《全国电冰箱、洗衣机、电风扇市场调查和预测报告》,《家用电器科技》1984 年第 1 期。

〔3〕《中国轻工业年鉴》编辑委员会编:《中国轻工业年鉴（1985）》，中国大百科全书出版社 1985 年版，第 207 页。

机的生产；电风扇重点增加多功能、新款式以及落地扇、箱式塑料风扇的生产。

根据市场调查和市场预测，轻工业部对家电工业进行了统一规划，合理布局家电产品生产。电冰箱、洗衣机和电风扇等产品的生产必须达到一定的规模，才能采用先进的技术，保证产品的质量，降低产品的成本。因此，根据轻工业部在 1980 年制定的初步规划，家用电冰箱生产选定北京、广州、苏州、天津、上海的 5 个工厂，共形成年产 200 万台的生产能力；在其他地区建立 9 个年产 10 万—20 万台的中小型厂，形成年产 120 万台的生产能力；家用洗衣机生产确定北京、上海、天津、营口、长春、济南、武汉、杭州、广州、无锡、哈尔滨等地的 11 个工厂为轻工业部定点企业，分别形成年产 30 万—50 万台的生产能力；对电风扇厂，要求最低年产量必须达到 10 万台以上。1980 年制定规划时，全国共有 3400 个电风扇生产点，但是当年产量达到 10 万台的企业只有 7 个；1983 年，全国生产点减少到 800 个以下，当年产量达到 10 万台以上的企业增加到 20 多个，其中规模最大的华生电扇厂达到年产 70 万台以上。考虑到家用电器是配套产品，零部件的成本、质量对整机的成本和质量影响很大，轻工业部在制定行业发展规划时，把积极组织关键零部件的生产当作一项重要内容。通过市场调查了解到，许多生产电冰箱的企业在专业或兼业生产压缩机，每家企业的生产规模都不大。有鉴于此，轻工业部决定在北京和广州建立 2 个年产 100 万台的压缩机厂，在上海、天津固定 2 个年产 50 万台的压缩机厂，在军工系统保留一个年产 30 万台的兼业企业。[1]

电视机、录音机、收音机等消费类电子产品的生产，由电子工业

〔1〕《当代中国的轻工业》编辑委员会编：《当代中国的轻工业》（下），当代中国出版社、香港祖国出版社 2009 年版，第 176 页。

部归口管理。为更好统筹安排广播电视工业的科研、生产和基本建设，使必需的投资、设备和材料等得到保证，加快广播电视工业的发展，1978 年 9 月，国务院批准成立国家广播电视工业总局，由第四机械工业部代管。[1] 1979 年 2 月，国家广播电视工业总局召开了广播电视工业领导干部会议。会议之后，国家广播电视工业总局会同各地广播电视工业主管部门，按照全国一盘棋、统一规划、统一组织、地区分工、各有侧重、互相协作配套的原则，在全国范围内打破部门、省市之间的界限，大胆而又稳妥地对广播电视工业结构和产品结构进行了调整和改组，确定了整机生产企业和专用配套件生产企业，这些专业性生产企业均由各地广播电视工业主管部门统管起来。[2]十一届三中全会以后，随着人民生活水平不断提高，市场对消费类电子产品需求急剧上升。为适应这一新的形势，电子工业系统调整产品结构，大力发展消费类电子产品，特别是彩色电视机的生产[3]。电子工业产品结构由此发生了重大变化，即由 1980 年以前以电子元器件为主的格局，变为以消费类电子产品为主的格局。1985 年，消费类电子产品产值占电子工业总产值的比重已由 1979 年的 15.2% 上升为 46.8%，而电子元器件产值占电子工业总产值比重由 1979 年的 61.2% 下降到 1985 年的 32.9%。[4]

---

〔1〕1982 年 5 月，国务院决定将第四机械工业部、国家广播电视工业总局、国家电子计算机工业总局合并，组建了电子工业部。

〔2〕《当代中国的电子工业》编辑委员会编：《当代中国的电子工业》，当代中国出版社、香港祖国出版社 2009 年版，第 147—148 页。

〔3〕20 世纪 80 年代，彩电及其配套产品的产值占电子工业总产值的 40%—50%，这种情况曾被称为“电子工业命系彩电”。参见吕政主编：《中国工业发展报告（2008）》，经济管理出版社 2008 年版，第 312 页。

〔4〕国务院全国工业普查领导小组办公室、电子工业部工业普查领导小组办公室编：《中华人民共和国 1985 年工业普查资料：行业篇·第七分册·上·电子工业》，中国统计出版社 1989 年版，第 3 页。

二、引进国外先进技术设备

20 世纪 20、30 年代，一些发达国家的家电工业已经发展起来了。而中国家电工业起步较晚，到 20 世纪 70 年代末仍处于技术落后地位。1978 年之后，特别是 20 世纪 80 年代初、中期，家电行业采用对外技术交流、合作生产、引进关键设备、引进成套技术和生产线等多种形式，大量学习和引进国外先进技术、设备，同时做好消化吸收和创新工作，大大缩短了与国际先进水平的差距，加快了家电工业的技术进步。

从 1978 年开始，中国频繁派出有关人员到国外围绕家电产品、零部件生产技术进行交流，以及进行引进国外技术设备的洽谈。1978 年冬，轻工业部和中国轻工业品进出口公司首次组织中国家电生产与科研单位的人员与日本日立公司围绕洗衣机、电冰箱、空调器等产品进行了技术交流。1979 年及以后，这种交流活动每年都进行数次，先后与日本松下、三洋、东芝、日立、三菱等公司围绕电冰箱、洗衣机、空调器、吸尘器等产品和定时器、压缩机等零部件进行了技术交流；与日本、美国、澳大利亚、意大利、西德、丹麦、瑞典等国家的公司进行了电冰箱和压缩机、温控机及其他一些课题的技术交流。1978 年 12 月，轻工业部派出考察组到日本调查，重点了解了松下、日立、东芝、三洋、三菱等公司生产洗衣机、电冰箱、空调器三大件的情况，以及吸尘器、电熨斗、微波电灶、电吹风等产品，还考察了日本家用电器发展史，了解了他们的经营管理经验。1979 年 5 月，轻工业部派出访问团赴日本进行考察，洽谈引进电冰箱和压缩机生产技术事宜。通过技术交流、出国考察和具体洽谈成交，中国先后引进了一批新工艺、新技术和新产品。1979 年、1982 年、1983 年，轻工业部派专人赴香港采购家用电器样品、样机，在全国各大城市巡回展览，为国内家电研究和设计提供了参考，促进了家用电器工业的新产品、新品种、新花色的试制。

从 1981 年开始，家电工业引进国外技术设备的步伐加快。电冰箱行业中，广州电冰箱厂采取成套引进生产线的办法，快速形成生产能力。广州电冰箱厂是在广州市二轻机械修造厂的基础上发展起来的。1982 年 11 月，该厂与新加坡兴马公司达成成套引进电冰箱生产线的协议。1983 年 10 月，生产线安装完毕并投产，每分钟可生产一台 173 升单门结构的万宝牌电冰箱。1982 年，该厂还与日本日立公司签订协议，引进另一条生产线，在 1984 年 8 月安装完毕。引进两条生产线后，广州电冰箱厂仅用两年多的时间就形成了 30 万台的生产能力，一跃成为全国最大的具有国际上 80 年代生产技术水平的先进厂。北京电冰箱厂于 1983 年 10 月与意大利伊瑞公司签订协议，引进了关键设备和技术，使生产能力由 6 万台跃升至 15 万台，质量达到国际先进水平。苏州电冰箱厂 1985 年与中国信托投资公司合资引进了意大利坎迪公司的电冰箱生产技术和设备，1988 年产量达到 35.13 万台。该厂的二期引进扩建项目列入“七五”计划，总投资 8800 万元，引进意大利扎努西公司的技术和设备，于 1988 年 9 月投入试生产，年产能力达到 80 万台。截至 1985 年底的统计，全国有 32 个电冰箱生产厂，分别从 9 个国家的 25 个公司引进 36 条生产线，总投资为 6.3 亿元人民币，外汇为 1.14 亿美元。[1]到 1988 年，这些项目绝大部分已建成投产。在 1988 年全国生产的 755 万台电冰箱中，采用国外引进技术的国家定点厂生产的产量占 80% 以上。一些电冰箱技术薄弱的生产厂家如吉林

〔1〕《中国轻工业年鉴》编辑委员会编：《中国轻工业年鉴（1986）》，轻工业出版社 1986 年版，第 196 页。

市电冰箱厂，以及军工转产的企业，如陕西长岭机器厂、贵州风华电冰箱厂、上海新中华机器厂和昆明电冰箱厂等，通过引进技术和设备，不仅产品质量显著提高，而且快速形成大批量生产能力。1988 年，这些厂的年产量都达到 10 万台以上。[1]

洗衣机行业中，辽宁营口洗衣机总厂与日本松下电器以技术合作的方式逐步引进其先进技术。1981 年初，赴日本考察之后，该厂设计出了洗涤量为 2 公斤的带操纵台的用铝拉伸洗涤桶的单桶 2 型洗衣机，从日本松下电器进口散件，在日方的技术指导下组装生产。首批生产的 900 台友谊牌双桶洗衣机受到了消费者的欢迎。1982 年 2 月，中国轻工业对外经济技术进出口公司与日本松下电器签订合同，由辽宁营口洗衣机厂与之合作生产洗衣机，3 年内组装 20 万台。1983 年 5 月，该厂又与之签订了合作新建年产 20 万台双桶洗衣机生产线的协议，1984 年 7 月生产线建成投产。到 1985 年，该厂已成为现代化的年产 50 万台规模的洗衣机厂。通过逐步发展技术合作和扩大技术引进的规模，辽宁营口洗衣机厂快速取得技术进步。起初引进散机时，该厂在国内只能生产 40% 的零部件，到 1983 年国内零部件自给率已经达到 95% 左右。截至 1985 年底，全国共有 30 个厂家分别从 8 个国家和地区的 13 家公司，引进了洗衣机生产技术设备和模具。这些项目的总投资为 2.97 亿元人民币，外汇为 6300 多万美元。[2]通过技术引进，不仅普通型洗衣机的产量和质量快速提升，技术难度较大的全自动洗衣机也逐渐形成了批量生产能力。1988 年，全国已有 10 多个厂家能够批

〔1〕轻工业发展战略研究中心编：《中国轻工业年鉴（1989）》，轻工业出版社、中国轻工业年鉴社 1989 年版，第 385 页。

〔2〕《中国轻工业年鉴》编辑委员会编：《中国轻工业年鉴（1986）》，轻工业出版社 1986 年版，第 196 页。

量生产全自动洗衣机，产量达 60 多万台。[1]

电风扇行业中，华生电风扇厂通过引进国外先进技术，加速了技术改建。1978 年以来，该厂通过技术革新和技术改造，依靠自己的力量先后搞成了静电喷漆线和产品组装线，使企业的产量大为提高，成本显著降低。为了使企业在生产技术上尽快赶上国际先进水平，该厂又从日本引进先进技术，进一步扩大了生产规模，成为世界上一个著名的大厂。[2]

电视机行业，早在 1972 年，第四机械工业部就组织访问团赴日本考察彩管制造技术。1973 年 12 月，四机部又率团赴美国考察，计划在原定引进一条彩色显像管装配线的同时，再增加引进玻壳、荫罩和荧光粉三条生产线。后因引发“蜗牛事件”，这项引进工作被迫中断。粉碎“四人帮”后，1977 年 4 月，中央重新批准引进彩管成套技术。1978 年，国家计委和四机部先后组织人员到日本考察彩电及配套元器件的生产技术，最终决定从日本引进成套技术设备建设陕西咸阳彩色显像管厂（4400 厂）。之后，在第四机械工业部的领导下，经过谈判、考察和比较，先后从日本日立、东芝、松下、JVC、三洋、夏普等公司引进彩色电视机生产技术 3 项、关键部件和配套小型元器件生产技术 21 项，建成了比较齐全的彩色电视机工业体系。这些技术当时具有世界先进水平，它们的引进大大缩短了我国与先进国家的差距。通过消化、吸收，国内厂家初步掌握了彩电的生产技术，培养出一批彩电技

〔1〕轻工业发展战略研究中心编:《中国轻工业年鉴（1989）》，轻工业出版社、中国轻工业年鉴社 1989 年版，第 385 页。

〔2〕《当代中国的轻工业》编辑委员会编:《当代中国的轻工业》(下)，当代中国出版社、香港祖国出版社 2009 年版，第 182—183 页。

术人才，奠定了中国彩色电视机工业的基础。[1]

三、加强行业管理

1984年，在巨大的市场需求和较高利润的诱使下，家用电器行业出现了盲目引进、布点过多、重复建设严重等问题，总计生产能力大大超过了市场需要；也有不少非专门企业还在从事小批量的生产，产品粗制滥造，企业经营亏损。1984年8月，国家经委、国家计委再次发出《关于家用电器行业由轻工业部归口管理的通知》，要求轻工业部对家用电器生产企业实行调整、整顿，切实加强行业管理。

1984年到1987年，轻工业部重点加强了电冰箱、洗衣机这两个问题比较严重的行业的调整、整顿工作。1984年8月，《关于家用电器行业由轻工业部归口管理的通知》再次发出之后，轻工业部立即调查了北京、上海、辽宁、江苏、浙江、湖南、贵州、四川等8个省、市的电冰箱、洗衣机生产企业情况，发现电冰箱行业盲目布点、重复引进的问题十分严重。同年12月，轻工业部向国家计委和国家经委作了《关于建议采取紧急措施严格控制盲目引进电冰箱生产线的报告》，根据这一报告，国家计委和国家经委1985年1月向各省、自治区、直辖市计委、经委及国务院各工业部门发出《关于采取紧急措施严格控制盲目引进电冰箱生产线的通知》。3月，轻工业部召开了全国电冰箱专业会议，研究确定了对电冰箱引进项目和厂、点进行调整、整顿的方案、措施和政策。6月，国务院批转了国家计委、国家经委、轻工业部《关于加强电冰箱行业管理、控制盲目引进的报告》，确定将116个电冰箱生产厂、点减少到42个，引进规模从1350万台减少到842万

[1] 安永成、施国强：《我国电视机工业发展回顾》（上），《电视技术》2010年第3期。

台，并规定了相应的调整、整顿的政策和措施。这些措施的实施使问题得到有效控制。1987 年 7 月，轻工业部会同国家计委、国家经委，针对部分地区重新出现盲目发展电冰箱的苗头，联合发出《关于浙江省杭州市等地盲目发展电冰箱厂点的通报》，要求各省继续认真贯彻 1985 年国务院批转的国家计委、国家经委、轻工业部《关于加强电冰箱行业管理、控制盲目引进的报告》精神，严格按照规定的规模，搞好定点建设。为了更好贯彻上述文件精神，轻工业部等有关主管部门又加强了对进口压缩机的管理，使得电冰箱盲目发展的势头得到了进一步的控制。

1985 年 9 月，轻工业部召开了全国洗衣机专业会议，研究提出了对全国洗衣机行业引进项目的清理和厂点调整的方案和措施。并由国家计委、国家经委、经贸部、轻工业部于当年 11 月，联合通知国务院有关部门和有关省、自治区、直辖市组织实施。此次调整、整顿撤掉了已经批准立项、但未签合同的洗衣机生产线引进项目，并初步确定了生产技术条件好、产品质量和经济效益较高的 22 个洗衣机厂作为择优支持的企业；要求 34 个生产技术条件很差、产品质量和企业经济效益不好、生产长期上不去的洗衣机厂尽早组织转产；其余的 52 个企业，由有关省、自治区、直辖市和有关部门择优推荐，然后由轻工业部会同有关部门按商定的条件，连同择优支持的 22 个厂在内，逐个进行生产许可证的考核后再行确定。经过调整、整顿，洗衣机行业的盲目发展问题也很快得到有效控制。

1991 年，房间空调器行业也出现了盲目发展的倾向。1991 年 11 月，国务院发出《关于制止房间空调器盲目发展的通知》，强调空调器的发展要认真吸取电冰箱、洗衣机等行业发展失控的经验教训。在需求快速增长阶段，要看到市场容量也是有限的，盲目投资上项目，其结果将造成产品滞销，反倒会成为包袱。《通知》要求，各地方要认真贯彻执行国务院相关规定，克服对空调器项目盲目建设、盲目改造的倾向；所有空调器及其压缩机的建设和改造项目（包括合资、合作、独资、补偿贸易、来料来样加工等项目），均需先报经轻工业部按照国家批准的行业规划核准；引进空调及其压缩机的生产设备，事先须经轻工业部审核、国务院生产办公室批准，由经贸部发给进口许可证。为了有效地贯彻上述规定，轻工业部于 1991 年 12 月召开新闻发布会，向全国发布信息，提出控制空调器盲目发展的方针和措施。

为进一步加强行业管理，促进家电工业健康发展，全国家电工业企业在学习国外经验和认真总结这段时期加强行业管理经验的基础上，在国家体制改革委员会的指导下，于 1988 年 12 月 15 日成立中国家用电器协会。这是由全国家用电器企业自愿联合组织起来的一个社会经济团体，是企业与政府之间联系的桥梁和纽带。1988 年，中国家用电器协会建立了制冷器具、清洁器具、通风器具以及电热器具等 4 个专业委员会，还成立了中国机电产品进出口商会家用电器分会。1989 年，中国家用电器协会以轻工业部北京家用电器研究所为依托，建立了全国家用电器信息中心，并联合创办了《家用电器报》，编辑出版《家用电器通讯》。1989 年，受政府部门委托，中国家用电器协会与中国机电产品进口商会家用电器分会起草了全国家用电器“八五”发展规划；配合轻工业部对微波炉、电磁灶的布点安排，以及电冰箱压缩机的组织配套和电冰箱价格的组织协调进行了专门调查；收集和传播家用电器信息，协助企业适应市场变化，提高应变能力；密切配合有关部门，狠抓扩大家用电器产品出口；配合有关部门组织开展对家用电器产品进行检、评，推荐国优、部优，推动企业升级以及改进售后服务工作。[1]

四、进口零部件的国产化

家电行业的盲目引进不但造成了潜在的生产能力大大超过需求的问题，还造成进口大量零部件消耗过多外汇的问题。当时，家电工业企业引进的装配线，主要靠进口零配件和原材料才能维持生产。据统计，仅 1985 年一年，全国进口电冰箱散件 70 万套、压缩机 150 万台，再加上相应的零配件，就花费了 1.3 亿美元，相当于引进 10 多条年产 50 万台电冰箱生产线所需要的外汇。[2]这样一来，家电产品生产越多，耗费的外汇就越多，那么家电工业就会成为典型的“输血型”产业。为扭转这一局面，进口零部件国产化成为 20 世纪 80 年代中、后期家电工业的重要发展战略。“七五”计划规定，到 1990 年，电视机、电冰箱、洗衣机等产品基本实现零部件国产化，使绝大部分工厂的产品技术经济指标达到目前发达国家水平。[3]

彩色电视机行业较早部署实施了国产化战略。1980 年到 1985 年，全国各地引进了 112 条彩电整机生产线，这些生产线依靠 SKD（半散件组装）和 CKD（全散件组装）进行生产，需要大量进口彩管和元器件，消耗大量外汇。[4]在这种情况下，1984 年电子工业部作出了加速彩电国产化步伐的决策，决定实施彩电国产化“一条龙”工程，并成立了彩电国产化领导小组，力图使彩电整机、元器件、设备仪器、工模

[1] 轻工业发展战略研究中心编:《中国轻工业年鉴（1990）》，中国轻工业年鉴社 1990 年版，第 272 页。

[2] 黄良辅、贡信发:《家用电器国产化问题初探》,《中国科学论坛》1987 年第 6 期。

[3]《十二大以来重要文献选编》(中)，人民出版社 1986 年版，第 992 页。

[4] 路风:《光变》，当代中国出版社 2016 年版，第 29 页。

具以及原材料陆续实现国产化。1985 年，国家经委把彩电国产化列为全国 12 项重大引进消化吸收项目之一，对彩电国产化的技术引进、技术改造、科技开发，从政策和资金上给予了重点支持。1985 年 6 月，电子工业部召开了第一次全国彩电国产化工作会议，提出“引进、消化、开发、创新”的方针，从整机、配套件、元器件到原材料都要逐步实现国产化。1986 年、1987 年、1988 年和 1990 年又相继召开了第二、三、四、五次全国彩电国产化会议，不断推进彩电国产化工作。

在彩电国产化工作中，电子工业部确定并坚持了“一条龙”“两个概念”“三个步骤”“四个层次”的原则和做法。坚持“一条龙”，就是以整机为龙头，从基础到整机，从攻关到改造引进，从电子工业系统内部到社会有关部门、单位，进行成龙配套的规划安排，并付诸实施。坚持“两个概念”，就是衡量和评价彩电国产化水平，不但要按价值计算单机国产化的程度，同时也要按价值计算全部产量整机的国产化程度。坚持“三个步骤”，就是彩电生产发展分三步走：第一步是重点抓好四、五片电路整机的生产和国产化；第二步是同步开发生产二片电路和二片电路彩电整机，在国内二片电路尚未批量生产之前，有计划地控制二片电路的整机生产；第三步是研究开发数字电视。坚持“四个层次”，就是要抓好整机、元器件、原材料和专用设备、仪器的国产化。经过数年的努力，到 1990 年，彩电批量国产化水平达到了 95% 以上，单机国产化水平达到 100%。[1] 与此同时，在电子工业部的领导组织下，电子工业部第三研究所、清华大学、上海市电视一厂牵头完成了集成电路彩色电视机的计算机辅助设计，解决了自行设计彩色电视机的问题，培养了一大批彩色电视机设计人才，为之后大量研制彩

〔1〕中国机械电子工业年鉴（电子卷）编辑委员会编：《中国机械电子工业年鉴（电子卷）·1991》，电子工业出版社 1991 年版，第 I-26 页。

色电视机奠定了基础。

为推进中国彩电工业的发展，中国引进成套技术设备，建设了全国第一个生产彩色显像管的现代化大型企业——陕西彩色显像管总厂。1977 年，国家决定从日本引进彩色显像管成套技术设备，在陕西咸阳建设彩色显像管厂。陕西彩色显像管总厂占地面积 1800 亩，生产区包括总装分厂、玻璃分厂、荫罩分厂、荧光粉分厂、动力分厂、部品分厂、设计所等。设计产量为年产 64 万只 14 英寸彩色显像管，32 万只 22 英寸彩色显像管。该项目仅从日本引进工艺装备系统，动力装备系统全由国内配套。1979 年 4 月，全部建筑工程开始施工。1981 年 11 月试制出 14 英寸、22 英寸彩色显像管，1982 年投入批量生产，同年 12 月通过国家验收。1983 年，产量每月增长 15%，11 月达到月产设计能力，全年完成工业总产值 1.8 亿元。陕西彩色显像管总厂的建成投产，标志着中国彩色电视工业进入一个新阶段。

在电冰箱零部件国产化的工作中，压缩机是关键。而压缩机的国产化主要是通过引进压缩机生产设备来实现的。上海电冰箱压缩机厂引进日本三菱旋转式压缩机技术和设备，于 1986 年底建成投产，1988 年全面达到单班年产 20 万台的设计能力。国家重点基本建设项目北京和广州两个电冰箱压缩机厂分别与意大利伊雷公司和日本松下电器达成协议，引进压缩机生产的全套技术设备。1987 年，两厂建成投入试生产。1988 年，两厂共生产电冰箱压缩机 86 万台，产品质量达到国际 80 年代初水平。到 1989 年，在国家定点的 15 个电冰箱压缩机厂中，已投产 12 个，生产压缩机 239.63 万台，使国产压缩机的配套能力由上年的 10% 提高到 30% 以上。[1]

---

〔1〕轻工业发展战略研究中心编：《中国轻工业年鉴（1990）》，中国轻工业年鉴社 1990 年版，第 271 页。

“七五”期间，在航空航天、机电等部门的密切配合下，全国家用电器行业实现零部件国产化的步伐加快。到 1987 年，原来完全依靠进口的洗衣机定时器、程控器，电冰箱蒸发器、温控器、冷凝器、门封条、过滤器，房间空调器的热交换器等，基本实现国内供应。

五、提高产品质量与完善售后服务

20 世纪 80 年代初期，在家电市场供不应求的情况下，家电企业出现了盲目追求产量、利润，而忽视了产品质量管理的现象。1985 年发生了当时轰动一时的“万宝风波”。1985 年 3 月 10 日，《北京晚报》发表了一篇《冰箱购买记》的评论，批评广州万宝电器工业公司（即最早从新加坡引进电冰箱生产线的广州电冰箱厂）生产的万宝电冰箱质量低劣。此后，《人民日报》《经济日报》《工人日报》以及其他中央和地方的报刊、电台针对万宝冰箱的质量问题相继发表了 40 多篇专题报道。当时的广州市委书记、轻工业部部长先后对首都新闻单位发表了专题谈话。名牌产品万宝冰箱遭遇信誉危机，产品销量迅速下降，企业减产 10 万台，损失利润近千万元。[1] 事件发生之后，广州万宝电器工业公司痛定思痛，进行了以解决质量问题为中心的企业整顿，提出 18 项改进措施，建立起健全的质量保证体系，从外协配套件到企业内部，层层落实质量责任制，并对质量问题难点组织重点技术攻关。整顿的效果很快显现。1986 年，万宝双门直冷式电冰箱获国家银质奖；1987 年，万宝电器共获得国家经委和广东省以及广州市有关部门 7 项质量奖励。万宝电冰箱重新赢得了消费者的信任。这一事件促使其他家电企业开始强化质量管理。

---

〔1〕广州市万宝电器工业公司：《产品质量是企业的生命》，《轻工集体经济》1986 年第 6 期。

为明确工业产品质量责任，维护用户和消费者的合法权益，1986年4月，国务院发布《工业产品质量责任条例》。《条例》对企业应对产品质量承担的责任作出明确规定，并明确了对于产品质量不达标企业的处罚措施。为贯彻落实《条例》，各地家用电器工业部门和企业采取积极措施，努力提高产品质量。青岛电冰箱总厂（海尔集团的前身）在消化吸收引进技术的基础上，认真学习国外的先进管理经验，采取了强化科学管理和企业内部配套改革等一系列措施，继在1987年世界卫生组织电冰箱招标中中标之后，又在1988年的联合国儿童基金会举办的电冰箱招标中夺魁。[1]

在加强企业质量管理的同时，国家要求家电企业提高售后服务的质量。1986年7月，国家经委等部门联合发布《部分国产家用电器三包规定》，于1986年10月开始实施。《规定》明确列出生产者和销售者要对彩色电视机、黑白电视机、电冰箱、洗衣机、电风扇、收录机6种国产家用电器实行包修、包换、包退的三包政策。为了落实国家规定，更好地服务消费者，家电企业纷纷对其售后服务进行了改善。广州万宝电器工业公司在总结质量事故教训的基础上，建立起一套适应电冰箱特点的销售和售后服务的制度和办法。1985年9月，万宝电器与北京集团用品贸易服务中心联合成立了万宝电器北京联营公司，11月在深圳与西丽湖旅游商品供应公司设立了总经销点，从而实现工业与商业联合、销售与售后服务紧密结合。辽宁营口洗衣机总厂在全国各地较大的商场设立维修网点共67个，并把友谊牌洗衣机的保修期从3年延长到5年。北京市二轻总公司与清华大学合作试制了电冰箱维修车，为电冰箱行业开展上门服务提供了良好的设备和器具。

[1] 轻工业发展战略研究中心编：《中国轻工业年鉴（1989）》，轻工业出版社、中国轻工业年鉴社1989年版，第385页。

一些企业创造了开展售后服务的新办法。宁波洗衣机厂实行产品维修“联保”制，即在保修期内，消费者可委托任何集体和个人修理该厂生产的新乐牌洗衣机，被委托者可凭消费者的委托单向生产厂家领取保修费。苏州电扇厂实行信誉卡制度，即消费者可凭产品附带的信誉卡到该厂在各地的特约经销商店进行维修。天津洗衣机厂实行以旧换新，消费者可将购买的该厂生产的单桶洗衣机换成双桶洗衣机，工厂按改装成本适当收费。一些企业开展了跟踪服务、巡回服务等活动；一些企业设立咨询监督维修专用电话；还有一些电冰箱厂开展了咨询服务活动，宣传电冰箱维修和使用的常识，有效减少和避免了因消费者使用不当而造成的质量事故。

为了发动广大消费者对产品质量进行监督，进一步加强企业负责人的质量意识，轻工业部于 1987 年举办了首届劣质产品展销会。1987 年 8 月 11 日，轻工业部发布了《关于举办第一届轻工劣质产品展销会的通告》。消息发布后，立刻在社会上引起强烈反响，全国各地的消费者纷纷写信投诉，截至 1987 年 10 月底，共收到 4401 封投诉信。如雪片一般的投诉信和社会舆论对企业形成了一股强大的威慑力，特别是生产家用电器这种耐用消费品的企业普遍感到压力倍增。为了防止登台亮丑、倒牌子、企业无法生存，家电企业变压力为动力，改善售后服务。许多家电企业就开始增设维修点，开展上门服务，落实三保政策，解决了相当部分投诉信中反映的问题。消息发布后的四个月里，实际上形成了“边投诉、边处理、边维修、边返销、边改进”的展销过程。最终，轻工业部决定改变展销方法，采取电视录像的形式展出。1987 年 12 月 11 日，轻工业部召开劣质产品展销会总结新闻发布会，宣布经过四个月的展销，已经圆满完成任务。这是一次别开生面的、不用展厅的展销会。四个月里，企业不仅为消费者排忧解难，还在内部展览了返销的劣质产品和有质量问题的产品，广大职工也受到了教育；社会媒体也进行了点名、揭短和亮丑，对生产劣质产品的企业形成了社会压力。这次展销会打破了“只评优、不评劣”的传统做法，使广大消费者受益的同时，也使企业受到深刻教育并付出了代价。这次展销会也使家电行业各级主管部门清醒地了解到产品质量问题的严重性，促使其探索更加有效的途径和方法，监督和管理产品质量。展销会结束后，为巩固和发展取得的成果，采取了五项措施：建立产品质量信访接待室；不定期出版《消费者指南》；推行消费者投票评选产品优劣的办法；试办产品质量模拟法庭；成立质量监控研究机构。

随着产量快速提高，家电产品走进了千家万户，各种家电的普及率也大幅提高。电冰箱在全国城乡家庭的普及率由 1983 年的 0.12% 提高到 1990 年的 11.55%；洗衣机在全国城乡家庭的普及率由 1983 年的 1.73% 提高到 1990 年的 29.14%；电风扇在全国城乡家庭的普及率由 1983 年的 9.91% 提高到 1990 年的 78.5%。家电产品的品种越来越多，从 1980 年的 20 多种，发展到 1990 年的 150 多种（不包括电视机、录音机等电子产品）。1987 年 4 月，轻工业部会同国务院有关部门在北京举办了首届全国家用电器展览会。参加展览会的有来自 24 个省、自治区、直辖市的 617 个企业，展出电冰箱、洗衣机、电风扇、房间空调器、电熨斗、厨房电器、美容电器、清洁卫生电器、电取暖器、灯具和专用配套件等 11 个大类 44 种 5000 余套件家电产品。展览持续 11 天，观众达 10 多万人次，零售额达 2100 多万元。这次展览会可谓是中共十一届三中全会以来，全国家电工业发展成就的大检阅。

第四章
能源工业加快建设

能源短缺曾是长期困扰中国工业发展的瓶颈问题。1978 年到 1991 年，能源生产和消费的增长率始终低于工业总产值增长率。（见图 4-1）加快能源工业的建设和发展成为国民经济调整和优化工业结构的重要内容，以及“六五”计划时期和“七五”计划时期的重点任务。国家加大基本建设投资力度，改革能源工业的管理体制和经营机制，调动各方面积极性大力推动能源工业技术进步，推动能源工业发展取得重要进展，为 20 世纪 90 年代之后能源工业的快速发展奠定了重要基础。

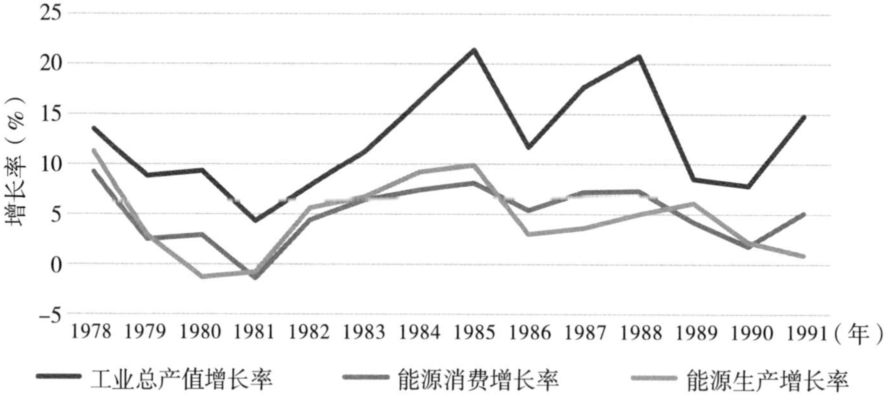

图 4-1 1978—1991 年能源生产增长率、能源消费增长率与工业总产值增长率变化情况

数据来源:《中国能源统计年鉴（1991）》，中国统计出版社 1992 年版，第 8 页;《中国能源统计年鉴（1991—1996）》，中国统计出版社 1998 年版，第 3 页；《中国工业经济统计年鉴（1992）》，中国统计出版社 1992 年版，第 34 页。

第一节　能源基本建设的调整与加强

1981 年之后，能源工业被列为重点建设部门，国家不断加大投资力度，实施了多项重大工程，使能源工业的生产能力和技术水平得到提高。

一、扩大基建投资规模

1979 年到 1981 年进行国民经济调整时，压缩基本建设规模是调整的重点。作为国民经济的薄弱环节，能源工业的基本建设规模虽然没有大幅缩减，但限于国力，投资比重仍然有所下降。能源工业年度投资额 1979 年为 110.98 亿元、1980 年为 115.65 亿元，与 1978 年的 114.7 亿元基本持平；1981 年在基本建设要退够的要求下，缩减到 94.64 亿元。能源工业基本建设投资在基建投资总额中的比重有所下降：1978 年为 22.9%，1979 年下降到 21.2%，1980 年下降到 20.7%，1981 年回升至 21.4%，但仍低于 1978 年的水平。能源工业各部门的投资额总体上有所下降。（见图 4-2）

经过三年调整，轻纺工业和非生产性建设开始有所加强，而能源工业的施工规模有所缩减，能源供应不足的矛盾十分突出。能源不仅成为国民经济发展中突出的薄弱环节，而且由于后续能力不足将影响之后的国民经济发展。针对这一情况，“六五”计划将能源列为基本建设投资的重点。1982 年 11 月，五届全国人大五次会议强调，要集中力量搞好以能源、交通为中心的重点建设，使国民经济中这两个最薄弱的部门得到改善和加强，这是使整个国民经济转向主动的重要环节，是关系经济建设全局的大事。这个问题不解决，国民经济的全局活不了，各个局部的发展也必然受到制约，想快也快不了。国务院已经决定，所有地方、部门和单位的国家预算外收入，城镇大的集体所有制

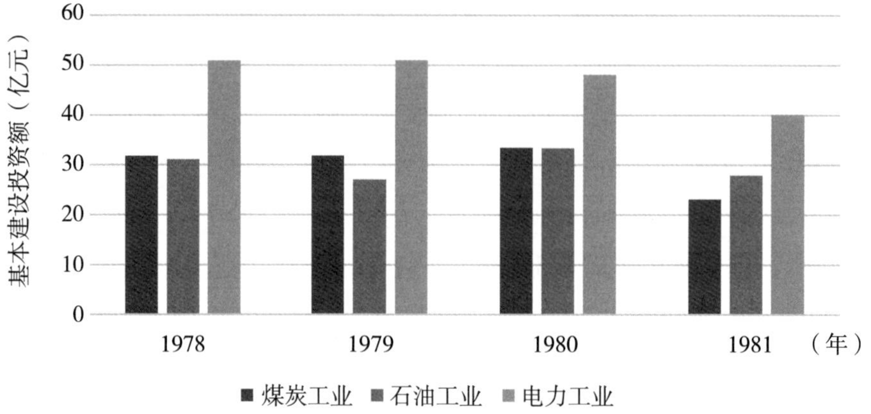

图 4-2　1978—1981 年能源工业基本建设投资构成

数据来源：《中国固定资产投资统计年鉴（1950—1995）》，中国统计出版社 1997 年版，第 71、131 页。

经济组织纳税后的利润，除少数免于征收的项目外，一律按一定比例向国家交纳能源交通重点建设基金。[1]1982 年到 1985 年，能源工业累计完成基本建设投资 599.39 亿元，超过整个“五五”时期的 489.9 亿元。[2]

尽管投资规模增长较大，但能源工业基建投资占基本建设投资总额的比重仍然很低。1982 年到 1985 年，能源工业基建投资占基建投资总额比重的平均值仅为 20.2%，甚至低于 1980 年的水平。[3]这表明基建投资结构需要调整。1986 年 3 月，六届全国人大四次会议关于第七个五年计划的报告指出：“当前，不但投资规模偏大，投资结构也不合理。主要表现是，能源、交通、通信、原材料等基础设施和基础工业的投资比重偏低，一般加工工业和非生产性建设的投资

〔1〕《十二大以来重要文献选编》（上），人民出版社 1986 年版，第 192 页。

〔2〕数据来自《中国固定资产投资统计年鉴（1950—1995）》，中国统计出版社 1997 年版，第 131 页。

〔3〕数据来自《中国固定资产投资统计年鉴（1950—1995）》，中国统计出版社 1997 年版，第 131 页。

比重偏高；更新改造投资不足，而相当一部分更新改造投资又被用于基本建设。”〔1〕“七五”计划规定，在全民所有制单位基本建设投资中，能源、交通、通信业投资所占比重由“六五”期间的 34.4% 提高到 37.4%。〔2〕1989 年国务院发布的《关于当前产业政策要点的决定》进一步强调：“当前和今后一个时期制定产业政策、调整产业结构的基本方向和任务是：集中力量发展农业、能源、交通和原材料等基础产业，加强能够增加有效供给的产业，增强经济发展的后劲；同时控制一般加工工业的发展，使它们同基础产业的发展相协调。”〔3〕1986 年到 1990 年，能源工业累计完成基本建设投资 2023.35 亿元，远高于“六五”时期的 694.03 亿元。能源工业基建投资占基本建设投资总额的 27.5%，较“六五”时期显著提高。1991 年能源工业完成基建投资 646.15 亿元，占基建投资总额的比重达到 30.5%。〔4〕

1978 年到 1991 年，通过加大能源工业基本建设投资力度，煤炭、石油、电力工业的生产能力大幅度增加。各个五年计划时期基本建设能源各部门新增能力情况见表 4-1。

表 4–1　“五五”计划至“七五”计划各时期我国能源工业新增生产能力

	“五五”计划	“六五”计划	“七五”计划
新增采煤能力（万吨）	6493	8127	12694
新增原油开采能力（万吨）	3975.3	5013.1	7743.9
新增发电机组容量（万千瓦）	1929.07	2022.93	4631.68

数据来源：《中国能源统计年鉴（1991）》，中国统计出版社 1992 年版，第 56 页。

〔1〕《十二大以来重要文献选编》（中），人民出版社 1986 年版，第 937 页。
〔2〕《十二大以来重要文献选编》（中），人民出版社 1986 年版，第 1021 页。
〔3〕《十三大以来重要文献选编》（上），人民出版社 1991 年版，第 414 页。
〔4〕数据来自《中国固定资产投资统计年鉴（1950—1995）》，中国统计出版社 1997 年版，第 131 页。

二、实施重大建设项目

1978年到1991年，能源领域是重点建设的“重中之重”，国家实施了若干重大建设项目。

1989年，中国在长江干流上建设的第一座大型水利枢纽——葛洲坝水利枢纽建成。葛洲坝水利枢纽规模宏大，控制流域面积达100万平方公里，多年平均流量为1.43万立方米/秒，挡水大坝长2595米，最大坝高47米，主体建筑包括电站厂房、通航船闸、泄洪闸、冲砂闸等，有近200个各类引水、泄水孔口和近300扇闸门，最大泄洪量（含泄洪闸、冲砂闸、电厂）达11万立方米/秒以上。葛洲坝水利枢纽工程是新中国水电建设史上的一座里程碑。它在一定程度上缓解了长江水患，具有发电、改善峡江航道等功能，建成以来发挥了巨大的经济效益和社会效益。葛洲坝水利枢纽建设工程提高了水电建设的科学技术水平，培养和锻炼了一支高素质的水电建设队伍，为三峡水利枢纽工程建设积累了宝贵经验。

葛洲坝水利枢纽工程是在论证和选定长江三峡水利枢纽坝址的过程中提出建设的，是三峡工程的一个组成部分。整个工程分两期建设：一期工程主要建设二江、三江部分，含二号、三号船闸、三江冲砂闸、二江电站和泄水闸等。二期工程主要建设大江部分，含大江冲砂闸、一号船闸和大江电站等。1970年12月，一期工程正式开工建设。由于种种原因，主体工程于1972年11月暂停施工，集中力量修改设计，做好施工准备。1974年10月，主体工程恢复施工。中共十一届三中全会以后，建设速度不断加快。1979年浇筑混凝土203万立方米，1980年挖填土石方2150万立方米。1981年1月4日完成大江截流，7月二江水电站1号机组并网发电。1985年5月，一期工程通过中间验收，6 月正式通航。经历波折，葛洲坝一期工程从开工到建成历时近 11 年，但实际上相当部分工程是在 1978 年到 1981 年完成的。这四年完成了一期工程土石方挖填总量的 50%，安装调试了三台发电机组和完成了 95% 以上的金属结构安装任务。[1]二期工程于 1981 年下半年开始动工；1986 年上半年大江工程上下游全线挡水，大江电厂第一台机组投产；1987 年又装机投产 6 台；1988 年装完最后 3 台机组；1989 年 1 月，21 台机组全部投产，二期工程全部建成；1991 年 11 月，二期工程通过国家正式验收，葛洲坝水利枢纽工程宣告全部竣工。

葛洲坝水利枢纽总装机容量达 271.5 万千瓦，一期工程建设的二江电站有 2 台 17 万千瓦和 5 台 12.5 万千瓦的水轮发电机组，装机容量共 96.5 万千瓦；二期工程建设的大江电站有 14 台 12.5 万千瓦的水轮发电机组，装机容量共 175 万千瓦。从 1981 年第一台机组建成投产，到 1991 年二期工程通过验收，10 年间葛洲坝水利枢纽已发电量达 1000 亿千瓦时，为国家创利税 40 亿元，已回收 80% 以上的工程投资。葛洲坝电厂对缓解河南、湖北、湖南、江西四省用电紧张局面和促进四省经济发展发挥了重要作用。[2]

充分发挥葛洲坝水利枢纽的经济效益，离不开输电线路的建设。“六五”计划期间，重点建设了华中地区 500 千伏超高压输变电工程。1981 年 12 月，新中国首条 500 千伏超高压输电线路——平武线路（平顶山—武昌）竣工，并入华中电网。平武线路全长 595 公里，联结河南大型矿口电厂——姚孟电厂和武汉地区负荷中心。平武线路的建成，不仅为华中电网的形成打下了基础，而且标志着中国电网建设进入了新的发展阶段。1982 年、1983 年相继建成了葛武线路（葛洲坝—

〔1〕乔生祥：《葛洲坝水利枢纽工程是成功的工程》，《人民长江》1989 年第 1 期。

〔2〕《人民日报》1991 年 11 月 28 日，第 1 版。

武昌）和葛双线路（葛洲坝—双河）2 条共 457 公里的 500 千伏输电线路，将葛洲坝水利枢纽的电力并入华中电网。与输电线路相配合，建设了 3 个变电站：姚孟电厂的升压变电站，容量为 75 万千伏安；双河变电站，容量为 75 万千伏安；武昌凤凰山变电站，容量为 150 万千伏安。3 个变电站的主要设备分别从瑞典、法国和日本进口，具有世界先进水平。“七五”计划期间，又建成了葛常株（葛洲坝—常德—株洲）和葛沪（葛洲坝—上海）2 条输电线路。葛常株线路于 1985 年开工兴建，1988 年 6 月建成投产，全长 300 多公里，是湖南省第一条跨省 500 千伏超高压输变电工程。葛沪线路是中国第一条正负 500 千伏超高压直流输电线路，是“七五”计划重点建设项目。该线路于 1985 年开始建设，1987 年 9 月建成投产，全长 1080 公里，跨越湖北、安徽、浙江、江苏、上海五省市的 35 个县（市），把华中电网和华东电网连接起来，形成中国第一个跨大区的联合电网。这项工程被称为新中国电力工业发展进入新阶段的三大标志（核电、大机组、直流输电）之一。

1987 年，有改革开放“试验田”之称的平朔安太堡露天煤矿建成。平朔安太堡露天煤矿由中美合资经营，该项目是改革开放初期煤炭工业实行对外开放的重要项目之一。1978 年 10 月，中国煤炭代表团访问美国时提出了建设这个项目的意向，表示愿意与美国企业共同商讨开发煤炭资源。这个提议引起了美国几家大公司的兴趣。1979 年，康世恩率代表团访问美国时，再次与美国公司商谈了这个项目。美国几家大公司先后派专家组访华，对平朔矿区以及铁路、港口进行了考察。美国西方石油公司是稍后一些时间参加进来的。1979 年 1 月，邓小平出访美国时会见了西方石油公司董事长阿曼德·哈默，同意其关于访问中国并商讨合作项目事宜的提议。1979 年 5 月，阿曼德·哈默第一次访问中国，与煤炭工业部签署了初步协议书，表示愿以联合企业或补偿贸易方式或两者兼用的方式协助开发中国煤矿。1980 年 3 月，西方石油公司所属岛溪煤炭有限公司董事长戈尔向中方提出合资开发平朔露天煤矿，获得同意。中方认为，采用合资的形式不仅可以利用外资，而且可以引进新工艺、新技术、新装备和学习先进的管理经验。1980 年 4 月，煤炭工业部向国务院呈报了《关于加快开发山西朔县露天煤矿的报告》，安太堡项目被正式提到中外合作开发的议事日程上。[1]

由于合资经营的难度较大，安太堡露天煤矿项目从 1980 年 6 月开始洽谈，到 1985 年 6 月 29 日正式签订合同，历时 5 年。在这个过程中，该项目得到邓小平和中共中央、国务院的支持。邓小平、胡耀邦以及当时国务院的主要领导多次接见阿曼德·哈默，对谈判的推进起到了重要作用。姚依林、李鹏、张劲夫等也多次听取汇报，解决问题。特别是邓小平，他先后 6 次会见阿曼德·哈默，还在 1981 年专门向出席中央工作会议的代表介绍了这个项目，并发表了重要讲话。邓小平对这个项目的重视，不仅推动了平朔安太堡露天煤矿对外合作的进程，更重要的是向全世界表明中国对外开放的决心。

经协商确定，平朔安太堡露天煤矿由平朔第一煤炭有限公司（为中国煤炭开发公司、中国国际信托投资公司、山西雁北地区所有）与中国岛溪煤炭有限公司（为美国西方石油公司、中国银行信托咨询公司所有）合作开发经营。双方共投资 6.5 亿美元，其中中方投资 3.05 亿美元，外方投资 3.45 亿美元。1982 年，煤炭工业部组建了平朔建设筹备处，开始建设项目的筹备。1985 年 7 月，建设工程正式破土动工。承担项目设计和建设的沈阳煤炭设计院、西北建筑设计院、美国麦克

---

〔1〕高扬文：《关于中美合作开发平朔煤矿谈判的回顾》，《当代中国史研究》1996 年第 2 期。

纳利公司等14个中外勘测设计单位，冶金工业部十三冶公司等13个国内施工单位昼夜奋战，仅用26个月，便于1987年9月完成了项目建设。“三年筹备，两年建成”的高速度曾引起国内外广泛关注。平朔安太堡露天煤矿采用的剥、采、运、洗选和通信设备全部由国外引进，具有国际先进水平。作业方式为大型单斗挖掘机和自卸卡车装运，内外排土场结合、分区分层剥离开采。洗煤厂由美国麦克纳利公司设计，设备由美国引进。平朔安太堡露天煤矿年设计生产能力为1533万吨。1987年到1991年，该矿原煤年产量由154万吨增长到1337万吨，商品煤产量由31万吨增长到1000万吨，销售收入增长到9亿元。

这一时期，国家重点推动建设的大型煤矿项目还有黑岱沟露天煤矿、元宝山露天煤矿、伊敏露天煤矿、开滦钱家营煤矿等。黑岱沟露天煤矿是“八五”计划重点建设项目——准格尔项目一期工程三大主体工程之一，是中国自行设计、自行施工的特大型露天煤矿。该矿于1990年开工建设，1998年投入试生产，1999年正式移交生产，次年达产。2006年6月，经过扩能改造，黑岱沟露天煤矿年产原煤可达2500万吨，成为中国第一大露天煤矿。2011年原煤年产量突破3100万吨。元宝山露天煤矿于1990年10月正式开工建设，1998年8月投入试生产，设计年产原煤500万吨，服务年限71年。伊敏露天煤矿于1976年开工建设，1984年建成百万吨级一采区。1991年，批准成立伊敏煤电公司，建设中国首个煤电一体化项目。1993年至2011年，伊敏煤电联营电厂一期至三期工程相继建成投产。一期工程安装2×500MW超临界机组，配套建设的露天煤矿2005年产煤770万吨；二期工程建设电厂装机2×600MW国产亚临界机组，配套露天煤矿600万吨年生产能力。开滦钱家营煤矿于1978年开工建设，是中国第一个自主设计、采用国外先进技术装备的大型现代化煤矿，年设计生产能力 400 万吨，1988 年 12 月建成投产，1999 年达到设计生产能力。

1991 年 12 月，中国第一座自行设计和建造的核电站——秦山核电站（一期）首次并网发电，标志着中国掌握了核电技术，成为继美国、英国、法国、苏联、加拿大和瑞典之后，第七个能够自行设计、建造和运行管理核电站的国家。这是中国核工业“军转民”在和平利用核能方面取得的重大突破，是高科技转化为社会生产力的突出范例。

秦山核电站从酝酿到开工建设，经历了一个曲折的过程。1970 年 2 月，周恩来提出要靠发展核电解决上海用电问题。[1] 1970 年 2 月 8 日，上海市传达了周恩来的这一指示。经过一段时间的调查研究和摸索，鉴于压水堆核电站在国际上技术已经比较成熟，国内已有军用压水堆的经验可以借鉴，1973 年上海市和第二机械工业部联合向国务院提出建设 30 万千瓦压水堆核电站的方案。1974 年 3 月，周恩来主持召开中央专委会会议，批准了该方案，并根据 1970 年 2 月 8 日上海市首次传达周恩来建设核电站指示的时间，命名中国首座核电站建设工程为“七二八”工程。方案批准后不久，在上海组织了设计队伍，成立了上海“七二八”工程设计院。但获批之后，建设工作迟迟未能起步。

粉碎“四人帮”之后，中国开始酝酿大规模引进计划，其中包括引进成套设备建设核电站。1978 年，第一机械部向国家计委建议停建 30 万千瓦压水堆核电站项目，而与法国合作建设 90 万千瓦压水堆核电站。针对这一建议，上海“七二八”工程设计院提交了专题报告，申述了继续建设 30 万千瓦压水堆核电站的理由。由此引起了“七二八”工程是否下马的争议。1979 年，谷牧在北京召集中央有关部委领导开

---

〔1〕《周恩来年谱（1949—1976）》下卷，中央文献出版社 1997 年版，第 347—348 页。

会，专题研究“七二八”工程问题。会上围绕建设核电站是要自主开发还是国外引进展开了激烈的争论。主张引进的一方认为，中国应借鉴世界各国的先进技术和经验，没有必要从头搞起。既然已经拟定从法国引进 90 万千瓦系列核电厂，就没有必要再建设“七二八”工程了。而主张自主开发的一方认为，核电技术具有一定的敏感性，并不是一厢情愿就能得到的。核电站建设必须立足国内，这对于消化吸收国外先进技术，培养自己的核电建设队伍是非常必要的。最后会议得出结论，在国外技术专利拿到之前，不宜草率下马“七二八”工程。这次会议并没有结束争议。经过反复调研和论证，“七二八”工程项目于 1981 年 11 月再次获得国务院批准。1982 年，国务院批准这一工程的地址为浙江省海盐县的秦山。与此同时，1982 年底，国务院正式批准了广东省电力公司与中华电力公司合营，采用进口成套设备，在广东省深圳大亚湾建设 90 万千瓦核电站。

1983 年 6 月 1 日，秦山核电站一期工程破土动工；1991 年 12 月 15 日，首次并网发电；1993 年末，提前两年达到设计发电能力；1994 年 4 月 1 日，投入商业运行；1995 年 7 月 13 日，通过国家验收。

在一期工程建设的过程中，1986 年 1 月，国务院决定兴建秦山核电二期工程，建设一座 2×60 万千瓦商用核电机组。1987 年 10 月，秦山核电二期工程批准立项。二期工程原计划与西德合作设计，但由于 1989 年西方国家对中国实行经济制裁，合作计划落空。国务院决定以“以我为主、中外合作”的方针，以大亚湾核电站为参考，开展自主设计。前期工作完成后，二期工程两台机组先后于 1996 年 6 月、1997 年 3 月开工，经过近 8 年建设，分别于 2002 年 4 月、2004 年 5 月投入商业运行，使中国实现了由自主建设小型压水堆核电站到自主建设大型商用核电站的重大跨越，为中国自主设计、建设百万千瓦级核电站奠定了坚实的基础。

第二节　煤炭工业探索发展新路

中共十一届三中全会以后，煤炭工业集中实施行业调整和整顿，恢复和健全各项规章制度，使煤炭工业走上健康发展的轨道。中共十二大之后，煤炭工业确定了“煤炭翻一番保经济翻两番”的战略目标，探索发展的新路子，在统配煤矿实行投入产出总承包，并贯穿“有水快流”的方针积极发展地方煤矿，推动煤炭产量持续较快增长，为下一阶段的全面改革发展奠定了基础。

一、着力进行调整和整顿

“文化大革命”时期，煤炭工业出现了煤炭矿区与矿井接替脱节、后劲不足、安全欠账多、煤炭供应短缺等一系列问题。1979 年到 1982 年，贯彻落实国民经济调整的总体部署，煤炭工业进行了调整和整顿。

尽管从 1973 年开始，煤炭工业就针对采掘失调的问题进行调整，着力加强开拓延深工程，但是直到 1979 年仍有些矿井采掘关系失调。统配煤矿 598 处矿井和露天矿中，采掘关系紧张的有 96 处，能力 6952 万吨，占总能力的 25%。还有安全欠账、薄厚煤层配采失调、巷道失修、职工生活欠账等问题。为了既保证煤炭供应，又搞好煤炭工业调整，1980 年 2 月召开的全国煤炭工作会议确定了“稳产调整”的方针，提出在保证全国煤炭产量稳定在 6 亿吨的基础上搞好调整。为贯彻这一方针，煤炭工业部采取了分类指导的办法，让失调比较轻，具备增产潜力的矿务局把主要精力放在生产建设上，努力增产；让部分矿井失调比较严重，而部分矿井失调较轻的矿务局，在稳住生产的前提下，适当进行调整；让失调比较严重的矿务局，适当退下一些产量，重点搞好调整。“稳产调整”的方针和分类指导的办法收到了良好效果，1980 年和 1981 年，全国煤炭产量均稳定在 6.2 亿吨以上。到 1981 年底，统配煤矿的 96 处采掘失调矿井已调整好 65 处，安全、生活设施也补还了一些欠账。[1]

1981 年和 1982 年，煤炭工业的工作重点逐步由调整转向整顿。1981 年初，煤炭工业部派出工作组到阜新矿务局帮助抓企业整顿，使企业管理混乱的状况得到改观，亏损有所下降。之后，煤炭工业部在阜新矿务局召开会议，总结了阜新局整顿的经验。1982 年，贯彻中共中央、国务院《关于国营工业企业进行全面整顿的决定》，煤炭工业部又派出工作组分别到大同、铁法、兖州、平顶山矿务局和淮南煤炭基建指挥部、北京煤机厂等单位帮助企业整顿。7 月召开了重点煤炭企业整顿工作座谈会，总结了一年多来抓企业整顿的经验，并要求全国煤炭企业展开整顿。整顿工作的重点是建设企业领导班子、整顿劳动纪律、开展打击经济领域犯罪活动和财经纪律大检查、健全各项制度。

调整和整顿取得了显著成效。一是煤矿基本建设规模有所扩大。3 万吨以上煤矿的在建规模由 1981 年的 11947 万吨扩大到 1984 年的 18290 万吨。二是采掘关系趋于协调。1979 年前后有 1/5 的统配煤矿开拓煤量、准备煤量、回采煤量不足；到 1983 年底，全国统配煤矿 3 个煤量分别超过了 3 年到 5 年、12 个月和 6 个月的规定标准。三是补还了安全欠账。“六五”期间安排统配煤矿安全补欠资金超过 10 亿元；解决了 57 对矿井的通风能力不足问题，新建和健全了 53 对矿井的瓦

[1]《当代中国的煤炭工业》编辑委员会编：《当代中国的煤炭工业》，当代中国出版社、香港祖国出版社 2009 年版，第 75—76 页。

斯抽放系统、116对矿井的防尘系统和93对矿井的灭火系统；一些矿井装备了瓦斯遥测仪和瓦斯警报断电仪，45对矿井装备了计算机监测系统。四是改善了职工生活福利。此外，企业领导班子得到加强，企业管理得到改善。调整和整顿为煤炭工业下一步的健康发展打下了良好基础。

二、探索发展的新路子

1982年9月，中共十二大确定了到2000年，在不断提高经济效益的前提下，力争使中国工农业的年总产值比1980年翻两番的战略目标，并将能源与农业、交通、教育和科学作为这20年内经济发展的战略重点。[1]为实现这一战略目标，煤炭工业部在1982年11月召开的全国煤炭工业计划会议上，确定了从1981年到2000年，在提高经济效益、促进社会节能的前提下，力争使全国原煤产量翻一番（由年产6亿多吨增加到12亿吨），保证全国工农业总产值翻两番的战略目标。这意味着要用18年的时间，增产相当于之前30多年增加的产量，任务十分艰巨。因此，会议提出，要实现全国原煤产量翻一番的目标，必须走一条新的路子，并将其概括为“四项要求，五个转变，十二项具体方针”。四项要求：一是煤炭产量要长期稳定地增长，不是大起大落；二是发展比较健康，即布局要合理，比例要协调，手段要先进，队伍素质要提高；三是生产建设比较安全，不能再像过去那样付出巨大的伤亡代价；四是经济效益比较好，即建设速度要快，投资效果要好，煤炭质量要提高，品种要增加，煤炭加工综合利用要发展，管理要加强，使企业的经济效益、社会节能效益都大大提高。五个转变：

〔1〕《十二大以来重要文献选编》（上），人民出版社1986年版，第14页。

一是从以手工作业为主转变为以机械化作业为主；二是从单一生产原煤转变为多品种生产；三是从单一经营转变为多种经营；四是从不能控制重大恶性事故和职业病的发生转变到基本上能控制；五是由小吨位的运煤工具转变为大吨位的运煤工具，并协助铁路、交通部门发展大吨位的运煤列车和水上顶推船运煤。十二项具体方针：推行和完善各种经济责任制；改革经济体制，发展地区、部门、企业之间的联营；大胆利用外资，放手开发内资；有计划有重点地对矿井进行技术改造；加快煤炭开发，缩短建设周期；大力发展地方煤矿；发展煤炭洗选加工，改变煤炭产品结构；坚决执行“安全第一”的方针；采取切实措施，巩固煤矿井下职工队伍；加强智力开发，提高职工的科学文化水平；大力发展科学研究；统筹安排，同步建设，协同铁路、交通部门解决煤炭运输问题。[1]

为促进实现全国原煤产量翻一番的战略目标，煤炭工业系统进行了管理体制和经营体制的改革。首先，煤炭工业从扩大企业自主权和投入产出承包制开始，对其宏观管理体制进行改革。1978 年到 1984 年，煤炭工业实行了产量包干、盈亏包干、吨煤工资含量包干、中小型煤矿建设包干等多种形式的承包经营制试点改革。1984 年 6 月，煤炭工业部召开了全国煤炭工业厅局长座谈会，在总结过去几年试点改革的基础上，提出了统配煤矿投入产出总承包方案，经国务院批准于 1985 年 1 月开始实行。总承包的主要内容是“三包”：包煤炭产量、包基本建设投资与规模、包亏损。包煤炭产量的具体办法是，从 1985 年起一包六年不变，统配煤矿的原煤产量平均每年要增长 2000 万吨，1990 年时总产量要达到 5 亿吨；地方煤矿平均每年增加调出 1000 万

〔1〕《当代中国的煤炭工业》编辑委员会编：《当代中国的煤炭工业》，当代中国出版社、香港祖国出版社 2009 年版，第 78—80 页。

吨，供国家统一分配。包基本建设投资与规模的具体办法是，包建设总投资 315 亿元，“七五”期间开工总规模要达到 1.8 亿吨，投产总能力 1.67 亿吨，结转到“八五”期间建设总规模 1.5 亿吨，一包五年不变。包亏损的具体办法是，从 1985 年开始，统配煤矿、重点煤机厂和直属供销企业，每年以包干亏损 3 亿元为基数，一包六年不变。[1]为了便于统配煤矿实行总承包，1984 年 9 月，经中共中央和国务院批准，将对国民经济起重要作用的山西、山东、河北、河南、陕西 5 省的大同、开滦、平顶山、淮南、淮北等 29 个骨干矿务局和相应的煤炭工业厅（总公司）、基本建设局（指挥部、公司）、煤田地质公司、煤矿设备制造厂及煤田设计、科研、教育等单位及株洲选煤厂划归煤炭工业部直接管理。实行总承包在一定程度上解决了职工吃企业“大锅饭”，企业吃国家“大锅饭”的问题，激发了职工和企业搞好经营，提高经济效益的积极性。

统配煤矿实行总承包的同时，开始进行煤炭价格体制改革，允许统配煤矿超产煤和超能力煤加价。1985 年的定价办法是，以 1984 年分配计划为包干基数，包干基数以内的执行计划价格；年度国家计划以内的超包干基数部分加价 50%；超过国家年度计划生产的煤炭，如果纳入国家分配的，加价 100%；不纳入国家分配的，价格不受限制。乡镇小煤矿生产的原煤开始允许随行就市，价格由市场供求状况确定。1986 年、1987 年又对超产煤和超能力煤的加价办法进行了调整。这些改革措施开启了煤炭价格体系市场化改革的进程。[2]

“七五”期间，煤炭工业围绕落实和完善总承包方案，以及解决方

[1]《当代中国的煤炭工业》编辑委员会编:《当代中国的煤炭工业》，当代中国出版社、香港祖国出版社 2009 年版，第 82—83 页。

[2] 史丹:《中国能源工业市场化改革研究报告》，经济管理出版社 2006 年版，第 176 页。

案实行中遇到的一些问题，推进了这项改革的深化。但由于国家财政比较紧张、物价上涨、增支因素多、煤价没有相应调整等因素，总承包方案的安排基本未兑现。按照承包方案应投入的没有全部按原来安排投入，实际完成投资 309 亿元；1985 年到 1990 年，统配煤矿亏损总额达 297 亿元。[1]煤炭工业部于 1987 年 9 月向国务院及有关部委汇报了统配煤矿总承包情况及存在的问题。国务院于同年 12 月批准实行调减产量包干基数；进一步完善煤炭按质论价办法，扩大动力煤按发热量计价范围；在煤炭原比价不变的情况下缩小灰分间隔；调整供冶金企业使用的炼焦洗精煤比价；调整缺煤地区煤炭地区差价；煤炭行业不实行退休和合同制工人社会统筹等措施。总体来看，统配煤矿总承包取得了一定成绩。统配煤矿的产量由 1985 年的 4.06 亿吨增加到 1990 年的 4.8 亿吨，全国煤炭产量从 1985 年的 8.72 亿吨增加到 1990 年的 10.79 亿吨。[2]

"依靠科学技术的进步"是煤炭工业发展新路子的重要内容。"六五"时期，从煤炭工业部到煤炭企业都健全了总工程师制和技术管理体系，加强了对科技工作的领导，明确了煤炭生产建设必须依靠科学技术进步，科研工作必须面向生产建设的指导思想；制定了《煤炭工业若干技术政策》，确定科技发展目标是到 2000 年，煤炭工业实现"五个转变"，多数重点煤矿的技术面貌达到世界先进国家 70 年代末和 80 年代初的水平，一部分煤矿要赶上或接近当时世界的先进水平。

实行对外开放后，煤炭工业引进了国外的新技术、新装备。早在 1973 年，就从英国、法国、西德、波兰等国进口了 43 套先进的综合

〔1〕《新中国煤炭工业》编辑委员会编：《新中国煤炭工业》，海洋出版社 2007 年版，第 5 页。

〔2〕《新中国煤炭工业》编辑委员会编：《新中国煤炭工业》，海洋出版社 2007 年版，第 5 页。

机械化采煤设备。1978 年，煤炭工业部门安排进口 100 套综采设备、100 套掘进设备，兖州兴隆庄、开滦范各庄选煤厂成套设备，霍林河露天矿初期开采设备，还有为新矿建设、老矿技术改造以及地质、制造、科研、教育等部门需要的单机。这些设备的进口，促进了煤炭工业的现代化建设和矿山机械制造工业的发展。[1]

三、发展地方煤矿

在煤炭工业部制定的到 2000 年年产量达到 12 亿吨的目标中，统配煤矿年产量要达到 4 亿吨；新增生产能力要达到开工 6 亿吨，投产 5 亿吨，达产 4 亿吨；而地方煤矿产量要达到 5 亿吨，占有相当的比重。[2]为此，国家和各级煤炭工业部门采取了一系列方针、政策和措施，扶持、鼓励地方煤矿发展。1981 年 12 月，国务院批准了国家能源委员会《关于地方国营煤矿若干经济政策问题的请示》，同意对地方国营煤矿实行亏损补贴、降低工商税等 4 项政策。1983 年 4 月，又批准了煤炭工业部《关于加快发展小煤矿八项措施的报告》，从办矿体制、资源划分、产品运销、技术服务等方面放宽了政策。1984 年，贯彻中央领导同志提出的“有水快流”和“国家、集体、个人一齐上，大中小煤矿一起搞”的方针，各级煤炭工业部门又进一步放宽了发展小煤矿的政策，鼓励地方煤矿的发展。这一系列政策措施在办矿体制上取消了不允许群众集资办矿和私人办矿的限制，也取消了煤炭销售的地区限制。在煤炭价格上，除上调统配部分的煤炭执行国家规定的

〔1〕《当代中国的煤炭工业》编辑委员会编：《当代中国的煤炭工业》，当代中国出版社、香港祖国出版社 2009 年版，第 91 页。

〔2〕高扬文：《振奋精神开拓前进全力开创煤炭工业现代化建设的新局面》，《煤炭经济研究》1983 年第 1 期。

价格外，其余可由买卖双方议定价格，随行就市。在运输上，鼓励采用联营、集资、独资等各种形式办煤炭运输。在放开办矿政策的同时，还加强了对地方煤矿，特别是乡镇煤矿的管理工作。1983 年 4 月，国务院批转煤炭工业部报告，决定小煤矿统由各级煤炭主管部门归口管理。同年 10 月，煤炭工业部又成立了地方煤矿联合服务总公司，承担对全国地方煤矿（包括乡镇煤矿）的行业管理工作。1986 年 12 月，国务院再次颁发了《关于乡镇煤矿实行行业管理的通知》，明确乡镇煤矿企业由煤炭工业部实行行业管理。煤炭工业部先后颁发了《乡镇煤矿管理办法》《乡镇煤矿安全规程》和《乡镇煤矿设计若干暂行规定》等法规。1987 年，为了进一步落实国家的扶持政策，建设稳定的地方煤矿基础，煤炭工业部编制了全国重点产煤县规划，在全国 1200 个产煤县中选出 112 个县（市）作为第一批重点产煤县，国家在政策上给予重点支持。

在一系列鼓励、扶持政策的推动下，地方煤矿发展迅速。1985 年，地方煤矿原煤产量达到 4.66 亿吨，占全国原煤产量的 53.7%，超过统配煤矿产量。从 1978 年到 1991 年，地方煤矿煤炭产量平均每年增长 2520.4 万吨，地方煤矿煤炭产量占全国煤炭产量比重由 44.7% 提高到 55.7%。[1]这也逐渐造成了煤炭工业集中度低，企业规模小而散的格局。

按照 1982 年制定的实现年产量翻一番战略目标的战略步骤，到 1990 年应完成第一步，原煤年产量应达到 8 亿吨。在各项政策措施的有力推动下，煤炭产量快速增长，1985 年就已达到了 8.7 亿吨，1990 年达到了 10.8 亿吨。此后煤炭产量持续增长，1994 年就超过

---

〔1〕根据中国煤炭工业协会编：《中国煤炭工业统计资料汇编（1949—2009）》，煤炭工业出版社 2011 年版，第 10 页数据计算。

了 12 亿吨。[1]

第三节 石油工业开创新格局

石油工业是新中国工业的标杆，大庆更是新中国工业的一面旗帜。到 1978 年，中国原油产量突破 1 亿吨，成为世界产油大国。改革开放后，石油工业通过实行包干政策和开展对外合作充实了发展资金，在继续加强东部老区勘探的同时加快西部地区油气勘探的步伐，在国际油价波动中实现持续发展。

一、实行 1 亿吨原油产量包干

20 世纪 70 年代，石油工业生产发展迅速。原油产量 1970 年为 3065 万吨，1978 年就突破了 1 亿吨，1979 年达到 10615 万吨。但 1980 年和 1981 年，原油产量徘徊不前，分别为 10595 万吨、10122 万吨，均未超过 1979 年的水平。（见图 4-3）这主要是由于新增储量跟不上原油产量的增长速度，而一些老油井的产量自然递减加快。1973 年到 1978 年，新增石油地质储量仅为 23.7 亿吨；1978 年到 1980 年，每年新增探明石油地质储量则锐减为 1.8 亿至 2.6 亿吨。截至 1980 年，采储比从 1973 年的 23.2 降至 14.7。渤海湾盆地冀中坳陷雁翎油田的原油年产量由 1979 年的 116 万吨左右骤降至 1980 年的 45 万吨左右；龙虎庄油田的原油年产量从 1979 年的 71 万吨左右锐减至

---

〔1〕数据来自中国煤炭工业协会编:《中国煤炭工业统计资料汇编（1949—2009）》，煤炭工业出版社 2011 年版，第 10 页。

1980 年的 17 万吨左右。[1]与此同时，由于国家财政紧张，石油工业的勘探投资不升反降。

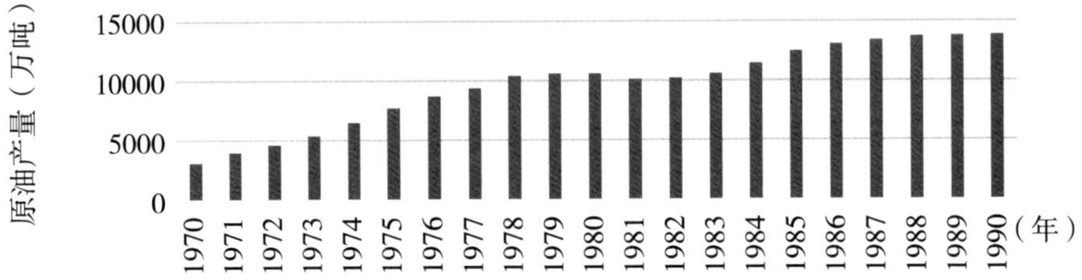

图 4-3　1970—1990 年中国原油产量

数据来源：《中国工业交通能源五十年统计资料汇编（1949—1999）》，中国统计出版社 2000 年版，第 86 页。

针对上述情况，为了解决石油勘探、开发资金不足的困难，国家决定在石油全行业实行 1 亿吨原油产量包干的政策。1981 年 6 月，国务院办公厅发出《国务院办公厅转发国家能源委关于协调组织石油部超产原油、成品油出口安排问题报告的通知》，规定石油工业部承包年产原油 1 亿吨，超出部分允许石油工业部出口，所得差价的 85% 作为石油勘探开发的基金，15% 作为职工的集体福利和个人奖金基金，所得外汇金额留成，用于进口器材与技术。1981 年，世界正处于第二次石油危机，国际油价大幅上涨。在这一条件下，包干政策激发了企业活力，取得了显著的成效。1981 年到 1985 年，通过实行原油产量包干政策筹集到的勘探开发基金共 117.3 亿元，相当于同期国家投资的 93%。投入勘探的资金平均每年递增 19.5%。石油、天然气资源勘探形势得以扭转。“六五”时期新增石油地质储量比“五五”时期增长了 54%。从 1983 年起，出现了储量增长幅度高于产量增长幅度的良好局

[1]《中国油气田开发若干问题的回顾与思考》编写组编著：《中国油气田开发若干问题的回顾与思考》上卷，石油工业出版社 2003 年版，第 189—191 页。

面。[1]原油产量包干政策在执行过程中有过调整，但总体上一直延续到20世纪90年代。

在实行包干政策、扩大企业自主权的同时，逐步改革石油工业管理体制。1982年2月，中国海洋石油总公司成立，由石油工业部归口管理，全面负责海洋石油对外合作业务，享有在对外合作海区进行石油勘探、开发和销售的专营权。1983年7月，石油工业部所属的炼油部分与纺织工业部、化学工业部、地方的部分石化企业组建成立了中国石油化工总公司，直属国务院领导，负责管理经营全国重要的炼油、石油化工和化纤企业。1988年9月，中央决定撤销石油工业部、煤炭工业部和电力工业部，成立能源部。在原石油工业部的基础上组建成立了中国石油天然气总公司，统一管理和经营陆上石油天然气资源的勘探、开发和生产建设。在能源部内设石油总工程师办公室，负责协调中国石油天然气总公司和中国海洋石油总公司的勘探开发和生产建设任务。1992年3月，能源部撤销，中国石油天然气总公司、中国海洋石油总公司、中国石油化工总公司直接隶属国务院领导。1993年，中国石油天然气总公司、中国化工进出口总公司合资组建了中国联合石化公司，负责部分原油和成品油的进出口。至此，中国石油工业的行业主管部门退出，行业管理职能转移到三大公司。[2]

“七五”时期，由于国际油价下跌、国内原油价格下调、原材料上涨等因素，整个石油工业出现政策性亏损。石油工业从全国治理、整顿和深化改革的大局出发，坚持以提高经济效益为中心，进一步深化

〔1〕《当代中国的石油工业》编辑委员会编：《当代中国的石油工业》，当代中国出版社、香港祖国出版社2009年版，第45页。

〔2〕史丹：《中国能源工业市场化改革研究报告》，经济管理出版社2006年版，第227—228页。

改革。1987 年 9 月 9 日，石油工业部在大庆油田组织召开了石油企业深化改革座谈会，重点总结交流了以大庆油田为主的推进企业内部改革、搞活企业的经验，研究推行厂长负责制工作中的有关问题，布置企业升级工作。

二、海洋石油率先开展对外合作

1981 年 11 月，正当原油产量陷入低谷之时，五届全国人大四次会议通过的政府工作报告指出：“南海、南黄海部分海域已完成地震普查工作，渤海、北部湾已经有一批探井出油，前景是良好的。我国政府确定，根据互利原则，近期内招标，同外商合作，加紧勘探，尽快投入开发和建设。不久以前，曾经有人断言，中国石油产量要逐渐减少，不要多久将会从石油出口国变为石油进口国。我可以告诉大家，这种情况是肯定不会出现的。”[1] 中国海域蕴藏着丰富的油气资源，是陆上油气储量的战略接替区。中共十一届三中全会以后，为了加快海洋石油的勘探开发，中共中央、国务院作出了进行海洋石油对外合作的决策，加快了渤海、黄海、南海珠江口、北部湾、莺歌海等部分海域石油勘探开发工作的步伐。

1980 年 5 月，国家批准在已发现油气的渤海和南海北部湾部分海域，分别与日本和法国的石油公司签订了 4 个石油勘探开发合同，为之后的“风险招标”[2] 积累了经验。1982 年 1 月，政府发布了《中华

---

〔1〕《三中全会以来重要文献选编》(下)，人民出版社 1982 年版，第 1016 页。

〔2〕考虑到中国缺乏资金，管理经验不足，技术水平不高等情况，参照国际上的普遍做法，这一时期海上石油对外合作采用了风险合同的方式。这种合作方式的做法是：利用外商投资进行勘探，外商承担风险，如勘探失败，资源国无须偿还勘探费用。油、气田发现后，双方投资开发生产。合同还规定，外商向资源国政府交纳税、费，回收投资本息，提取操作费和分成利润。合同条款必须体现资源国的主权，体现平等互利的原则。

人民共和国对外合作开采海洋石油资源条例》，制定颁布了《外汇管理条例》《海洋环境保护法》《海上交通安全法》和有关法律文件，为海上石油对外合作提供了法律保证和法律依据。1982 年 2 月，中国海洋石油总公司刚刚成立就向 12 个国家的 41 家外国公司发出第一轮招标通知书。之后，中国又进行了两轮招标。截至 l992 年底，中国海洋石油总公司共与 13 个国家和地区的 50 家石油公司签订了 72 个石油合同和协议。[1]对外合作不仅加快了海上油气资源的开发，引进了先进的海上油气勘探开发技术，还造就了一支熟悉国际惯例，具有先进的管理理念和经验的职工队伍。1978 年，中国海上石油产量仅为 62.46 万吨，1991 年增长到 242.41 万吨，增长了近 3 倍。[2]

积累了海上石油对外合作的经验，陆上石油也开始对外合作。1985 年，国家批准在江苏、浙江、安徽、福建、湖南、江西、贵州、广西、广东等 10 个省区以及内蒙古二连地区的 183 万平方公里的范围内进行陆上石油对外合作勘探开发，并确定由石油工业部作为对外合作开采陆上石油资源的政府主管部门。同年 5 月，中国石油天然气勘探开发公司与澳大利亚 CSR 等 4 家外国公司通过谈判签订了海南岛福山凹陷风险勘探合同，这是中国第一个陆上石油对外合作合同。[3]1990 年 12 月，中国与新西兰和美国签订湖南洞庭盆地石油合同，合作进行石油勘探和生产。合同确定，由外方独担勘探投资风险并承担作业，发现商业性油田后，中外双方共同开发。

---

〔1〕中国海洋年鉴编辑委员会中国海洋年鉴编辑部编:《中国海洋年鉴（1991—1993）》，海洋出版社 1994 年版，第 77 页。

〔2〕国家海洋局编:《中国海洋统计年鉴（1993）》，中国统计出版社 1995 年版，第 189—190 页。

〔3〕《当代中国石油工业》编委会编写:《当代中国石油工业（1986—2005）》上卷，当代中国出版社 2008 年版，第 13 页。

三、加快西部地区油气勘探

“七五”期间，中国油气勘探布局发生了重大变化。1985 年，石油工业部提出，在继续加强东部老区勘探的同时，适当集中力量，加快西部地区及海域的石油勘探步伐。1986 年到 1991 年间，西部石油勘探逐步加强，准噶尔盆地、鄂尔多斯盆地、酒泉盆地和柴达木盆地继续勘探，在新疆塔里木盆地和吐鲁番—哈密盆地开展了大会战，6 年新增石油探明地质储量 7.21 亿吨。在塔里木盆地，发现了轮南高产油气田，上交石油探明地质储量 3830 万吨。在吐鲁番—哈密盆地，发现并探明了鄯善油田，上交石油探明地质储量 3504 万吨。准噶尔盆地 6 年新增石油探明储量 3.4 亿吨，1991 年原油产量达到 702.2 万吨，成为西部增储上产的主力。[1]在加强西部勘探工作的同时，以东部为重点的老油区勘探工作得到进一步深化。1987 年 5 月，广西百色地区百 4 井经酸化压裂后获高产油流，日产原油 350 吨；1988 年 7 月，吉林伊通断陷盆地发现石油高产区；1988 年 12 月，江汉油田探明石油储量 2000 万吨；同月，胜利油田发现一个储量上亿吨的大油田，油田会战指挥部将它命名为埕岛油田。

贯彻“油气并举”方针，中国天然气勘探步伐加快。1987 年 3 月，国务院决定在全国实行天然气商品量常数包干，超产部分按高价销售，高、平差价收入作为天然气勘探开发专项基金，以补充天然气工业建设资金不足，走“以气养气”的路子。天然气的勘探开发也取得了新的进展。鄂尔多斯盆地经勘探发现存在大面积分布的多层系、复合连片的大气区，气层深度一般都在 200 米到 3700 米的区间内，具有相当高的开

〔1〕《当代中国石油工业》编委会编写：《当代中国石油工业（1986—2005）》上卷，当代中国出版社 2008 年版，第 16—18 页。

采价值。鄂尔多斯盆地找气工作虽然起步较晚，但取得了重要进展：先是在绥德和佳县间找到一片浅气层，层位为二叠系、石炭系和奥陶系，初步控制含气范围 146 平方公里，储量 85 亿立方米。后是在中部古隆起的东北端科学探索井陕参 1 井取得重大突破，尤其是 1990 年，位于陕北靖边县的陕 5 井喜喷高产气流，在井底压差 6 兆帕条件下，日产气 53.4 万立方米，无阻流量为 110 万立方米。陕 6 井在井底压差 1.2 兆帕条件下，日产气 38 万立方米，无阻流量达 126 万立方米。至 1990 年底已控制含气范围 600 平方公里，储量约 500 亿立方米。进一步证实了鄂尔多斯盆地具有前景可观的大气田。四川盆地在稳步勘探开发川中、川东南、川西北油气田的同时，1977 年发现了川东相国寺相 18 井中石灰统黄龙组（C2）气藏；之后相继发现了上二叠统生物礁气藏和下三叠统鲕滩气藏，使川东地区成为勘探重点地区。“七五”期间，川东地区，由于突破了高陡构造的找气关，先后在大池干井、云安厂、大天池、七里峡和铁山等构造带上发现日产百万立方米以上气井 10 口，探明储量 382 亿立方米，控制储量 841 亿立方米。塔里木盆地天然气勘探不断取得突破，成为最具潜力的盆地之一。此外，准噶尔、柴达木、渤海湾、松辽等其他盆地的天然气勘探开发也显示出良好的势头。[1] 1988 年，柴达木盆地东部探明了一个第四系高产气田——台南气田，含气面积 23.4 平方公里，储量达 199 亿立方米。

第四节 电力工业逐步突破资金瓶颈

中国长期缺电，电力工业是国民经济的薄弱环节，中共十一届三

〔1〕钱凯等：《中国天然气资源》，石油工业出版社 1999 年版，第 10—12 页。

中全会之后，生产和建设都呈现出新形势，电力供应不足的矛盾更为突出。据估计，当时全国缺电近 30%，缺少发电设备约 1200 万千瓦时，缺少电量约 400 亿千瓦时。由于在“文化大革命”期间，电力工业的生产秩序受到极大破坏，电力工业开展了以整顿生产秩序为重点，各项技术经济指标以达到历史最好水平为目标的企业整顿工作。1980 年，基本恢复了电网的频率、电压和水电站的合理运行水位，恢复发电设备出力 400 万千瓦。[1]但是，仅靠企业整顿无法解决电力供应严重短缺的问题。据调查，80 年代由于缺电，全国有 20% 的工业生产能力不能正常发挥作用。居民生活用电也无法得到保证，拉闸限电成为常态，应急灯、煤油灯、蜡烛成为那一时期大多数家庭的标配。加快电力工业建设势在必行。

一、多措并举解决资金问题

国家在“六五”计划和“七五”计划中都对加快电力工业建设作出部署。1981 年 11 月，五届全国人大四次会议通过的政府工作报告指出，电的生产和建设，要因地制宜地发展火电和水电，逐步把重点放在水电上，有水力资源的农村要发展小水电，以解决能源短缺的问题，减少环境污染，降低发电成本。[2]1982 年，五届全国人大五次会议通过的关于第六个五年计划的报告指出，电力工业建设重点是继续开发黄河上游、长江中上游和红水河流域的水力资源，建设一批大型水电站，同时在煤炭资源丰富的山西、内蒙古东部、两淮、豫西、渭北、贵州等地以及用电量大的辽宁、上海、江苏、浙江、广东、四川等地

---

〔1〕《当代中国的电力工业》编辑委员会编：《当代中国的电力工业》，当代中国出版社、香港祖国出版社 2009 年版，第 139 页。

〔2〕《三中全会以来重要文献选编》(下)，人民出版社 1982 年版，第 1016 页。

区，建设一批坑口电站和火电厂。[1]1985年9月，中共十二届四中全会通过的《中共中央关于制定国民经济和社会发展第七个五年计划的建议》指出，能源工业的发展要以电力为中心，要积极发展火电，大力开发水电，有重点有步骤地建设核电站。[2]

20世纪80年代初期，加快电力工业发展面临的最大难题就是缺乏资金。从20世纪50年代初期到1979年，电力工业的基本建设投资一直是由国家财政拨款，实行无偿使用的。为调动地方、企业、外资等各个方面的积极性，国家对电力工业的基本建设投资制度进行了改革。

首先，对电力工业实行“拨改贷”。1980年，国家对20个电力建设项目试行投资贷款，并制定了《电力工业基本建设贷款试行办法》，对贷款的范围、期限、还款的资金来源、偿还本息的计算方法及奖惩办法等，作了若干具体规定。1984年2月，为了有偿使用国家财政资金，国家决定从1985年起凡是由国家预算安排的基本建设投资全部由财政拨款改为银行贷款。对借款合同规定期内提前建成投产，或者投产后因提高经济效益或用自有资金提前还清本息的，借款合同规定期内的利息节余，全部留给借款单位，从还款资金中提出，用于发展生产和职工奖励。

其次，实行集资办电。1981年开始在山东、上海、浙江开展集资办电试点。各地采取了多渠道、多层次、各种形式的集资办电措施：采取中央和地方联合投资的有上海闵行、浙江台州、河北邢台、江苏谏壁等火电厂和广西岩滩、云南漫湾、湖南五强溪等水电站；地方政府发行股票筹集资金办电的有山东龙口电厂；各行各业自办自备电厂，

[1]《十二大以来重要文献选编》(上)，人民出版社1986年版，第169页。
[2]《十二大以来重要文献选编》(中)，人民出版社1986年版，第805页。

其中最大的是冶金部的宝钢电厂；还有各地自办的小水电站和小火电厂。1984 年 5 月，水利电力部颁发了《关于筹集电力建设资金的暂行规定》，对筹集资金的来源、投资者的权益和责任及利润的计算方法等作了规定，首次提出投资者可按投资比例分享用电指标，集资项目投产后收益的分配可以按还本付息的方式，也可以按投资比例分享利润的方式。1985 年 5 月，国务院又批转了《关于鼓励集资办电和实行多种电价的暂行规定》，对集资办电增加了出售用电权的办法，规定各电网可以从国家新建电厂当年增加的发电容量中，提留 10% 作为集资办电的售电资源。集资单位可在交款的第二年或发电机组投产的当年开始用电，电价按国家规定的价格计算，用电权 20 年不变。

最后，设立电力建设基金。1985 年，国务院批准华东三省一市（江苏、浙江、安徽省和上海市）可以采取工业用电提价的办法征收电力建设资金，提价幅度每千瓦时不得超过 2 分钱。1987 年，国家计委和水利电力部共同建议并经国务院批准，将这一政策推广到全国，并将征用权交给各省（区）市政府作为地方办电基金。各省（区）市在"2 分钱"基础上，又出台了利用超收的能源交通基金或者对特定水、火电工程，再征收 2 分钱或 4 分钱作为地方办电基金等。

电力工业投资制度的改革，推动了电价改革。要吸引各方面资金向电力工业投资，必须使投资者有利可图。但由于电价长期没有合理调整，1985 年电力工业资金利润率下降到历史最低水平，仅为 9.1%，比全国工业平均资金利润率约低 5 个百分点，完全没有偿还建设贷款本息的能力，成为鼓励集资办电的重大障碍。而且 1980 年实行"拨改贷"后，偿还贷款本息成为电力工业发展中的沉重负担。与此同时，燃料、运输、水的价格提高，1985 年全国平均售电单位成本比 1980 年高出三分之一，电力工业面临着全行业亏损的危机。因此，只有突破统一电价的束缚，实行多种电价政策，才能解决这些问题。1985 年 5 月，国务院批转的《关于鼓励集资办电和实行多种电价的暂行规定》中对多种电价的具体实施办法作出了规定。1987 年，国家又颁发了《关于多种电价实施办法的通知》。这一改革有效缓解了电力工业的困境，但也形成了"一厂一价""一机一价"的局面，电价不断攀升。

此外，电力工业通过积极利用外资，帮助解决电力建设资金不足的问题，同时引进先进技术和管理方法。世界银行贷款成为电力工业利用外资的主要来源之一。利用世界银行贷款兴建的项目有鲁布格水电站、徐州—上海 500 千伏超高压输变电工程、浙江北仑港燃煤电厂、广西红水河岩滩水电站、福建水口水电站、上海吴泾发电厂等。此外，电力工业还利用了来自日本海外经济协力基金、科威特阿拉伯经济发展基金的贷款，以及意大利、加拿大、挪威、法国、澳大利亚、日本、芬兰、瑞典等国的贷款和赠款。为了进一步利用外资发展电力工业，1985 年政府专门组建了华能国际电力开发公司，利用各国的出口信贷和其他优惠贷款，为沿海城市大型火电站的建设筹集资金。

二、多头并进加快电源电网建设

20 世纪 80 年代建设了第一批（100 个）农村电气化试点县，推动了全国小水电的发展。1983 年 10 月，水电部召开了 6 省 10 县农村电气化试点县座谈会，将中国式农村电气化初步概括为：电源上要因地制宜，建设小水电为主，减轻城乡争电矛盾；建设上要自力更生，地方自筹资金为主；用电水平上要实事求是，与小康生活水平相适应；在管理上实行地方管理体制，以调动地方办电的积极性。会议确定了建设中国式农村电气化试点县的方针、政策及措施，形成了《关于积极发展小水电建设中国式农村电气化试点县的报告》。1983 年底，国务院批转了这个报告，同时批转了全国 100 个农村电气化试点县名单。各试点县在 1984 年进行了农村电气化规划，1985 年全面进入实施阶段。[1]经过 5 年多的努力，到 1990 年 6 月，有 109 个县达到了初级农村电气化的标准，超额完成了任务。这 109 个县分布在全国 20 个省、自治区的老、少、山、边、穷地区，其经济状况和社会面貌发生了历史性的变化：96% 的农户用上了电，人均用电超过 200 千瓦时；实现了工农业总产值、财政收入、人均收入 3 个翻番，取得了显著的效果。1991 年 3 月，国务院决定在“八五”期间再建设第二批（200 个）农村水电初级电气化县。农村电气化试点县的建设推动了全国小水电的发展。1983 年到 1989 年，全国小水电装机以每年 60 万—70 万千瓦的速度增长，截止到 1991 年底，全国小水电装机达 1385 万千瓦。[2]

在大力发展水火电建设，加快发展核电建设的同时，国家也加快了新能源的研究开发和利用。地热电站、潮汐电站、风力发电场、沼气电站、太阳能发电的建设均取得了一定的进展。

电力工业的发展规律要求电源建设要与电网建设按比例协调发展。“六五”期间，电网建设步入超高压大电网的新阶段。随着平顶山—武汉、葛洲坝—武汉、朝阳—锦州—辽阳、大同—房山等 4 条 500 千伏超高压输电线路建成和为数众多的 330 千伏和 220 千伏线路的建成，华中、东北、华北三大电网开始形成 500 千伏线路为骨架的跨省区大电网。“六五”期间，迅速发展了八项联网工程，把黑龙江东部和西部小网纳入了东北统一电网；把山西和河北南部电网与京津唐电网联网，

[1] 中国水力发电年鉴编辑部编辑:《中国水力发电年鉴（1984—1988）》，学术书刊出版社 1990 年版，第 236 页。

[2] 中国水力发电年鉴编辑部编辑:《中国水力发电年鉴（1984—1988）》，学术书刊出版社 1990 年版，第 137—139 页。

形成了华北统一电网；通过鄂湘、鄂赣联网与鄂豫形成华中电网；还有西北电网与河南、四川、宁夏联网；四川与贵州联网以及两广联网，大大扩大了电网规模。电网建设的发展推动了电网管理体制的改革。“七五”期间，贯彻 1987 年 7 月召开的全国电力体制改革座谈会上提出的“政企分开，省为实体，集资办电，联合电网，统一调度”的电力体制改革方针，网局、省局成为独立核算企业，实行以省网为独立实体加上大区电网统一调度的新机制。1989 年到 1991 年，五大区域电力公司除东北成立电力总公司外，华东、华北、华中、西北四大区域电力公司都决定成立区域电力联合公司，奠定了区域电力公司和各省（区）市电力公司都为实体，在区域联合电网内水火互济，互通有无，削峰填谷，互为备用，稳定频率，安全供电的管理模式。

第五章

原材料工业稳步发展

原材料工业是重要的基础工业，其发展状况对整个国民经济具有重要影响。改革开放后，随着国民经济的发展，对原材料的需求不断增长，部分原材料产品短缺的状况越来越严重。对此，原材料工业适应国情国力稳步扩大建设规模，通过改革管理体制增强活力，在对外开放中提高技术水平，着力增加产品品种和规格、改善产品质量，逐步走上持续健康发展的轨道。

第一节 钢铁工业追赶世界先进水平

钢铁工业是支撑国家经济社会发展和国防建设的重要脊梁，是能够反映国家综合实力的重要标志性产业。1978 年到 1991 年，钢铁工业经历调整，率先实行承包制改革，积极利用外资和引进国外先进技术设备，举全国之力建设宝钢，在实现钢产量稳步上升的同时，技术水平大幅提升，缩小了与发达国家的差距。自 1979 年起，中国钢产量以平均每年增加 300 万吨的速度持续增长，在 1983 年、1986 年、1989 年、1991 年连续迈上 4000 万吨、5000 万吨、6000 万吨、7000 万吨台阶。

一、工业不再“以钢为纲”

在改革开放前很长一段时期内，“以钢为纲”是工业发展的指导方针，钢铁工业一度占有特殊重要的地位。这一方面使钢铁工业的发展得到国家的大力支持，另一方面也使钢铁工业在政治运动中受影响较大。从1966年到1975年，国家共投资钢铁工业226亿元，占全部基本建设投资的比例很大，其中“三五”计划时期达到8.5%，“四五”计划时期达到8.13%，十年新增钢的综合生产能力达1317.6万吨。然而，在这十年间，钢铁工业成为“重灾区”，导致企业管理混乱、设备严重损坏，生产能力不能充分发挥，整个行业的劳动生产率和产品质量也大幅度下降，成本大幅度上升，经济效益大幅降低。到1976年，钢产量仅为2045.9万吨，只比1966年的1532.4万吨增加500多万吨。这说明当时钢铁工业的生产能力大量闲置，客观上存在着巨大的发展潜力。因而，粉碎“四人帮”短短两年之后，1978年钢产量就突破了3000万吨，达到3178万吨，比上年增产钢804万吨。这在中国钢铁工业发展史上是前所未有的。[1]在这种形势的鼓舞之下，1976年到1985年的十年规划纲要中提出到1985年钢产量达到6000万吨的高指标。

然而，1977年和1978年钢铁工业的快速发展带有恢复的性质，并不能反映正常的增长速度，从1966年到1978年，钢产量平均每年仅增加137万吨。由此看来，1985年达到6000万吨钢的指标定得过高了。陈云对此有着清醒的认识。1979年3月21日，他在中共中央政治局会议上指出：“一九八五年搞六千万吨钢根本做不到。我说

〔1〕《当代中国的钢铁工业》编辑委员会编：《当代中国的钢铁工业》，当代中国出版社、香港祖国出版社2009年版，第90—91、97页。

二〇〇〇年搞到八千万吨钢，是冒叫一声，但也有点根据。因为平均每年增加二百万吨，或者多一点，就不算少。”[1]。在这次会议上，邓小平也指出：“过去提以粮为纲、以钢为纲，现在到该总结的时候了。一个国家的工业水平，不光决定于钢。钢的水平，也不光是由数量决定的，还要看质量、品种、规格。”[2]之后，4 月召开的中央工作会议正式提出“调整、改革、整顿、提高”的八字方针，随着工业发展战略的转变，“以钢为纲”这一工业指导方针被放弃了。会议提出：钢铁生产不仅不能挤轻工业，而且要为轻工业让点路。1985 年钢产量指标，原定的 6000 万吨高了，初步考虑可以按 4000 万吨左右安排。冶金工业要搞好内部的比例关系，把重点放在提高质量和增加品种规格上，努力把那些短缺的钢材、铁合金和有色金属搞上去，大力提高冶炼和轧制技术的水平，多炼优质钢和合金钢，积极提高钢材的质量和自给率以适应国民经济各方面的需要。

对钢铁工业的部分领导干部来说，工业指导方针的转变是非常急剧的，思想一下子转不过弯来。经过一段时间的统一认识，1979 年 7 月 11 日，冶金工业部在全国冶金战线电话会议上就贯彻执行新“八字方针”作出部署。会议提出：冶金工业要从全局出发，以大局为重，坚决按国家计划，压缩投资，缩短基本建设战线，腾出资金和煤、电、油以及运输能力，用于发展农业、轻纺工业和加强工业内部的薄弱环节。冶金工业则要大力降低能耗和一切消耗，用节约下来的原料、燃料增加生产，要把国家分配给冶金工业的投资和企业内部的资金用好，

〔1〕中共中央文献研究室编：《陈云传》（四），中央文献出版社 2015 年版，第 1572 页。
〔2〕《邓小平年谱（1975—1997）》（上），中央文献出版社 2004 年版，第 497 页。

用于提高质量、增加品种和加强矿山工作等薄弱环节。[1]

1979 年到 1981 年，钢铁工业进行了大幅度的调整。

一是缩短基本建设战线。从开始调整到 1980 年底，钢铁工业停、缓建和销号的单项工程达 180 个，总投资合计 66 亿元，其中缓建项目投资额为 59 亿元、停建项目为 5 亿多元，销号项目为 5000 万元。1978 年钢铁工业基本建设投资为 38.95 亿元，1979 年压缩到 30.13 亿元，1980 年为 30.08 亿元。1981 年，国家作出进一步调整的决策，钢铁工业基本建设投资进一步降到 25.24 亿元，在建的大中型项目由 1980 年的 51 项减少到 27 项。三年间，关停了一批产品质量差、成本高、效益低的小钢铁厂 239 个，占小钢铁厂总数的 51%；中小钢铁企业共关停高炉 311 座，总容积 6238 立方米。

二是转变服务方向。为贯彻调整方针，促使轻重工业比例趋于协调，钢铁工业在缩短基建战线的同时，积极调整服务方向，增产服务农业、轻工业的产品。比如，上海冶金行业对当地轻工市场对各类钢材的需求进行了系统调查，包括自行车、缝纫机、手表、家用电器、发卡、儿童玩具等数十个门类。根据市场需求，上海冶金系统很快调整了产品结构，增产线材、带钢、薄板、焊管和小型材等短线品种 48 万吨。上海的战斗型钢厂、异型钢管厂、硅钢片厂还为用户“开小灶”“开快车”“开保单”，以更好适应用户需求，服务轻工业生产。再如，过去主要为军工和重工业服务的特殊钢厂，积极增加民用产品。大连钢厂在调整以前，为轻纺工业服务的产品仅占全厂产量的 8.5%，到 1981 年增加到 33%。齐齐哈尔钢厂为扩大民用产品产量，组建十条生产线，1982 年自销钢材中有三分之二是为民用服务的。

---

〔1〕《当代中国的钢铁工业》编辑委员会编：《当代中国的钢铁工业》，当代中国出版社、香港祖国出版社 2009 年版，第 99—100 页。

三是降低能耗，提高经济效益。比如，鞍钢在调整期间，建立了全面能源管理体系，实行企业热平衡，按工序考核能耗指标，开展以节能为中心的技术改造，关停了一批高能耗设备。到1980年，鞍钢的钢产量比1979年增加8万吨，而总能耗减少了21.8万吨标准煤，吨钢可比能耗降到1.04吨标准煤，在大型钢铁联合企业中名列前茅。再如，杭州钢铁厂像管口粮一样管能源，对27种原燃料制定出437个能耗定额；煤炭进厂坚持扫车、扫船、扫现场，仅扫车底一项一年就可回收煤炭近1000吨。1980年钢产量比上年增加15%，利润增加41%，而能耗总量下降1.5%，吨钢可比能耗降到1.101吨标准煤。

经过调整，到1982年，全国钢产量经历1981年的下降之后，又回升到3716万吨，同1980年基本持平，但质量、品种和效益明显提升。一是轻工市场紧缺的“板管带”两年增加了223万吨，达到1040万吨；二是优质产品明显增加，相比1980年，1982年被评为国家和部的优质产品由101个增加到289个，产量由165万吨增加到430万吨；三是能源消耗降低，1982年比1980年能耗减少了415万吨标准煤；四是利润增加，从1980年的55.5亿元增加到1982年的56.8亿元。[1]

二、在改革开放中提高效益

新中国成立后，钢铁工业是实行计划管理最早、最全面的工业行业之一，而改革开放后，钢铁工业在推行改革、对外开放中也走在前列。

1978年到1991年这段时期，钢铁工业实行的改革主要是推行承

〔1〕《当代中国的钢铁工业》编辑委员会编：《当代中国的钢铁工业》，当代中国出版社、香港祖国出版社2009年版，第102—103页。

包经营责任制。

改革开放前，中国实施优先发展重工业战略，一个重要的特点就是更加重视建立新厂，对老厂的技术改造投入较少。因而，在传统的经济体制下，企业的收入基本上全部上缴国家，并大部分集中用于重点建设，而企业的建设或改造资金则要再由国家拨给，数量十分有限，企业自身也没有多少经营自主权。比如，上海冶金局从 1949 年到 1979 年共实现利税 151.5 亿元，同期固定资产投资 20.8 亿元，利税总额是投资总额的 7.26 倍。而上海冶金企业的技术装备是相当落后的，大约占年产量 30% 的生产任务是由 12 座侧吹转炉完成的。这 12 座转炉自 1958 年建成投产以来就没有进行过技术改造，30 年累计亏损达 5.6 亿元，12 条“黄龙”严重污染环境。如果将这 12 座侧吹转炉改造成氧气顶吹转炉，共需要 5000 多万元的资金，但由于上海冶金局和企业缺少资金，这项改造一直没有进行。1978 年，上海冶金局实现利税 11.2 亿元，留给其自用的资金只有 2900 万元，其中还有相当部分用于建职工宿舍、发奖金，能够用于技术改造的资金仅 1000 多万元，无力进行重大改造项目。这种状况在当时的钢铁企业中是普遍存在的，因而钢铁工业为筹集资金，较早推行了承包经营责任制改革，取得了良好效果。

第一阶段，部分地区和企业开始实行多种形式的承包方案。1979 年，上海冶金行业开始试行全行业利润基数包干、超额分成的承包方案，即以 1978 年上海冶金局上缴利润为基数，超额部分与国家四六分成，国家得六、企业得四,一定五年不变。与此同时，为解决攀枝花钢铁公司资源综合利用问题，确定攀钢以 1978 年上缴利润 5000 万元为基数，超额部分全部留给企业，国家不再给攀钢基建投资。到 1981 年，全国共有 17 个省、自治区、直辖市的冶金厅（局、公司）实行了地区行业性总承包，80% 以上的企业实行了利润包干、亏损包干等多种形式的承包。在改革的推动下，企业努力改善经营、增产增收，很快见到了效果。比如，上海冶金局实行承包后，五年留利 8.16 亿元，按规划进行了系统技术改造，其中 100 万元以上的重点项目多达 107 个。其中，上钢五厂、上钢一厂的侧吹转炉全部改造成氧气顶吹转炉。

第二阶段，首钢实行承包经济责任制，并在冶金系统推广。1981 年 7 月，首钢实行全年上缴利润 2.7 亿元定额包干。首钢采取这一方案是冒了一定风险的。规定的承包基数不仅超出了 1981 年的预期利润额，而且又是在时过半年以后才开始承包，回旋余地较小。为完成承包，首钢在公司内部推行了经济责任制，把承包指标层层分解落实到班组，甚至个人；制定了以“包、保、核”为核心内容的指标承包体系，即不仅要考核纵向各项承包指标，而且把企业内部各单位、部门、个人之间横向协作关系也具体化为各种指标和任务，按规定进行认真考核，把考核的成绩和奖金挂钩；实行“三个百分之百”，即：规章制度必须百分之百执行，违章违制百分之百登记上报，违章违制者不论是否造成损失都要百分之百取消当月奖金。这些措施很好地调动了职工的积极性，使首钢 1981 年实现利润 3.16 亿元，不仅完成了上缴任务，而且企业留利达 4000 多万元。首钢改革的成功受到广泛关注，首钢经验于 1982 年、1983 年先后在冶金系统、北京市工交系统和全国工交系统推广，推动了企业承包制的发展。

1978 年国务院决定全面推行承包制后，又有一大批钢铁企业实行了承包。到 1988 年底，全国县以上全民所有制钢铁企业承包面已达 87%，其中 110 个大中型企业实行承包的有 103 个，鞍钢、武钢、宝钢于 1987 年底到 1988 年先后获批实行承包。至此，大型钢铁企业全部实行了承包。“七五”计划时期，钢铁企业的承包方案基本上是根据

“包死基数，确保上交，超收多留，欠收自补”的原则，结合各地和企业的具体情况制定的。其主导形式是“三包一挂”，即包上缴利润增长、包技术改造任务和企业发展规模、包上交指令性产品、实行工资总额与经济效益挂钩。承包期一般为 4 到 5 年，有少数大企业如鞍钢是 9 年、首钢是 15 年。在内部承包制上，各企业也有所发展。比如，鞍钢从 1988 年起推行“一体两翼”的承包制，即以原来的总承包为主体，在这一基础上又实行了科技效益承包和现代化管理效益承包，当年实现利税 23.7 亿元，比上年增长 12.2%。

第三阶段，实行全行业投入产出包干，改革计划体制。为了进一步增强钢铁工业的发展活力，经国务院批准，从 1985 年到 1990 年，国家对钢铁工业实行投入产出包干方案。该方案规定，冶金工业部对国家实行“五包”：一包上缴统配产品任务；二包提高产品质量，扩大品种，努力增产优质、经济钢材；三包降低能耗；四包技术改造和基本建设项目的总投资、总进度和总效益；五包提高经济效益。与此同时，国家通过计划渠道对钢铁工业实行“三保”：一保完成国家任务所需要的原材料、燃料、电力等条件；二保技术改造和基本建设所需的 400 亿元资金；三保计划内建设项目和生产维修所需的统配材料、设备和外部配套、协作条件。实行投入产出包干，是计划经济体制的一项较重大的改革，使企业能够统筹规划未来 5 年的发展。特别是包死上缴统配钢材任务后，超产部分可由企业自行支配，大大调动了企业增产增收的积极性。虽然后来由于情况变化，“保”的条件未能全部落实，但这一改革对增强企业活力、积累资金、加速企业改造和发展，还是起了一定的促进作用。

总体来看，在中国工业发展战略转变和体制转轨的背景下，实行承包经营责任制促进了钢铁工业的发展和经济效益的提高。“六五”计划时期，相当一部分原来实行承包的冶金企业改为二步利改税，但在冶金系统110个大中型企业中，仍有37个企业实行承包制。这37个企业五年内实现利税总额由10.42亿元增长到31.28亿元，平均每年递增24.6%；上缴利税总额由8.53亿元增长到18.76亿元，平均每年递增17.1%。"七五"计划时期，钢铁企业上缴利税比"六五"计划时期增加66%，统配钢材每年递增100万吨。实行承包制使企业扩大了经营自主权，具备了一定的自我积累、自我改造能力。"七五"计划时期钢铁工业固定资产投资总额为658亿元，企业自筹资金占50%左右。[1]

在推行承包经营责任制改革的同时，钢铁工业积极实行对外开放，不仅引进了国外先进技术，还适当利用了国外的资金和矿产资源。

1987年，中国同澳大利亚哈默斯利公司签订了合资经营西澳地区恰那铁矿的协议，一期工程于1990年出矿，1994年产矿达600万吨，使中国有了进口铁矿的稳定来源。

1979年12月，国务院批准成立中国冶金进出口公司。1980年1月，中国冶金进出口公司正式成立。创建之初，公司主要经营冶金超产、长线、积压产品的出口业务，兼营与国外合资、补偿贸易、单项设备及工矿备件的进口业务。从1985年起，又经国务院批准，冶金系统自用的6种钢铁原材料（铁矿石、锰矿石、铬矿石、生铁、废钢、钢坯）的进口业务也划归该公司经营。在经营进出口贸易的同时，公司根据工贸结合、技贸结合的方针，通过进口原材料带进技术，为钢铁工业技术进步服务。1985年公司从国外进口价值约5亿美元的铁矿石、铬矿石、生铁、废钢、钢坯的同时，各出口国以培训中国钢铁技

[1]《当代中国的钢铁工业》编辑委员会编：《当代中国的钢铁工业》，当代中国出版社、香港祖国出版社2009年版，第103—107页。

术人员、优先援助钢铁工业等方式为中国提供技贸结合的方便。该公司除北京总公司外，还在广东、上海、天津、大连、江西、湖南、辽宁、贵州等地设置了 38 个分公司，并在鞍钢、宝钢、武钢、首钢、攀钢等设有分公司，成为一个覆盖全国的较为完整的冶金行业外贸体系。在美、澳、西德、印等国和香港地区也设有分支机构。中国冶金进出口公司从 1980 年开始营业，到 1988 年净创外汇约 11 亿美元。

1986 年，国务院作出利用外资发展钢铁工业的决定，并成立了以李鹏为组长的领导小组。1986 年 12 月，国务院批准成立中国国际钢铁投资公司，负责筹措外资，并进行引进国外先进技术的谈判、签约。它是一个由国家计划委员会和冶金工业部领导的国营有限责任公司，具有法人地位。经过多年经营，中国国际钢铁投资公司与一百多家外国银行进行了广泛接触，并与其中数十家大银行建立了良好业务合作关系。截至 1990 年，为成都无缝钢管厂、重庆特钢、莱芜钢厂、梅山冶金公司、武钢、本钢筹集商业贷款 5.41 亿美元。

1993 年，经国家有关部门批准，中国冶金进出口总公司、中国国际钢铁投资公司与中国钢铁炉料总公司、中国冶金钢材加工公司合并组成中国钢铁工贸集团公司。

三、技术水平迈上新台阶

1979 年，随着国民经济调整的逐步展开，对现有企业进行技术改造成为一项重要措施。钢铁工业将其作为一项重要战略任务，作出积极部署，从“六五”计划开始持续对现有企业实行技术改造。

直到改革开放前夕，主要的钢铁企业的现状是：工艺落后、装备陈旧，导致产品质量差、品种不全、消耗高、环境污染严重。投入资金不足一直是企业技术改造缓慢的主要原因。通过实行承包经营责任制改革，各大中型钢铁企业有了一定的自有资金，其中绝大部分用于技术改造。同时，钢铁工业系统提出“统筹安排，突出重点，分期分批，先抓好一批投资少、见效快的项目，积累资金，滚动前进”的改造方针。比如，鞍钢把技术改造与维修工作结合起来，提出“小修小改，中修中改，大修大改，逢修必改”。“六五”计划时期，鞍钢集中力量改造了第三炼钢厂，将大平炉改为大转炉，在不停产、不减产的情况下实现节能增产。再如，首钢通过改造，几座大高炉先后换上了无料钟炉顶等新技术，烧结由热矿变为冷矿，轧钢的切分轧制和计算机控制等技术达到先进水平，使高炉利用系数、焦比等技术经济指标在国内名列前茅。又如，邯钢于 1980 年和 1983 年两次将两座侧吹转炉改为顶吹转炉，使钢产量由年产 10 万吨增加到 32 万吨，生产成本显著下降，到 1987 年累计创利 1.5 亿元。获得资金后，邯钢又把 8 吨顶吹转炉改造为 20 吨顶吹转炉，并将模铸率先改造为连铸。

一些企业从实际出发，采取了局部改造与整体改造相结合，整体引进与单体设备、关键设备引进相结合，引进必要的国外先进技术与开发应用技术相结合。比如，本钢的一米七热连轧机是 20 世纪 60 年代后期由国内设计制造的，投产后无法正常生产，产出的钢板质量差，长期不能达产。本钢通过引进部分关键设备进行局部改造，投资少、见效快，不仅钢板质量有了明显提高，而且产量也很快超过设计水平。

1987 年，钢铁等原材料短缺成为工业结构中存在的主要问题之一。冶金工业部经过调查研究，提出钢铁工业仍面临着“三个不适应”，即钢铁工业的发展速度、品种结构、产品质量不适应国民经济和国防军工发展的需要。1987 年 12 月，冶金工业部提出要把品种质量作为钢铁工业发展的战略重点，在提高钢铁工业技术进步起点的基础上，加速技术改造。要求 35 个重点钢铁企业在“七五”计划时期改造、打通

462 条按国际标准生产的工艺先进、设备配套完善的作业线，包括新上一批连铸机、炉外精炼设施、高速线材轧机，以及改造一批轧机、新增一批包括微电子技术在内的检测、控制设备。这项工作于 1990 年底完成。“七五”计划时期，全国共采用国际标准和国外先进标准 1080 个，占标准总数的 66%；重点企业形成了 470 条提高质量的生产线，地方钢铁企业也形成了 170 多条按“双标”生产的作业线；重点和地方骨干钢铁企业钢材的“双标”率由 1986 年的 7.5% 上升到 1990 年的 45%。品种结构也有所改善。鞍钢进行了新建第三烧结厂，改造 11 号高炉、三炼钢转炉、板坯连铸机、半连轧机和冷轧板机的“三字号”工程等，取得了老厂改造的好经验。武钢以发挥一米七轧机系统生产能力和新三号高炉（3200 立方米）建设为中心，推动全公司技术改造。首钢进行了二号高炉改造及二炼钢（2×210 吨转炉）改造。马钢新建的 2500 立方米大高炉，攀钢、重钢、唐钢等建设的 5 座 1200 立方米现代化高炉，以及各钢厂新建的 10 多套高速线材轧机，14 套无缝钢管轧机和 84 台连铸机，不仅调整了产品结构，也使企业装备面貌有了变化。[1]

在推进老厂技术改造的同时，钢铁工业抓住对外开放的时机，新建了国际一流的现代化钢铁生产基地。这一时期，国家重点建设了上海宝山钢铁总厂（简称“宝钢”）。

宝钢的建设从 1977 年就开始酝酿了。1977 年初，冶金工业部和上海市为了解决上海炼钢厂的生铁供应问题，提出在上海建设炼铁厂的建议。1977 年 9 月到 10 月，冶金工业部派出考察团赴日本考察钢铁工业，先后考察了 12 个钢铁企业。考察团回国后，1977 年 11 月 19

[1]《当代中国的钢铁工业》编辑委员会编：《当代中国的钢铁工业》，当代中国出版社、香港祖国出版社 2009 年版，第 117—118 页。

日，冶金工业部向中共中央政治局及全国人大常委会、国务院、国家计委的领导汇报，提出拟在上海建设一座年产500万吨生铁的炼铁厂项目计划，得到支持和原则同意。1977年11月22日，国家计委、冶金部、外贸部联合向国务院报告，提出引进2座4000立方米大型高炉以及相应的焦炉、烧结和码头设施。之后，冶金部明确在上海建设铁厂，主要从日本新日本制铁株式会社（简称“新日铁”）引进技术装备。[1]1977年12月13日，中日双方就宝钢项目进行了初步洽谈。考虑到引进的2座4000立方米高炉难以同上海地区的小转炉配套，并从充分发挥经济效益的角度出发，中方确定增加大转炉、热轧板、无缝管轧机等项目。[2]1978年3月，国务院批准了《关于上海新建钢铁厂的厂址选择、建设规模和有关问题的请示报告》，决定在宝山县建设规模为年产600万吨钢的钢铁联合企业，除2座4063立方米的高炉外，还要建设3座300吨转炉，1台1450毫米的初轧机，以及冷、热连轧机和无缝钢管轧机。1978年12月21日，中方同新日铁签订了《关于订购宝山钢铁总厂成套设备的总协议》。1978年12月23日，宝钢建设工程正式动工。上海虽然没有矿山、煤炭资源，但是有雄厚的工业技术基础和便利的水陆运输条件，以及大规模的钢铁销售市场。在上海建设钢铁生产基地，既可利用国外高品位铁矿石资源，又可以沟通海内外市场，促进沿海、沿江地带的经济发展，是中国冶金工业布局上的一次重大突破。

1979年4月，国民经济调整开始之后，压缩基本建设规模，缩短基本建设战线成为重要任务。宝钢建设作为一个特大项目，需要重新

[1]《宝钢志》编纂委员会编：《宝钢志》，上海社会科学院出版社1995年版，第51页。
[2]《当代中国的钢铁工业》编辑委员会编：《当代中国的钢铁工业》，当代中国出版社、香港祖国出版社2009年版，第397页。

审议和调整。1979 年 5 月底到 6 月初，陈云到上海对宝钢建设问题作调查研究，上海市委及宝钢工程指挥部向陈云作了汇报。1979 年 6 月 16 日，国务院财政经济委员会召开全体会议，专题讨论宝钢建设的问题。会上，陈云、李先念对宝钢建设作出重要指示。〔1〕1980 年 9 月，五届全国人大三次会议的代表就宝钢建设的相关问题向冶金工业部提出了质询。1980 年 12 月，中央财经领导小组全体会议决定，组织专家论证宝钢工程是否续建，现场队伍应保持稳定，做好停缓建的有关工作。1981 年 1 月，国家计委、国家建委在上海举行了宝钢建设论证会议，有 200 多位专家参加。当时宝钢建设已经全面展开，已签订了 28 项合同，金额达 30.88 亿美元。其中，1 号高炉系统共 22 项，合同金额为 21.89 亿美元，到 1981 年 6 月，1 号高炉系统累计交货比重将达 83.4%，已花国内投资和外汇折合人民币 33 亿元。如果全部停建，引进设备还要支付本息 22.6 亿美元，折合人民币 72 亿元，加上已花的 33 亿元，总计 105 亿元。〔2〕权衡利弊，论证会议提出把宝钢工程分成两期建设的意见：一期工程包括当时已经动工的 1 号高炉系统，以及转炉、初轧、无缝管轧机，建设周期适当延长；二期工程包括 2 号高炉系统，冷、热连轧机和连铸机，延缓建设。这一方案被国务院采纳，1981 年 8 月，国家计委、国家建委发布通知，将宝钢一期工程改列为续建工程。1978 年 3 月批准的《关于上海新建钢铁厂的厂址选择、建设规模和有关问题的请示报告》曾提出 1980 年建成 1 号高炉力争 1980 年出铁。〔3〕1982 年 5 月，将出铁目标修改为 1985 年 9 月。在调整宝钢

〔1〕《宝钢志》编纂委员会编:《宝钢志》，上海社会科学院出版社 1995 年版，第 17 页。
〔2〕《当代中国的钢铁工业》编辑委员会编:《当代中国的钢铁工业》，当代中国出版社、香港祖国出版社 2009 年版，第 121 页。
〔3〕《宝钢志》编纂委员会编:《宝钢志》，上海社会科学院出版社 1995 年版，第 468 页。

建设项目的同时，需要与外方重新进行谈判，调整合同。经过上下多次斡旋和艰苦的谈判，中日双方于 1979 年 6 月达成协议，将原签合同规定的以现汇支付改为使用卖方信贷延期付款，即合同总价 80% 于交货后 5 年分 10 期付清，贷款年利率为 7.25%。[1]

宝钢建设项目的领导体制也作出了调整。1978 年 3 月批准的《关于上海新建钢铁厂的厂址选择、建设规模和有关问题的请示报告》提出建设以上海市为主，冶金部全力以赴。[2]1979 年 6 月，陈云在国务院财政经济委员会全体会议中提出，由上海负责抓总有困难，因为涉及许多部和省。[3]国务院便将宝钢建设工程的领导体制改为以冶金工业部为主，上海市参加。[4] 1982 年 4 月，国务院常务会议决定，由韩光作为国务院代表负责宝钢建设工程，并协调处理涉及有关部门和有关地区的工作。1986 年 1 月，国务院决定由李东冶接替韩光作为国务院代表，协调处理宝钢建设涉及有关部门和地区的问题。

在这种领导体制下，宝钢的建设集中了全国的力量。宝钢的生产队伍来自 28 个省、自治区和直辖市的 2100 多个单位；参加建设的 6 万多名施工人员，来自四川、河北、山西、包头、武汉、马鞍山、唐山以及上海附近等地的冶金建设公司和施工单位；来自全国的 1000 多名地质勘察人员，仅用 90 多天就完成了厂区工程地质勘察的任务；来自重庆、武汉、长沙、上海、北京、鞍山的 1100 多名设计人员，在搞好国外设计管理及对外设计联络的同时，完成了国内配套设计任务。

---

[1]《当代中国的钢铁工业》编辑委员会编:《当代中国的钢铁工业》，当代中国出版社、香港祖国出版社 2009 年版，第 397—398 页。

[2]《宝钢志》编纂委员会编:《宝钢志》，上海社会科学院出版社 1995 年版，第 468 页。

[3] 中华人民共和国国家经济贸易委员会编:《中国工业五十年》第 6 部·中卷，中国经济出版社 2000 年版，第 1055—1056 页。

[4]《宝钢志》编纂委员会编:《宝钢志》，上海社会科学院出版社 1995 年版，第 17 页。

全国科技界也对宝钢建设给予了大力支持。1978 年 8 月，冶金部为宝钢举行了全国冶金专家会议，共提出重要建议 69 项，其中有 52 项被采纳。上海市雄厚的技术力量，更是宝钢强大的技术后盾。宝钢聘请了上海 31 位著名的技术专家和经济专家组成了宝钢顾问委员会，围绕宝钢建设和生产中的问题先后进行专题讨论 80 多次，个别咨询 1000 多次，提出重大建议 60 多项。[1]

在对外技术经济合作方面，宝钢在建设的过程中走出了一条引进、消化、合作制造和逐步国产化的路。宝钢一期工程从日本引进生产工艺和初轧以前的成套设备，从西德引进无缝钢管厂的主要设备，少部分设备国内制造或与外商合作制造，一期工程中国内制造的部分占 12%。在一期工程的基础上，积极消化、吸收、引进技术，使二期工程国内设计、制造或合作设计、合作制造的比例显著提高。高炉、焦炉、烧结主要由国内设计、制造；冷轧、热轧与西德合作制造；连铸与日本合作设计、合作制造。[2]

宝钢建设的过程中逐步形成了有自己特色的“六全”“四结合”的工程系统管理方式。“六全”，指宝钢工程管理上实行全系统规划、全目标控制、全程序组织、全方位指挥、全功能协调和全责任承担。“四结合”，即在宝钢工程（主要是二期工程）建设中设计、设备制造、施工、生产单位的“四方”，从设计开始各个阶段实行紧密合作的“四结合”体制。宝钢工程系统管理的成果，荣获 1993 年国家科技进步奖一等奖。

---

〔1〕《当代中国的钢铁工业》编辑委员会编：《当代中国的钢铁工业》，当代中国出版社、香港祖国出版社 2009 年版，第 445—446 页。

〔2〕《当代中国的钢铁工业》编辑委员会编：《当代中国的钢铁工业》，当代中国出版社、香港祖国出版社 2009 年版，第 441 页。

应用先进的管理办法，宝钢建设在完成基本建设工期、质量、投资额三大指标上创造了优异的实绩。在工期上，为了确保宝钢一、二期按时完工，宝钢工程指挥部和宝钢总厂制订了周密的开工计划，实行了以工程总进度为中心的网络管理，一期工程30个一级项目、234个二级项目、1152个三级项目，全部按排定的日进度计划建成投产；二期工程28个一级项目、222个二级项目和1165个三级项目，也按时完成。在工程质量上，由于积极推行全面质量管理，开展了群众性创全优工程活动，强化工程实物质量的保证体系，特别是冶金部每年组织4次较大规模的工程质量大检查，使单位工程质量优良率分别达到96.7%（一期）和98.4%（二期），整个一期工程和二期的冷轧、热轧、连铸工程均获国家质量奖金质奖。在投资管理上，实行了投资包干的办法。1982年4月，国家正式批准一期工程总体初步设计，总概算定为128.77亿元。其中：用于引进技术和进口设备的外汇27.8亿美元，折合人民币88.27亿元；国内建设投资40.5亿元。国家要求节约投资1.9亿元，按38.6亿元的预算由指挥部负责包干。执行结果，一期工程实现增收节支2.3005亿元，与国家节约1.9亿元要求相比，超额完成4005万元。1987年底，国家批准二期工程初步设计总概算为172.4亿元。其中：外汇20亿美元，折合人民币104.4亿元；国内建设投资68亿元。二期工程投资包干方式比一期工程有很大发展，形成由指挥部包国内建设费、包外汇额度、包建设工期、包形成综合生产能力，保证投资不超、保证工程总体水平不低于一期的“四包两保”的包干模式。执行结果，二期工程总计节余2.5亿元，外汇成交额20亿美元的预算未突破，还略有节余。[1]

---

〔1〕《宝钢志》编纂委员会编：《宝钢志》，上海社会科学院出版社1995年版，第91页。

1985年9月，一期工程完工，1号高炉如期点火。之后，炼钢、初轧陆续投产。1991年6月，二期工程2号高炉系统全部建成投产。到1993年，一、二期工程的各生产工序全部达到设计水平。通过一、二期工程建设，宝钢已成为年产671万吨钢，具有国际一流技术，大型化、连续化、自动化的冶炼、轧钢现代化的大型钢铁联合企业。一、二期工程建成后，宝钢主要出产冷轧薄板、热轧板、无缝钢管等国内市场紧缺的商品，可用于汽车工业、石油工业、轻工家电工业、造船工业、建筑和机械工业。宝钢的建成是当代中国钢铁发展史上的一个里程碑，使整个钢铁工业的生产力结构发生了历史性转变。

第二节　有色金属工业走向振兴

中国拥有丰富的有色金属资源，品种比较齐全。新中国成立后，经过30年的努力，有色金属工业形成相当规模的物质技术基础，掌握了开采、冶炼、加工等整套技术。改革开放后，有色金属工业围绕提高经济效益，制定了扬长避短、突出优势的发展方针，并积极推进体制改革、引进国外先进技术，推动有色金属工业发展步伐不断加快。

一、确立有利于提高经济效益的发展方针

中共十一届三中全会之后，消费品生产的增长，能源、交通和建筑业的发展，钢铁工业产品中合金钢比重的增加，对有色金属工业提出了新的要求。例如，发电装机需要大量铜、铝、铅，铝制容器和纸烟、食品包装需要大量用铝等。长期以来，中国有色金属不能自给，进口数量逐年增加，传统出口产品在国际市场上的比重逐渐下降，一些国际市场急需的产品紧缺。总体来看，有色金属工业仍是国民经济

的短线。加快发展有色金属工业，迅速扩大产量以缓解国内有色金属产品产量不足的问题成为这一时期的主要任务。

粉碎“四人帮”以后，有色金属工业生产很快恢复，产量增长速度明显加快。1977 年 10 种有色金属产量达到 81.93 万吨，1979 年首次突破 100 万吨，达到 113.63 万吨，1980 年达到 124.79 万吨。为更好推动有色金属工业发展，1981 年 5 月，经中共中央、国务院批准，设立国家有色金属工业管理总局，由冶金工业部代管。1982 年 10 月，国家组建有色金属开发规划小组，重新制定发展有色金属工业的长远规划。同年 12 月，规划小组提出了《突出优势品种、加快发展速度，开创有色金属工业生产建设的新局面》的报告，向中共中央、国务院报送了规划意见。规划拟定，今后的指导方针是：着眼国内外两个市场，利用好国内外两种资金，依靠技术进步，搞好现有企业的技术改造；以矿山为基础，重点发展优势品种；搞好资源综合利用，提高金属实收率，发展深度加工，较快地取得好的经济效益，并提出了到 2000 年的发展轮廓设想。

1983 年 4 月，中共中央、国务院决定把有色金属工业管理总局由国家机关变为经济实体，成立了中国有色金属工业总公司，并在有色金属集中产区，设立了 12 个地区公司，作为总公司的派出机构。这一重大体制改革，为集中力量发展有色金属工业，提供了组织保证。

中国有色金属工业总公司成立后，通过研究分析有色金属工业的历史和现状，进一步修订长远发展规划，提出了发展有色金属工业的基本方针。

一是优先发展铝、积极发展铅锌、有条件地发展铜和有选择地发展有出口优势的锡和其他短线产品。当时，在有色金属的总消费量中，铜、铝、铅、锌占 96%左右。因而，从中国的资源条件和生产实践来看，发展铝、铅和锌比发展铜的经济效益要好。生产 1 吨铜的建设投资可以生产 2 吨铝或者 4 吨铅、锌。因而，这一发展方针能够扬长避短，有利于提高有色金属工业的经济效益。

二是地质先行，以矿山为基础。坚持地质先行，加强地质勘探工作，不断发现新矿点，增加可供开采的储量，按照不搞“矿办社会”的模式加快新矿山建设；改善矿山装备，有计划、有重点地实现矿山装备的现代化；对矿山实行优惠政策，提高矿山的经济效益，吸引地方和有关方面投资开发矿山；帮助老矿山开展多种经营，增强矿山活力。

三是依靠科学技术进步，加快有色金属工业的发展。大力开展有色金属的科学技术研究，充分发挥各科研院所和广大科学技术人员的作用，实行生产与科研相结合，组织国内联合攻关与引进、消化国外先进技术相结合，长远课题研究与近期需要相结合，高科技课题研究与一般新技术相结合，争取多出成果、快出成果，使有色金属工业依靠科学技术进步来加快其发展步伐。

四是坚持综合开发、综合回收、综合利用。在地质勘探中，坚持综合勘探，综合评价；在采矿、选矿中，坚持综合开采，综合选矿，提高采选综合回收率；在冶炼中，坚持综合回收，提高共伴生有价金属的综合利用率。

五是实行对外开放，联合开发，运用多方面的力量发展有色金属工业。(1) 加强同地方的合作，支持和依靠地方发展有色金属工业。(2) 加强同有关行业的合作。有色金属的开发与许多行业有密切关系，特别是同能源、交通关系极为密切。(3) 加强国际合作，尽可能地利用国外资金、国外资源和国外市场来促进我国有色金属工业发展。

1978 年到 1991 年，有色金属工业发展的步伐明显加快。有色金属产量从 1978 年的 99.63 万吨，迅速上升到 1991 年的 259.11 万吨，平均每年增产 12 万多吨；主营业务收入从 1978 年的 84.34 亿元，增长到 1991 年的 381.79 亿元，平均每年增长近 23 亿元；实现利税总额从 1978 年的 17.7 亿元，上升到 1991 年的 43.97 亿元，平均每年增长 2 亿元。有色金属产量、主营业收入和实现利税分别以 7.7%、12.3% 和 7.3% 的速度增长。有色金属出口创汇由 1978 年的 2.96 亿美元增长到 1991 年的 8.34 亿美元。

二、加强重点建设

改革开放之初，有色金属工业抓住历史机遇，积极引进当时世界一流的技术设备，推动产业跨越发展。从 1978 年开始，陆续引进贵溪冶炼厂年产 9 万吨闪速铜熔炼、贵州铝厂年产 8 万吨铝电解等项目。这是中国有色金属工业大规模从发达国家引进成套先进技术的开端。通过这些项目建设，全面提升了中国有色金属工业技术装备水平，并为后来的技术跨越奠定了基础。

贵溪冶炼厂位于江西省鹰潭市贵溪市，是中国第一座采用富氧闪速熔炼技术和两转两吸制酸技术的现代化炼铜工厂。1978 年 11 月 30 日，中国技术进出口总公司与日本住友金属矿山株式会社、住友重机械株式会社和住友商事株式会社签订了《住友“东予式”闪速炼铜成套设备合同》，与芬兰 AOR 公司签订了《闪速炼铜工厂的精炼炉和阳极铸造设备合同》，合同总价日方为 10950 万美元，芬方为 375 万美元，包括国内配套建设和其他费用，工厂总投资约 6.5 亿元。其设计生产能力为年产阳极铜 9 万吨，硫酸 34 万—36 万吨。工厂引进范围包括日方提供的铜熔炼系统、硫酸系统、仪表和自动控制系统、废物处理、热能综合利用、环保设施等 24 个系列的设备和芬方提供的粗铜火法精炼和阳极浇铸 2 个系列的设备。该厂于 1979 年初着手施工准备，1980 年正式开工，1981 年到 1982 年缓建，1983 年恢复建设，1985 年 12 月投料试车一次成功，1986 年正式开工，总投资达 6.5 亿元。贵溪冶炼厂的建成投产标志着中国炼铜技术达到国际先进水平。[1]

贵州铝厂位于贵州省贵阳市，始建于 1958 年。1978 年 12 月 29 日，贵州铝厂从日本轻金属公司引进 160 千安大型预焙槽生产工艺技术及加料系统和烟气净化的全套设备，以及从美国和法国引进自动控制等配套装备，于 1981 年末部分建成投产。在此基础上，中国自主研发出 180 千安、280 千安及 320 千安大型预焙槽系列生产技术并实现产业化，为淘汰落后工艺技术装备，实现中国铝工业产业升级打下了基础。

除大型引进项目外，这一时期还重点建设了江西铜基地。江西铜储量居全国之首，占全国铜的工业储量的三分之一。1978 年，国家把江西铜基地列为国家重点建设项目之一。1979 年 7 月，成立江西铜基地总指挥部和江西铜业公司。江西铜业公司下属 6 个矿山和贵溪冶炼厂。6 个矿山分别是：德兴、永平、武山、东乡、城门山和银山矿。其中，德兴铜矿是中国资源规模最大的铜矿之一。德兴矿体埋藏较浅，实行露天开采，剥采比仅为 1.86，开采成本较低。该矿于 1956 年发现并进行勘探，1959 年设计施工，1965 年投产，形成日采选矿石 2500 吨生产能力，后经多次改造扩建，1971 年达到日处理矿石 1 万吨的规模。1981 年到 1984 年，扩大日采选矿石生产能力 5000 吨，使全矿总采选能力达到 1.5 万吨。1983 年开始二期工程建设，采用引进的大型牙轮钻机、大型电铲和电动轮汽车，新建一个日采选能力为 1.5 万吨

[1] 鲁绍侠：《建设中的贵溪冶炼厂》，《有色冶炼》1984 年第 8 期；单世谱：《贵溪冶炼厂建设的回顾》，《有色金属》（冶炼部分）1989 年第 2 期。

的二选厂。1985 年设计建设三期选矿工程，日处理矿石 6 万吨，成为“七五”计划的重点建设项目。

三、矿产资源综合利用取得突破

有色金属矿床一般是多金属共生的一次资源，最大限度地回收矿石中的有价值元素，搞好矿产资源的综合利用，既能充分利用资源，又能提高经济效益。有色金属资源中许多元素是“收之为宝、弃之为害”的，搞好综合利用对于保护环境也十分重要。1978 年 3 月，全国科学大会召开，通过了《一九七八—一九八五年全国科学技术发展规划纲要（草案）》，包头、攀枝花、金川被列为全国三大矿产资源综合利用基地。通过一系列自主科技攻关，实现了国内稀土、钒钛、镍铜等资源利用的关键技术突破，使中国成为世界上举足轻重的稀土、钒、钛、镍等有色金属生产大国。

第一，包头稀土资源综合利用取得突破性进展。稀土是 17 种金属元素的统称，被誉为“现代工业维生素”，是中国重要的战略矿产资源，已被广泛应用于国防军工、航空航天、特种材料、冶金、能源和农业等诸多领域。中国是世界第一稀土储量大国，而包头市拥有全国 83.7%、全球 37.8% 的稀土储量。位于包头的白云鄂博矿是世界上最大的稀土矿山，也是世界上罕见的含铁、稀土、铌为主的多金属共生矿，含有 72 种元素、142 种矿物。同时，该矿的矿物相互嵌布粒度非常细小，是举世闻名的复杂、难处理的矿石。在“六五”计划和“七五”计划期间，国家组织 3000 多名科技人员进行联合攻关，取得了一大批重大科研成果，推动稀土矿产资源综合利用取得两项关键性突破。一是选矿技术取得突破，实现稀土精矿品味大幅提高。20 世纪 70 年代，中国稀土工业以处理低品位稀土氧化物精矿为主，导致化工材料消耗大、成本高，和国外产品相比竞争力差。1975 年，广州有色金属研究院第一次成功地从白云鄂博矿中精选出稀土氧化物含量大于 60% 的稀土精矿，次年在包钢稀土三厂进行工业试验取得成功。1981 年，利用新工艺在包钢建成两个大型选矿车间。新的高品位精矿的出现，促进了稀土冶炼技术的发展和经济效益的提高。二是稀土精矿分解技术取得突破。1982 年，稀土精矿分解的五大流程全部应用于工业生产，包括硫酸强化焙烧—萃取法工艺、烧碱法工艺、高温加碳氯化工艺、硫酸法工艺和碳酸钠焙烧工艺。1983 年，新的电场分解工艺研制成功。这些分解技术的成功应用形成了冶炼包头稀土精矿各种方法百花齐放的局面，使包头稀土精矿冶炼回收率比 70 年代提高一倍，产品质量提高，生产成本大幅度下降。[1]

第二，攀枝花钛资源的加速开发利用。攀枝花钒钛磁铁矿是原生矿，矿物结构复杂，多种元素伴生，从中选出的钛精矿比两广矿钛品位低，含镁钙杂质高，用氯化法处理有较大的难度，如不能开发利用，每年将积压几十万吨钛精矿。国家科委组织中国科学院、冶金工业部、中国有色金属工业总公司、化学工业部、四川省等所属单位，对攀枝花矿的综合利用进行联合攻关。通过多年系统研究，证明用攀枝花资源无论生产海绵钛或钛白，技术上都是可行的。攻关中，在富钛料制取、钛白工艺、海绵钛制取三项重点课题上，进行了比较完整和系统的工作，取得了重要成果。其中一些科研成果很快用于生产，促进了钛工业的发展。比如，遵义钛厂为攀枝花钛资源的综合利用做了大量工作，利用攀枝花含高镁钙的钛精矿，成功地以酸法和流态化氯化法，生产高钛渣；锦州铁合金厂 1978 年利用攀枝花钛精矿氯化制取四氯化

〔1〕夏国金：《白云鄂博铁铌稀土矿综合利用十年显著成就》，《矿产综合利用》1990 年第 6 期。

钛，1979 年生产出海绵钛。该厂在长沙矿冶研究院和贵阳铝镁设计院的协作下，从 1978 年开始利用攀枝花高钛渣生产四氯化钛的试验，历时五年，最后获得成功。1980 年，该厂利用攀枝花高钛渣进行熔盐氯化制取四氯化钛扩大试验，生产出 100 多吨海绵钛。[1]

第三，金川镍和铂族金属矿产资源综合利用步伐加快。开发金川大型镍矿床始于 1958 年，年产电解镍 1 万吨的一期工程于 1966 年正式投产。之后直到 1977 年，由于采矿、选矿、冶炼生产建设中的大量技术难关没有攻克，金川有色金属公司电解镍产量增长缓慢，一直未达到设计产能；与镍共生的 14 种有价元素，只能少量回收 4 种。1978 年，金川被列为全国矿产资源综合利用基地，针对阻碍金川资源开发和综合利用的一系列技术问题，开始进行联合攻关。国家科委组织全国 40 多个科研设计单位、大专院校和生产施工单位开展科技联合攻关。1978 年到 1987 年的 10 年间，共开展 345 个攻关课题，其中矿山方面的专题有 68 个、选矿方面的有 55 个、冶炼方面有 196 个、其他 26 个。完成试验的项目有 192 项，其中 62 项已从 1979 年开始陆续用于生产建设。1983 年，金川公司首次实现电解镍产量 1 万吨，达到设计产能；1984 年，年产电解镍达到 1.5 万吨；1985 年，年产电解镍达到 2 万吨，铜、钴、铂族金属产量，各项技术经济指标以及利税都有明显增长，实现了“三年三大步”的目标。这极大地改善了中国的镍供应状况，改变了以往主要依靠进口镍的局面，自给率明显提高。[2]

---

〔1〕《当代中国的有色金属工业》编辑委员会编：《当代中国的有色金属工业》，当代中国出版社、香港祖国出版社 2009 年版，第 326—327 页。

〔2〕刘兴利、吴礼春：《金川资源综合利用的十年》，《有色金属》1988 年第 3 期。

第三节　化学工业加快提升技术水平

化学工业是重要的原材料工业，同农业、轻纺工业和国民经济各部门的发展以及人民生活水平的提高关系密切。中共十一届三中全会后，化学工业在国民经济调整中实现内部结构的优化，在步入健康发展轨道的同时，一方面进行管理体制改革以促进石化、化纤的综合利用，一方面坚持技术引进与自主创新并举，快速提升化工技术水平。在改革与创新双重动力的推动下，化学工业取得显著发展成就。

一、内部结构持续调整优化

粉碎“四人帮”以后，为推动化学工业加快发展，1978 年召开的五届全国人大一次会议决定撤销石油化学工业部，分别设立化学工业部和石油工业部。化工部成立后，决定大规模引进国外先进技术设备、扩大基建规模，力图推动化学工业加速发展。然而，由于引进和基建的规模安排过大，1979 年后进行了较大幅度的调整。一是压缩基建规模。1978 年签订合同计划引进的 4 套 30 万吨合成氨和 4 套 30 万吨乙烯联合装置项目，1980 年决定全部暂缓建设。1978 年在建的 114 个大型项目逐步减少，到 1982 年减到 56 个。二是调整投资方向。保证为农业和轻纺工业服务的大型建设项目，保证投资少、见效快的投产项目和收尾项目，初步增加了科研、教育事业在化学工业中的投资比重，并注意安排了职工住宅和集体福利设施的建设。三是关停并转了一批消耗高、质量差、产品不对路、长期亏损的企业。1979 年到 1983 年，全国关停并转化工企业达 1392 个，其中关停小氮肥企业达 317 个。经过调整，国民经济比例关系趋于协调，一些停缓建的化工项目从 1982 年开始陆续恢复建设。

"六五"计划时期，贯彻"调整、改革、整顿、提高"的方针，化学工业着力调整了产品结构。一是为农业、轻纺工业服务和直接投放市场的主要化工产品产量都有所增长。化肥年产量 1984 年比 1980 年提高了 18.5%，1985 年由于粮食和棉花生产滑坡、化肥进口量提高等原因一度出现滞销积压，当年产量有所下降；纯碱和烧碱的年产量 1985 年比 1980 年分别提高了 24.6% 和 22.2%；塑料年产量提高了 37.3%；染料年产量提高了 38.2%；油漆年产量提高了 60.2%。二是各类产品内部结构调整优化，品种质量显著提高。为防止农药对农、畜、水产品和环境的污染，有计划地减少和停止高残留农药的生产，积极发展有机磷、氨基甲酸酯等高效、低残留农药的生产。1983 年停止生产"六六六"和滴滴涕。高效低残留农药在农药总产量中的比重由 1980 年的 35% 上升到 1985 年的 90% 以上，新增品种 35 个，使农药品种达到 110 个。高档漆的比重由 1980 年的 42.5% 上升到 1985 年的 55%；染料品种新增 91 个，品种总数达到 330 个；轮胎规格增加到 186 个，品种增加到 256 个；胶鞋花色品种由 1980 年的 400 种增加到 1985 年的 900 种；彩色电影胶片实现国产化，油溶性呈色剂开发成功，油溶性彩色正片年产达 8600 万米；精细化工产品产值占化工总产值的比重达到 19%。[1]

"七五"计划时期，化工部提出，要抓好复合肥料和化学矿山、纯碱和烧碱等基本化工原料、精细化工三个发展重点。化肥要着力调整产品结构，加快磷钾肥、复合肥料和高浓度肥料的发展。化学矿山要实行精料政策，搞好采选配套和贫矿富集，提高精矿比重，并逐步建成矿肥、矿酸结合的生产基地。纯碱要新建 3 个年产 60 万吨纯碱厂，

[1]《世界化学工业年鉴》编辑部编：《世界化学工业年鉴（1988）》，化学工业部科学技术情报研究所出版，第 282—283 页。

扩建5大碱厂，改造一批小型联碱厂。烧碱要用先进技术改造现有烧碱厂。精细化工要动员科研设计单位、大专院校、生产企业各方面的力量，加快科研开发步伐，依托现有企业安排新项目。除继续大力发展国内已形成行业的农药、染料、涂料、信息用化学品、黏合剂、化学试剂和高纯物、催化剂、合成材料中的功能材料及其原料与中间体外，还要努力发展食品和饲料添加剂、表面活性剂、水处理剂、皮革和造纸用化学品、纤维素衍生物等，积极开拓新的生产领域。[1] 1989年，化工部印发《化学工业贯彻〈国务院关于当前产业政策要点的决定〉实施办法（试行）》，提出化学工业内部的产业发展排序为支农化工产业、原材料化工产业、精细化工产业、橡胶加工产业。

"七五"计划时期，化学工业坚持为农业服务的方向，努力恢复和发展小化肥和农药等支农产品的生产。化学工业将支援农业作为一项战略任务，在"六五"计划末期国内化肥和农药企业遇到产品滞销积压困难的情况下，坚持恢复和发展小化肥，努力增加化肥品种、提高生产技术，同时要发展国内农药工业，努力提升产品质量，争取达到国际同类产品水平。1991年，中共十三届八中全会审议通过的《关于进一步加强农业和农村工作的决定》继续强调，要大力发展农用工业，保证化肥、农药、农用薄膜供应量不断增加，有计划地新建一批大化肥厂及化学矿山，加快改造中小化肥厂。

"七五"计划时期，高浓度磷复肥在磷肥中的比重由"六五"末期的1.8%提高到5%以上，氮磷钾比例达到1.00∶0.28∶0.003。高效、低残留农药的比重由70%提高到96%，投产了30多个高效新品种、90多种新剂型。基本化工原料发展了离子膜烧碱，大幅度增加了纯碱

---

〔1〕《世界化学工业年鉴》编辑部编：《世界化学工业年鉴（1988）》，化学工业部科学技术情报研究所出版，第285页。

的产量，使中国从最大的纯碱进口国一跃成为出口国。橡胶工业增加了子午线轮胎、丁基内胎、耐燃运输带以及新工艺、新款式胶鞋。精细化工产品产值率达到 19.6%。[1]

“七五”计划时期，化学工业发展外向型经济取得明显进展。1986 年到 1990 年，化工进出口贸易额为 336 亿美元，出口创汇 83.5 亿美元，比“六五”时期增长 84%。建设了一批化工出口基地，工贸结合型出口企业不断发展，吉林化学工业公司、大连化学工业公司、天津渤海公司、北京晶环公司等一批进出口公司，出口创汇额逐年扩大。沿海开放城市和经济特区兴办的外向型化工企业呈现良好发展势头。[2]

二、推动石化工业管理体制改革

中共十一届三中全会后，化学工业逐步推进扩大企业自主权改革，大力发展企业间的横向联合，对提高化学工业的经济效益、促进资源的合理开发、促进深度加工、调整产品结构和布局等起到了积极作用。这一时期，中国石化总公司的成立对于推动化工管理体制改革，促进石油化学工业发展具有重要意义。

1978 年以来，中国石油产量站稳 1 亿吨台阶，居世界第六位。然而，石油的综合利用程度低，石油化工发展缓慢，1 亿吨石油的经济效益没有得到充分发挥。导致这种状况的一个重要原因，就是管理体制上存在多头领导、条块分割、分散管理的问题。1981 年，国务院批转

[1]《世界化学工业年鉴》编辑部编：《世界化学工业年鉴（1992）》，化学工业部科学技术情报研究所出版，第 6 页。
[2]《世界化学工业年鉴》编辑部编：《世界化学工业年鉴（1992）》，化学工业部科学技术情报研究所出版，第 6 页。

《关于石油炼制、石油化工、化纤工业统一规划、综合利用问题的会议纪要》，决定成立石油化工、化纤综合利用规划小组，对石油炼制、石油化工、化纤工业的综合利用实行统一规划。同年 11 月，五届全国人大四次会议明确提出，用好 1 亿吨原油是一件提高经济效益、增加财政收入、改善国家经济状况的大事，各部门、各单位要高度重视，通力合作，务必完成。

从 1981 年开始，石油化工企业的联合从局部逐渐扩展到全国。先是在上海高桥、金陵、抚顺三个地区实行了石油化工企业的联合，局部改善了体制上的多头领导、条块分割、分散管理，经济效益很快得到明显提高。接着，天津、锦州等地的石油化工企业酝酿联合。1982 年，辽阳、鞍山、大连等地的石化企业也开始酝酿联合。各地石化企业对实行联合的积极性很高，促使中央进一步考虑对全国的石化企业实行统一管理。1982 年 9 月，国务院常务会议决定组建中国石油化工总公司。12 月，五届全国人大五次会议批准的第六个五年计划中提出，要抓好石油化工等行业在全国范围内进行改组联合的试点。1983 年 2 月，中共中央、国务院正式批准成立中国石油化工总公司，对全国重要的炼油、石油化工和化纤企业实行集中领导，统筹规划，统一管理。1983 年 7 月 12 日，中国石化总公司正式成立。

中国石化总公司成立后，根据中共十二大提出的总任务，确定了石化工业“改革、开发、振兴”的发展方针，提出在 20 世纪内攀登三个台阶的奋斗目标。第一个台阶，从 1983 年到 1985 年，主要立足现有企业、发挥联合优势、加快技术改造，使已经建成的石油化工装置配套、开足，达到设计能力和预定的技术经济指标。1985 年，加工原油达到 7600 万吨，生产乙烯 60 万吨、尿素 350 万吨，以及相应的化工原料、合成材料等，三年累计增加利税 35 亿—40 亿元。第二个台阶，从1986年到1990年，石油化工较大发展。1978年引进的化工、化纤、化肥等成套装置全部建成。以1981年的产值和利税总额为基数，到1990年实现翻一番以上。为90年代的进一步振兴，在人才、资金、技术等方面积聚力量，打好基础。第三个台阶，在20世纪90年代，石油化工争取提前完成翻两番的任务，使整个石油化工在主要技术经济指标上分别接近、达到和超过发达国家80年代水平。[1]

三、依靠科技进步走向振兴

化学工业是技术密集型产业，其发展振兴必须建立在科技进步的基础上。改革开放以来，化学工业坚持依靠科技进步，发扬自力更生、艰苦奋斗的精神，独立自主地开发了一大批科研成果，同时积极引进国外先进技术，加速消化吸收，有力地促进了我国化学工业的发展。

20世纪70年代以来，化肥工业通过引进国外成套设备，快速提升化肥产量和技术水平，同时积极推进引进技术的消化吸收和国产化。

改革开放前，中国的化肥工业取得了长足的进步，但到20世纪70年代末，化肥产量仍不能适应农业发展的需要，70年代每年需要进口化肥500多万吨。50年代中期，在苏联的援助下建设了兰州、吉林、太原3个年产5万吨合成氨的化肥厂。后经改造扩建，各厂合成氨生产规模提高到25万—30万吨。从50年代后期开始，自行设计建设了一批年产5万吨的中型氮肥厂，到1965年共建成15套装置，全国年产合成氨总量达到130万吨。60年代到70年代，全国各地建设了一批以生产碳酸氢铵为主的小型化肥厂，到1979年共建成小型氮肥厂1533个，合成氨年产量达658.4万吨，占全国合成氨总产量的一

[1]《当代中国的石油化学工业》编辑委员会编：《当代中国的石油化学工业》，当代中国出版社、香港祖国出版社2009年版，第253—258页。

半以上。小化肥厂绝大部分以煤为原料，只有少数靠近油气产地的工厂以石油或天然气为原料。小化肥的发展虽然显著提升了化肥总产量，但其成本高、设备陈旧、管理困难，大部分厂亏损严重。70 年代初，中美关系解冻，中国引进了 13 套以石油和天然气为原料的大化肥：1973 年从美国、日本、荷兰引进 10 套年产 30 万吨合成氨及 48 万吨尿素装置，1974 年从法国引进 3 套年产 30 万吨合成氨及 52 万吨尿素装置。到 1979 年，这 13 套大化肥全部建成投产。80 年代初，1978 年引进的 4 套 30 万吨合成氨陆续恢复建设，镇海石油化工总厂大化肥工程于 1985 年 12 月建成投产，乌鲁木齐炼油厂大化肥工程于 1986 年 12 月建成投产，山西化肥厂大化肥工程于 1987 年 8 月建成投产，银川化工厂大化肥工程于 1988 年 7 月建成投料试车。从 70 年代初开始引进的大化肥项目陆续建成，改变了中国化肥工业的格局。

通过消化吸收 20 世纪 70 年代引进的技术设备，中国自主设计建造大型氮肥生产装置的技术逐渐发展起来。通过重点对 1973 年从美国和荷兰引进建设的洞庭化肥厂大化肥装置的研究，上海吴泾化工厂自行设计制造了一套年产 30 万吨合成氨装置和 24 万吨尿素装置，于 1979 年建成投产。这是中国自行设计完成的首套国产化大化肥装置，荣获国务院重大装备领导小组颁发的一等奖。此后，中国化肥机械制造技术越来越成熟。1980 年，原属机械工业部管理的 14 个化工机械和橡胶机械制造企业划归化学工业部管理，以促进化工机械与化工工艺的密切配合。1982 年，南京化工机械厂等单位转包了荷兰凯洛格大陆公司大型尿素设备中的高压洗涤器和尿素合成塔。1983 年，制造成功年产 52 万吨尿素合成塔。该项目 1987 年受到国务院重大技术装备领导小组的表彰，1989 年获得国家科技进步奖一等奖。

磷肥工业确立了自主开发和引进技术并举的方针，开发出适合中国国情的新技术、新工艺。中国的磷矿资源以中低品位矿为主，杂质含量高，而从国外引进的装置必须以中高品位磷矿为原料。为了能够直接用中品位磷矿作原料，化工系统组织四川大学、银山磷肥厂和南化设计院联合攻关，自主开发成功料浆浓缩—喷雾干燥法制磷铵的新技术，于 1988 年建成年产 3 万吨示范装置。之后，这项技术在全国推广，陆续建成 80 多套装置，其中包括年产 30 万吨的大型单系列装置，为中国大力发展复混肥料提供了充裕而廉价的原料，大大加快了磷复肥的发展速度。该成果 1988 年获国家科技进步奖一等奖。

在坚持自主开发的同时，磷肥工业也十分重视国外先进技术设备的引进。从 1980 年开始，中国陆续引进了一批高浓度磷复肥生产技术和设备，于 1990 年后相继建成投产。1987 年，国家决定于 90 年代再引进 11 套大中型磷复肥装置，配套引进世界先进的湿法磷酸生产工艺。以这些技术设备为起点，化工系统持续推进消化吸收和国产化工作，实现自主设计制造大型装备，并在磷酸精制、氟碘回收、石膏利用等方面作出重大的创新。

钾肥工业在引进技术的同时坚持自主创新，建成青海钾肥一期工程。20 世纪 70 年代末，国家决定在察尔汗盐湖建设 100 万吨 / 年钾肥厂。工程分两期建设 ：一期 20 万吨 / 年，二期 80 万吨 / 年。1985 年，青海钾肥一期 20 万吨 / 年工程列入国家“七五”重点建设项目，并于 1986 年 5 月开工建设。一期工程引进了当时世界上最先进的盐田水采机和光卤石、精钾过滤设备，同时依靠研发攻关解决了氯化钾生产工艺技术上的问题。该工程于 1989 年 4 月试车投产，1992 年 9 月正式通过国家验收。

20 世纪 70 年代以来，有机原料生产企业通过引进国际先进的大型管式炉裂解生产技术，以馏分油为原料，建立大型化工联合企业，发展步伐显著加快。

1972 年，从国外引进了 4 套大型石油化工和天然气化工联合装置，分别建在北京、上海、辽宁和四川。其中，北京石油化工总厂引进“四烯工程”，包括年产 30 万吨乙烯装置、年产 18 万吨高压聚乙烯装置、年产 8 万吨聚丙烯装置、年产 45 万吨丁二烯抽提装置，以及相应的炼油、化工装置，包括年产 6 万吨乙二醇装置、年产 10 万吨甲苯脱烷基制苯装置、年产 4 万吨聚酯装置，还有北京化工二厂配套建设的年产 8 万吨氯乙烯、聚氯乙烯装置。该工程于 1973 年 8 月开工建设。这套设备可以获得多种有机原料：原料油经高温裂解后，裂解气体急冷、压缩、深冷分离得到高纯度的乙烯、丙烯、混合碳四以及裂解汽油等产品；乙烯用于生产聚乙烯、聚氯乙烯和乙二醇等产品，聚乙烯主要用来加工包装薄膜、农用薄膜、普通电缆绝缘材料和注射成型用品；丙烯用于生产聚丙烯和苯酚丙酮等产品，而聚丙烯可用来生产管材、板材、日用制品、薄膜和丙纶纤维；混合碳四经抽提丁二烯制造顺丁橡胶产品，顺丁橡胶则可以制造汽车轮胎及其他橡胶制品；裂解汽油富含芳烃，除脱烷基制苯外，碳八芳烃可作为生产聚酯的原料，而聚酯可用来生产涤纶、电影胶片和 X 光底片。1976 年，整套设备建设完成，并试车成功。另外 3 套引进装置分别由上海石油化工总厂、辽宁辽阳石油化纤总厂和四川维尼纶厂建设，均以生产化学纤维为主。三项工程于 1973 年开始建设，1979 年底先后建成投产。生产能力为：年产 11.2 万吨涤纶切片、年产 4.6 万吨尼龙 66 盐、年产 5 万吨聚丙烯腈、年产 4.5 万吨聚乙烯醇。这三项工程的建成使中国化纤产量迅速提高，显著提高了化纤在纺织原料中的比重。

1977 年，国务院批准从国外再引进 4 套年产 30 万吨乙烯装置，1978 年签订合同，分别建在大庆、南京、淄博和上海。大庆石油化工总厂建设项目由 12 套主要生产装置组成，其中 7 套由国外引进，5 套由国内自行设计或引进部分单机。1986 年 6 月，大庆石化乙烯一期工程建成投产。位于淄博、地处胜利油田的山东齐鲁石油化工公司建设项目除引进一套 30 万吨乙烯装置外，还建设了一套年产 20 万吨烧碱装置，以及与其配套的氯产品装置，从而形成合成材料、有机原料和氯碱生产的综合石油化工生产基地。一期工程共有 16 套装置，其中引进 10 套。该项目于 1984 年正式开工建设，于 1987 年建成投产。在南京建设的 30 万吨乙烯及其配套装置由扬子石油化工公司负责筹建，1984 年开工建设，1987 年建成投产。另一套 30 万吨乙烯由上海石油化工总厂进行建设，另外还有配套的烧碱和氯产品装置建在吴泾化工联合公司，聚苯乙烯和丁苯橡胶装置建在上海高桥石油化工公司。该工程于 1992 年全部建成投产。

“六五”和“七五”计划时期，化学工业的科技攻关取得一批重要成果。“六五”时期，化工系统完成 61 项国家科技攻关项目，其中 26 项获得国家发明奖，42 项获得国家技术进步奖。包括浮选法处理胶磷矿、百菌清合成试验、粉锈宁生产装置攻关、100ASA 彩色胶卷试制、紫外光刻胶技术攻关等。“七五”时期，化工系统获得国家发明奖 26 项，科技进步奖 126 项。以变压吸附分离气体技术、水质称定技术、料浆法磷铵等为代表的一批具有推广价值的新工艺、新技术，有的接近或达到了世界先进水平。彩色感光材料技术的开发取得突破性进展。第三代彩色胶卷乐凯 BR100 型已达到国外同类产品水平，用于专业摄影的高速彩色胶卷 BR400 也研制成功，填补了国内空白。1979 年，安徽化工研究院在国内率先开发成功了“水相悬浮压力法”生产氯化聚氯乙烯新工艺，成为全国生产氯化聚氯乙烯的主要工艺。

第六章

机械工业转型发展

机械工业[1]是指生产机械产品的工业部门，肩负着为各行各业提供机械装备的重任，在国民经济中占据着十分重要的地位。作为国民经济的“装备部”，机械工业的发展水平在很大程度上代表着一个国家经济和科技的发展水平。新中国成立后，机械工业的发展取得巨大成就，到改革开放前夕，已初步形成门类比较齐全的机械工业体系，具备了装备国民经济各部门与国防建设的能力。改革开放后，机械工业率先实行管理体制改革，积极扩大对外开放，推动军民融合，实现了发展方式和产品结构的转变，发展的步伐进一步加快。

第一节　机械工业的调整与改革

相对于能源工业、原材料工业、交通运输等短板而言，机械工业的发展是比较快的。1979 年开始国民经济调整后，机械工业企业普遍面临订单任务不足的状况。这促使机械工业积极面向国内外市场需求调整产品结构，推动机械工业管理体制改革不断深化。

---

〔1〕就涉及的范围而言，机械工业有广义和狭义之分。狭义的机械工业指机器制造业，广义的机械工业还包括核工业、航空工业、电子工业、兵器工业、船舶工业、航天工业等。本章标题中的“机械工业”指广义的机械工业。

一、在调整中优化结构

新中国成立后，机械工业长期主要为重工业和基本建设服务。1979年，中央提出“调整、改革、整顿、提高”的八字方针后，第一机械工业部着力调整生产结构和服务方向，提出“六个转变”和“五个面向”的方针。“六个转变”要求机械工业从主要为重工业服务，转变为同时为农业、轻工业、城市建设和人民生活等方面的需要服务；从主要为新厂建设服务，转变为同时为老厂挖潜、革新、改造服务；从只搞制造转变为负责成套设计，成套安排生产，以及安装、调试、维修、供应配件、培养操作人员等；从只着眼于国内市场，转变为积极打入国际市场；从小批量转变为大批量，逐步实现专业化生产；从主要抓产值、产量，转变为主要抓质量、品质、交货期和降低成本，不断提高企业管理水平。“五个面向”要求机械工业要面向农、林、牧、副、渔、轻工市场和人民生活需要；面向老企业挖潜、革新、改造的需要；面向城乡集体所有制经济和商业企业的需要；面向生产维修、技术服务的需要；面向扩大出口的需要。经过调整，机械工业为轻纺工业和人民生活服务的产品比重明显提高，维修配件的生产供应得到加强。

经过调整，机械工业的生产结构和服务方向明显转变。一是为轻纺工业和人民生活服务的产品增加了。1980年到1985年，机械工业系统组织生产了塑料加工机械、食品和包装机械、医疗机械、制药机械、轻工机械、纺织机械等，以及照相机、电度表、水表、家用电器等直接为人民生活服务的产品。照相机的产量由1978年的17.9万架增长到1985年的180万架。二是加强了维修配件的生产供应。1980年之前，工矿配件的年产量只有五六万吨，1985年达到15.4万吨。三是企业适应市场需求的能力得到提高。许多企业注重调查市场需要、加强设计能力，积极根据市场需要组织生产，并主动上门服务，取得良好效果。例如，上海电机厂在1981年主动为广东顺德糖厂的技术改造服务，以直流电机代替蒸汽机作动力，使榨机的效率提高了三分之一，煤耗降低了43%。[1]

1982年，中共十二大提出到2000年的战略目标。机械工业系统根据这一目标要求，提出了上质量、上品种、上水平，提高经济效益的方针（简称“三上一提高”）。“六五”计划后期，机械工业贯彻“三上一提高”方针，采取了一系列措施。

一是提高产品质量。着重推行了“四项政策”，即颁发生产许可证、采用国际标准、优质优价、淘汰落后产品。其中最为关键的是采用国际标准。1982年，机械工业部规定，凡1983年新设计研制的产品，特别是节能产品、基础件和量大面广的新产品，必须采用国际标准；凡过去被评为国家优质产品、部优产品的，1983年要分期分批进行复查，如达不到国际标准，要限期达到，否则撤销其国优、部优的称号；凡1983年申请国优、部优称号的产品，必须达到国际标准；各省、自治区、直辖市评定的优质机械产品，1984年必须达到国际标准。在国际电工委员会（IEC）和国际标准化组织（ISO）制定的8100项标准中，与机械工业有关的有2108项（其中ISO有1358项，IEC有750项）。到1985年，中国机械工业已采用1025项（其中ISO有654项，IEC有371项），占比达到48.6%。

二是加快研制新产品。主要通过增加新产品开发资金的来源、从销售总额中提取1%作为技术开发基金、新产品试制费用摊入成本、实

〔1〕《当代中国的机械工业》编辑委员会编：《当代中国的机械工业》，当代中国出版社、香港祖国出版社2009年版，第63—64页。

行新产品免税办法、鼓励生产先进节能产品等政策措施，促进新产品的开发。努力完成国家重点工程所需的大型成套装备，是“六五”计划时期新产品发展的重要特征。“六五”计划期间，机械工业系统为13项大型工程提供了成套装备，主要有葛洲坝的12.5万千瓦和17万千瓦、龙羊峡32万千瓦水电机组，50万伏超高压输变电设备，千万吨级露天矿开采设备，年产1.5万吨涤纶短纤维成套设备，6000米石油钻机，6.9万吨油轮，“运7”民用飞机，“银河”亿次计算机等。围绕国民经济各部门提高技术水平的要求，发展了约1200种性能质量较高的基础元器件等新产品。这一系列政策取得显著效果，机械工业新产品的发展速度不断加快，1981年到1985年平均每年发展新产品1265种，而1983年到1985年每年发展新产品1500种以上。

三是提高技术水平。一方面加快技术引进步伐，“六五”计划期间共引进机械电子技术1400多项。另一方面更加注重加强科研开发能力，加强对重大项目的联合攻关。“六五”计划时期，机械工业部承担38项国家重点科技攻关项目，获得国家技术发明奖有37项，获得首届国家科学技术进步奖89项。

通过以上措施的实行，机械工业部门的经济效益显著提高。1985年与1980年相比，固定资产按原值计的资金利税率由12.7%提高到20.1%，固定资产按净值计的资金利税率由16.5%提高到25%，流动资金周转天数由234天缩短为153天，全员劳动生产率由9261元提高到12990元，每万元产值的能源消耗由3.31吨标准煤降为2.24吨标准煤。[1]

“七五”计划时期，机械电子工业继续坚持正确的服务方向，进

〔1〕《当代中国的机械工业》编辑委员会编：《当代中国的机械工业》，当代中国出版社、香港祖国出版社2009年版，第75页。

一步调整产业结构和产品结构，更好地为国民经济和社会发展服务。“七五”计划提出，要围绕加快能源开发和节约的需要，大力加强电工设备、矿山设备和石油设备制造业的发展；围绕加快交通运输业发展的需要，努力扩大运输设备的生产；围绕加强原材料工业的需要，加快冶金、化工、建材设备的发展；围绕开拓新兴产业的需要，加快集成电路、电子计算机、通信设备和软件产业的发展；围绕农村经济发展和其他主要行业技术改造的需要，安排好农机产品和各种专用机械的生产建设；围绕机械电子工业自身技术改造和技术发展的需要，加快发展基础机械、仪器仪表和机械基础件、电子元器件；围绕人民生活改善和社会发展需要，大力发展有关机电产品的生产。

1988 年，国民经济进入治理整顿阶段，国家开始实行经济紧缩政策。以生产投资类产品为主的机械工业，从 1989 年下半年开始陷入市场疲软的困境，1990 年出现负增长，经济效益大幅降低。面对这一困难情况，机械工业提出调整产品结构、提高企业素质、加强宏观调控三大任务，并将调整产品结构的主攻方向确定为“一创三节两保证”（即创汇、节能、节材、节汇、保证重大技术设备和保证人民生活用机电产品），使机械工业渡过难关，1990 年第四季度开始走出低谷，1991 年实现产销量增长和经济效益回升。

二、成为工业管理体制改革的突破口

观念的转变是改革的先导。中共十一届三中全会后，机械工业逐渐突破了生产资料不是商品、军工企业发展民品生产是“不务正业”等观念的束缚，促使机械工业确立了以适应需求为目标、以为用户服务为宗旨、在满足社会需求中求发展的指导思想。

机械产品的流通体制首先发生了变化。1979 年，国民经济开始调整，机械工业的计划任务严重不足，许多企业就尝试根据市场需要组织生产。6月25日的《人民日报》刊登了四川宁江机床厂承揽用户订货的广告，之后不到4个月，该厂就承接了1400台订货。10月，四川省机械局和物资局联合召开1980年机电产品展销订货会，突破了由主管部门分配产品的体制。12月，第一机械工业部发出通知，规定除汽车、导体产品等17类产品以外，其他机电产品都可以由企业自主销售。1980年8月，第一机械工业部在长沙召开了全国机电产品交易会，历时20天，成交额达23亿元。此后，许多地区、行业、企业都召开了各种形式的展销订货会。流通体制的变化推动了计划体制的改革。从1983年起，机械工业部试行指令性计划和指导性计划相结合的计划管理办法，即把国家重点任务需要的机电产品纳入指令性计划，实行市场调节的机电产品由企业自产自销，而其他机电产品则纳入指导性计划。其中，列入指令性计划的产品产值大约只占总产值的30%。

观念的转变以及流通体制、计划管理体制的变化，使得机械工业的管理体制“散”的弊端越发明显。机械工业涉及的范围很广，管理体制历经多次演变，到改革开放前一度形成8个机械工业部并存的格局。1982年5月，五届全国人大常委会第二十三次会议通过了关于国务院部委机构改革实施方案的决议，对机械工业管理部门进行了精简。会议决定，将第一机械工业部与农业机械部合并，再加上国家仪器仪表工业总局和国家机械设备成套总局，组建机械工业部；将第四机械工业部、国家通信广播电视工业总局、国家电子计算机工业总局合并，成立电子工业部；撤销第一机械工业部的汽车工业局；撤销第六机械工业部；第二、三、五、七机械工业部分别改称核工业部、航空工业部、兵器工业部和航天工业部。同时，成立中国汽车工业公司和中国船舶工业总公司。至此，国务院管理机械工业的职能部门减少为6个，以及 2 个总公司，其他部门也有一部分机械制造企业。这次机构改革虽然进行了一定程度的精简，但效果不够理想。通过这次机构改革，人们认识到，机构改革必须在整个经济体制改革的基础上进行。只有根本转变管理机构的职能，机构改革才能更合理、更有效、更彻底。

1984 年 8 月，国务院批转机械工业部《关于机械工业管理体制改革意见的报告》，决定将机械工业作为工业管理体制改革的突破口。机械工业管理体制改革总的方向是把全国机械工业统一组织起来，解决条块分割、分散重复的问题，打破地区、部门界限，发展专业化生产，解决企业“大而全”“小而全”的问题，以便更好地实现上质量、上品种、上水平，提高经济效益，为四化建设提供技术装备的战略任务。围绕这一改革方向，报告提出了具体的改革措施。一是简政放权与企业扩权同步改革，逐步实现政企分开。在生产计划体制、销售体制、原材料供应体制等方面进行改革，扩大企业自有资金的使用权和对外贸易的权力，进一步把企业的生产经营搞活。二是下放企业，打破界限，发展联合。机械部所属企业全部下放，原则上下放到中心城市。其他各部门独立的机械企业建议也应下放。省、自治区的机械厅局不直接管企业。工厂下放到中心城市后，根据自愿互利原则，合理组织各种形式的联合，包括跨城市、跨地区的联合。三是机械工业部门面向全行业，改革管理职能，加强行业管理。四是充分发挥中心城市的作用，行业管理与城市管理紧密结合。五是打破部门界限，统筹规划，使设备制造和使用部门紧密结合。

改革从简政放权和扩大企业自主权入手。这是管理机构转变职能的关键。1984 年 5 月，国务院发布《关于进一步扩大国营工业企业自主权的暂行规定》，从生产经营、产品销售、产品定价、物资选购、资金使用、资产处置、机构设置、人事劳动管理、工资奖金、联合经营等十个方面扩大企业自主权。1985 年 9 月，国务院批转了国家经委、国家体改委《关于增强大中型国营工业企业活力若干问题的暂行规定》，围绕进一步增强企业活力提出十四项措施。贯彻落实这些政策，使机械工业企业开始摆脱政府部门附属物的地位，向自主经营、自负盈亏的生产经营者转变。在改革的过程中，机械工业系统逐渐发展出多种搞活企业的经营方式。一些企业强调要适应市场，通过内部改革和自我改造适应外部条件变化；一些大企业赋予内部分厂、车间自主权，在企业内部实行多种形式的责任制；一些小企业实行了租赁经营；还有一些军工企业积极根据市场需要发展民品生产。

企业自主权的扩大，为横向经济联合的发展创造了条件。自 1986 年全国城市经济体制改革会议和国务院出台《关于进一步推动横向经济联合若干问题的规定》之后，全国的横向经济联合发展加快。机械企业之间各种形式的横向经济联合深入发展，突破了部门、地区和所有制的界限，有些企业还改变了企业的隶属关系，有力推动机械工业管理体制改革进一步深化。在此过程中，产生了从市场竞争的需要出发，按照企业的经济技术联系，遵循自愿互利的原则组成的企业集团。这一时期形成的企业集团主要有五种类型：一是单点辐射型，即以一个大型企业的系列产品为中心，联合同行业小企业为其生产配套产品。这种企业集团有效整合了行业内各企业的优势力量，有利于优化产业内部结构，改变“大而全”“小而全”的状况。二是多元配套型，即以几个大型企业及相关的设计单位为主体，实行设备的设计、制造、供应、安装调试以及人员培训、提供备品备件等建设项目的承包。这种企业集团极大地增强了配套服务能力，对改革基本建设的设备成套体制，以及开拓国际工程承包市场具有重要意义。三是技术开发型，即在技术密集型产品生产中，多个同行业大型企业联合进行产品开发，以增强对市场变化的适应能力。四是军民结合型，即以军工企业为主体，联合一批民用企业发展民品生产。这类企业集团能够充分发挥军工企业的技术优势，对于促进军民结合、改革军工体制具有重要作用。五是城乡结合型，即以城市骨干企业为主体，联合一批乡镇企业，以带动农村工业发展。

企业自主权的扩大以及横向联合的发展，要求政府转变职能，从直接管企业转变为间接管企业。首先是下放企业。1986 年，机械工业部下放了全部 62 个直属企业，各省、市、自治区机械厅局也陆续下放了大部分省属企业。非机械工业部门所属机械企业中，国家建材局、商业部、林业部等部门的机械企业已全部下放。其他部门所属的大部分机械企业也在之后的两年相继下放。企业的下放加快了政府职能转变的进程，各级机械工业管理部门减少对企业经营的直接干预，向管理全行业转变。1986 年 12 月，国务院决定，并经全国人大批准，撤销机械工业部和兵器工业部，组建国家机械工业委员会，成为面向全行业管理机械工业的职能部门。1987 年 2 月，国务院批转国家机械工业委员会组建方案，并指出国家机械工业委员会是国务院统管全国机械行业的职能部门。国家赋予机械委相应的职权和经济调节手段，以保证其有效地进行行业管理。

随着改革的推进，机械工业管理机构的改革得以深化。1988 年 4 月，国家机械工业委员会与电子工业部合并成立机械电子工业部，同时成立中国北方工业（集团）总公司（负责兵器工业），隶属机械电子工业部；航天工业部与航空工业部合并组建航空航天工业部；撤销核工业部，并入新组建的能源部，同时，组建中国核工业总公司。至此，主管机械工业的职能部门减少为 2 个。其中，机械电子工业部成为国务院管理全国机械电子行业的职能部门。其基本任务是：根据国民经济和社会发展战略目标，制定本行业的方针、政策，对全行业进行统筹规划、宏观控制、组织协调和监督服务，振兴机械电子工业，为适应国民经济各个领域发展的需要和国防现代化建设的需要，提供系统成套的技术装备；为扩大外贸出口和人民生活需要，提供各种机械、电子产品。根据上述任务，机械电子工业部加强了三个方面的主要职能：一是面向全行业，加强宏观调控，按照宏观管理要求，把主要精力用于做好全行业的发展战略、产业政策、经济法规、产品标准、安全规范和统筹规划、经济调控、统计信息、协调监督等。二是面向用户，做好服务工作，根据国民经济和使用部门的需求，组织全行业力量，有计划、有重点地对机械、电子装备进行成套开发、成套设计、成套制造、成套供货、成套服务。三是加强基础，增强后劲，针对机械电子工业基础产品的可靠性差、水平低等问题，加强对高技术、新兴技术和基础产品的开发和协调。

三、通过引进吸收提升技术水平

改革开放后，机械工业积极引进国外先进技术，并努力做好消化吸收国产化工作，对提升国内机械工业的技术水平起到了重要作用。

"五五"计划后期和"六五"计划时期以技术引进为主。从 1978 年到 1985 年，机械工业引进技术共 916 项（不含地方引进的技术），其中机械工业部引进 512 项，电子工业部引进 237 项，中国汽车工业公司引进 77 项，中国船舶工业总公司引进 45 项，城乡建设环境保护机械局引进 14 项，中国医疗器械工业公司引进 31 项。软件技术 127 项，占比为 13.8%，软硬件结合技术 789 项，占比 86.2%。[1]引进技术

---

〔1〕中国机械电子工业年鉴编辑委员会编：《中国机械电子工业年鉴（1986）》，机械工业出版社 1986 年版，第 I–7 页。

大部分达到国际上20世纪70年代、80年代初的水平。

引进技术的重点为：一是基础元器件，如液压元件、密封件、低压电器、专用集成电路等制造技术等。二是国家重点建设所需重大设备，如30万千瓦、60万千瓦发电设备，50万伏超高压输变电设备等。三是大型关键产品，如大型制氧机、数控机床等制造技术。四是工艺及中间产品，如成组加工、负压造型、耐磨铸钢件等技术。

技术引进采取了多种形式，包括许可证贸易、合作生产、合资经营、技贸结合、联合设计、技术咨询、引进样机、引进人才、科研教学合作等。以合作生产为例，这是一种用汇较少的引进方式，在“六五”计划期间有很大发展。机床行业有25个重点企业与美、日、西德等国家的公司签订30多项合作生产协议，由外方提供图纸、技术资料和部分配套件，产品全部或部分外销。济南第一机床厂在机床行业首开对外合作先河。1979年8月，济南第一机床厂与日本山崎铁工所签订了合作生产马扎克系列车床的协议，由日方提供样机、图纸、技术资料和电器、轴承配套件，中方按样机标准生产并返销。与济南第一机床厂原来生产的C616型车床相比，马扎克系列车床的规格与其近似，但性能、精度和外观质量等方面都更加先进。协议签订后，该厂仅用4个月时间，就试制完成6台样机，日方验收全部合格。但由于马扎克车床采用的技术标准高于中国当时普遍采用的标准，验收规范和检验项目也更多更细，在车床转入批量生产时，该厂的生产能力、设备、工艺和生产管理就远不能适应新机床的技术要求了。为了在批量生产中达到质量要求，该厂进行了一系列的以贯彻新技术标准，提高产品制造工艺水平为中心的技术改造。1979年到1983年，该厂增添设备140多台，并做了调整工艺路线，重新编制工艺文件和制造工艺装备，组织工艺攻关，加强质量管理等工作，在较短时间内具备了批量生产马扎克车床的工艺手段和组织管理能力。在生产返销马扎克车床的同时，该厂通过分析、试验、消化其技术，自行开发出 3 个规格的精密车床和 1 种马鞍车床的新产品，并对所有老产品的生产贯彻了更高的技术标准。这次对外合作暴露出中国机床制造业的生产技术水平、制造工艺和管理水平都与发达国家存在着较大差距。为了推行国际标准，全面提高机床产品技术水平，机床工具工业被列为“六五”期间首批技术改造重点。

“七五”计划时期在继续引进先进技术的同时，重点加强了消化吸收工作。1986 年，机械工业系统要求制订引进技术消化吸收三级计划：（1）已经同外商签订技术引进合同的单位，要编制技术引进项目消化吸收计划，内容包括样机试制、批量试制的时间和数量，以及“七五”计划期间的计划生产数量和配套产品的国产化程度等。（2）地方管理部门要根据本地区的技术引进情况，制订本地区消化吸收计划。（3）除国家重点引进消化吸收项目数控机床一条龙外，还制订了 10 项机械工业部引进技术消化吸收重点项目计划。

数控机床一条龙项目有力推动了机床行业技术水平的提升。中国从 1958 年开始研制数控机床。到 20 世纪 70 年代初，北京第一机床厂研制成五坐标船用螺旋桨数控铣床，能稳定用于生产，受到国防军工、船舶工业用户的欢迎。1978 年以后，通过引进数控系统制造技术，解决了过去数控机床的发展长期受数控装置工作不可靠所牵制的难题，陆续发展了一批具有 20 世纪 70 年代末、80 年代初国际水平的数控机床。[1]1979 年 12 月，一机部决定采用 IEC 国际标准。同时，采用许可证、合作生产、来料加工等形式，从西德的西门子公司、法国的遥

---

〔1〕《当代中国的机械工业》编辑委员会编：《当代中国的机械工业》，当代中国出版社、香港祖国出版社 2009 年版，第 126—128 页。

控器械有限公司、日本的富士公司等，引进机床电器产品技术共 19 项（内容包括交流接器、中间继电器、电磁针和电子式计数器、阀用电磁铁、电磁离合器、微动开关、行程开关、接近开关、转换开关和机床模拟静态变换装置等）。又研制成功了 17 种新产品，且全部符合 IEC 国际标准。“七五”计划时期，国家经委安排了数控机床一条龙项目，内含 38 项攻关与开发项目，拨款 1200 万元。该项目包括两种加工中心、数控车床、数控线切割机床、数控步冲冲孔压力机等 5 种主机和 3 种数控系统消化吸收国产化。1990 年，5 种主机国产化率已达到 90%以上，数控系统国产化率达 80%以上，产品性能、质量达到国际 80 年代水平，具有年产 360 台的生产能力，并初步建立起高性能数控机床开发、生产、维修服务体系。数控机床国产化项目的实施，促进了整个机床控制系统和工具配套产品的发展，还派生了各类加工中心、数控车床、数控电加工中心、数控镗铣床、数控磨床等近百种新产品，替代进口产品达 291 种。

“七五”计划时期，引进技术的国产化取得积极进展。1989 年已投产的 230 个项目中，国产化率达到 80% 以上的项目占比达到 24%，国产化率在 40% 到 60% 的占比达到 43%。比如，30 万千瓦发电设备，第三台的国产化率已达到 88.3%；52 万吨尿素装置的国产化率已接近 80%。[1]

四、着力扩大机电产品出口

为了促进机电产品的出口，1978 年 6 月成立了中国机械设备出口公司，1979 年 12 月改为中国机械设备进出口总公司；1983 年又成立

〔1〕中国机械电子工业年鉴（机械卷）编辑委员会编：《中国机械电子工业年鉴（机械卷）·1991》，机械工业出版社 1991 年版，第 I-10 页。

了中国汽车进出口联合公司。“六五”计划时期，为了适应国际市场，机电产品出口采取了多种贸易方式，包括与外国企业合作生产，来图、来料、来样加工，定牌生产，补偿贸易，易货贸易等。

“六五”计划时期，中国机电产品出口额约 97 亿美元，出口额最高的年份为 1984 年，达到 22 亿美元，比 1978 年的 6.6 亿美元增长超过 2.3 倍。不过，其他年份的出口额徘徊在 19 亿美元上下，1980 年为 18.3 亿美元，1985 年为 17 亿美元，没有实现持续稳定增长。[1]

“六五”计划时期，尽管中国机电产品出口的数额增长不明显，但出口结构发生积极变化。(1) 出口产品向高档、成套发展。船舶、精密机床、数控机床、电子产品、火力发电成套设备、小水电设备、小水泥成套设备和轻工成套设备开始进入国际市场。如向巴基斯坦出口 21 万千瓦级发电机组成套设备，向巴基斯坦、菲律宾、泰国、尼泊尔和非洲一些国家出口造纸、制糖、皮革加工、自行车装配等成套机械设备。(2) 开始进入工业发达国家市场。如上海机床厂的大型曲轴磨床、螺纹磨床、数控磨床等开始在美国销售，向欧洲出口机床、电机，向美国出口小型水电站设备，向日本出口机床等。(3) 开始向国外输出制造技术。如制氧机板翅式换热器翅片、小型水电站设备、小电机等制造技术。

“七五”计划时期，国家加大力度推动机电产品出口。1985 年 10 月，国务院批转国家计委、国家经委、国家体改委、财政部、中国人民银行、对外经贸部、机械工业部和电子工业部联合提出的《关于扩大机电产品出口的报告》。报告提出，要把机电工业确定为中国出口商品的主要产业之一。国务院批转该报告的通知强调，机电产品出口在

---

〔1〕中国机械电子工业年鉴编辑委员会编：《中国机械电子工业年鉴（1986）》，机械工业出版社 1986 年版，第 I-20 页。

经济发展战略中占有非常重要的地位，但进出口逆差较大，不能适应四化建设需要。必须采取切实有力措施，经过艰苦努力，尽快把机电产品出口搞上去。为此，国务院提出建立出口商品生产体系，将军工部门作为机电产品出口的基本力量之一，建立有利于机电产品出口的管理体制，理顺机电产品出口体制等措施。

1986 年 1 月，国务院决定成立机电产品出口办公室，负责组织编制机电产品出口发展方针和发展战略，协调和监督检查规划执行情况和年度出口情况，会同各有关部门制定相关政策措施和管理办法等。同年，为落实扩大机电产品出口的决定，有关部门制定了外汇留成、出口奖励、出口质量管理、卖方信贷、市场开拓、出口生产体系建设等配套措施。

1987 年，在落实已出台的政策措施的同时，开始着力开拓北美、西欧市场。针对北美市场，选派与美国有较多贸易往来的企业代表赴美培训，了解美国市场需求。针对西欧市场，也组织了市场调查，并同欧洲国家驻中国的商务机构探讨了贸易合作的设想。

加强对出口的协调和管理。在春、秋两届交易会上，设置专门工作组对机电产品出口成交进行协调。国务院机电出口办公室会同国家机械委，经贸部等部门和地方妥善处理了一些交叉经营问题，制止了不正当竞争，保护了国家出口信誉。为维持出口秩序，实现行业自我约束，1987 年有关部门根据外贸体制改革的总部署，着手筹建中国机电产品出口商会。

深化机电产品出口体制改革。根据国务院关于加快和深化外贸体制改革若干问题的规定，提出对机电产品出口实行承包经营责任制的具体办法，促进机电产品出口体制朝“自负盈亏、放开经营、工贸结合、推行代理制”的方向发展。

建设出口生产体系。从 1986 年到 1990 年，先后分 9 批审查批准了机电产品出口基地企业 342 个和扩大外贸自主权企业 1046 个。国家设立了扩大机电产品出口专项技术改造贷款，五年共提供 20 亿元，对 1139 个项目进行了技术改造。同时，有关部门联合召开军工机电产品出口座谈会，总结经验，推动军工企业扩大出口。

“七五”计划时期，机电产品出口取得突出进展。1990 年，全国机电产品出口额突破 100 亿美元，达到 110.88 亿美元，比 1985 年的 16.8 亿美元增长了 5.6 倍，五年间平均每年增长 45.9%。在全国出口总额中，机电产品所占比重由 1985 年的 6.1% 上升到 1990 年的 17.9%，机电产品成为第二大出口创汇产品，仅次于纺织品。在数额快速增长的同时，出口产品结构也得到明显改善。技术密集型产品出口增长较快，机器设备、运输机械、仪器仪表等产品平均每年增长 48.7%，高于机电产品出口年平均增长速度。出口额超过 1 亿美元的产品由 1985 年的 4 种增加到 1990 年的 24 种，包括收录音机、电视机、照相机、钟表、电话机、电子计算器、电子元器件、电工器材、电子计算机及零部件、干电池和蓄电池、未录制的磁带（盘）、电扇、电机、轴承、检测仪器、锁、自行车及零部件、船舶、汽车及零部件、飞机及零部件、标准紧固件、手工具、机床、纺织机械。

第二节　航空航天工业推动军民融合发展

新中国成立后，中国的航空工业、航天工业实现了从无到有的历史性转变，初步建成了独立的、比较完整的航空航天工业体系。改革开放后，中共中央提出国防工业要服从和服务于经济建设大局，逐步确立了“军民结合、平战结合、军品优先、以民养军”的方针，推动航空工业、航天工业转变发展方向，在保障军品研发不断进步的同时，大力发展民品生产，为国防建设和国民经济建设作出积极贡献。

一、军用飞机和航天技术取得重大突破

改革开放后，航空航天工业更加重视科学研究，加快了军用飞机更新换代的步伐，推动航天领域取得重大突破。

1978 年 7 月，为贯彻全国科学大会精神，第三机械工业部在天津召开航空科学技术工作会议。这次会议认真总结了航空工业的历史经验，着重讨论了航空科学研究在航空工业发展中的重要地位，明确提出“科研先行”的方针和加快飞机更新的任务。会议强调要正确处理五个关系：一是正确处理科研与生产的关系，坚持科研走在生产前面，克服“重生产、轻科研”的错误思想；二是正确处理型号研制与预先研究的关系，优先抓好预先研究，为型号研制提供技术储备，不搞“无米之炊”；三是正确处理飞机、发动机与机载设备的关系，注意加强发动机这个薄弱环节，重视机载设备特别是电子设备的发展，以提高飞机的综合性能；四是正确处理当前与长远的关系，在抓紧解决当前装备问题的同时，要高瞻远瞩，工作安排上有三步棋、四步棋；五是正确处理学习外国与自己独创的关系，打破闭关自守的状态，在自力更生的基础上积极引进外国先进技术，提高航空科技发展的起点。会议确立了飞机“更新一代、研制一代、预研一代”的目标。这次会议标志着航空工业发展的重点转向科研和新机研制，加快了飞机更新换代的步伐。

为实现“三个一代”的目标，航空工业按照轻重缓急安排了新机研制的三个梯次。

第一梯次即“更新一代”，主要是歼 7、歼 8、运 7、运 8 和强 5I

型等。这些机种已经经过较长时间研制，需要集中力量攻关解决一些关键性的技术问题和配套问题，才能实现定型投产，从而较快更新部队装备。歼 7I 飞机改型为歼 7Ⅱ 型机，于 1979 年设计定型，1980 年投入生产。歼 8 飞机成功解决了发动机空中停车和后机身温度高等问题，结束了长达 13 年的研制，于 1979 年设计定型，成为中国自行设计的第一种性能优良的高空高速歼击机。歼 7Ⅱ 和歼 8 成为 20 世纪 80 年代空军和海军航空兵换新装的主力机种。同时，强 5I 型强击机及其改型的 IA型、Ⅱ 型、Ⅲ 型，也分别于 1983 年、1985 年设计定型。强 5 系列飞机和歼 8 飞机获 1985 年国家科学进步奖特等奖。

第二梯次即“研制一代”，主要是研制性能更先进的歼 8Ⅱ 飞机等。歼 8Ⅱ 是为 20 世纪 80 年代后期和 90 年代初期更新部队装备而自行研制的新机种，比“更新一代”的机种技术难度更大。由于创造了有利的条件和采取了有力的措施，以及工程技术人员、领导干部和技术工人顽强拼搏，歼 8Ⅱ 飞机于 1984 年 6 月 12 日首飞成功，从开始方案论证到首飞成功只用了 3 年零 1 个月。

第三梯次即“预研一代”，主要是为 20 世纪 90 年代以至 2000 年为空军提供实用精良的飞机装备而开展的预先研究和型号研制。

1977 年 9 月，为扭转航天领域研制战线拉得过长、力量分散、许多型号进展迟缓的局面，中国人民解放军国防科技委员会制订了战略火箭和航天技术新的发展规划，确定了 20 世纪 80 年代前期要实施的三项重点工程：向太平洋海域发射远程运载火箭、发射静止轨道试验通信卫星、从水下发射固体燃料火箭。

1980 年 5 月 18 日，中国向太平洋预定海域发射远程火箭试验成功。这是中国继原子弹、氢弹、导弹核武器试验和发射人造卫星成功之后，在尖端科技领域取得的又一个重大成就。20 世纪 50 年代末，苏联和美国的洲际导弹和大型运载火箭相继问世，火箭技术进入了从单级到多级火箭的新阶段。远程火箭是现代尖端技术综合发展的体现，它涉及电子技术、自动控制技术、结构材料与工艺等各个技术领域，在一定程度上反映了一个国家的科学技术能力和水平。1965 年，中国开始研制远程多级火箭，以及洲际地地导弹。在研制的过程中，首先在中国本土进行了多次短射程的飞行试验。1977 年，中国决定于 1980 年进行全程飞行试验，向太平洋预定海域发射远程运载火箭。在国防科委的统一组织下，参加试验的国务院的 30 多个部、委、局，中国科学院和有关的高等院校，人民解放军各总部、海军、空军、第二炮兵、各大军区，以及 27 个省、市、自治区的有关单位，经过共同努力和艰苦奋战，于 1979 年底顺利完成了火箭研制、试验场地、工程测绘、陆上测控、陆海通信、水文气象、航空保障、测量船基地建设、远洋测量船队、护航舰队、组织指挥、政治工作、后勤保障、外交宣传等各个方面的准备工作。中共中央批准于 1980 年上半年进行向太平洋发射远程火箭的试验。1980 年 5 月 9 日，新华社受权向全世界发出公告，中国将于 1980 年 5 月 12 日至 6 月 10 日，由中国本土向太平洋南纬 7 度 0 分、东经 171 度 33 分为中心，半径 70 海里的圆形海域范围内的公海上，进行运载火箭发射试验。[1] 5 月 18 日，火箭成功发射并顺利落入预定海域，回收舱打捞顺利完成，试验取得圆满成功。6 月 2 日下午，测量船队返抵上海。6 月 10 日，在北京人民大会堂举行了庆祝大会。此次试验的成功，标志着中国火箭技术和洲际导弹技术达到了新的水平。

1982 年 10 月 12 日，中国首次进行潜艇水下发射固体燃料火箭试

[1]《当代中国的航天事业》编辑委员会编：《当代中国的航天事业》，当代中国出版社、香港祖国出版社 2009 年版，第 98 页。

验取得成功，标志着中国固体燃料火箭技术取得重大突破。1967 年，固体燃料火箭的研制工作起步。由于在技术上、研制条件上遇到了比液体燃料火箭更多的困难，在之后的 10 年时间里，研制工作进展十分缓慢。1977 年，该型号固体燃料火箭研制项目被列入国家重点计划，研制工作进展加快。20 世纪 70 年代末，固体燃料发动机技术攻关取得突破。1981 年 6 月，第一枚两级固体燃料火箭首次发射成功，之后又在国境内成功进行了两次飞行试验，为进行水下发射试验打下了基础。1982 年 10 月 1 日，新华社受权发表了中国将在国际公海上进行发射运载火箭试验的公告。10 月 12 日，潜艇水下发射火箭试验成功。中共中央、国务院、中央军委在贺电中指出："这是党的独立自主、自力更生方针的又一胜利，它标志着我国运载火箭技术又有了新的发展。"[1]

1984 年 4 月 8 日，中国首次发射试验通信卫星取得成功，4 月 16 日，卫星成功地定点于东经 125 度赤道上空。这标志着中国成为世界上少数几个能够独立发射同步定点卫星，以及掌握低温火箭技术的国家。1965 年，中央专门委员会批准建立卫星通信系统。1970 年，中央军委决定这项任务转入工程研制。1975 年 2 月，国家计委和国防科委提出了《关于发展我国卫星通信问题的报告》。1975 年 3 月 31 日，中央军委常委会会议讨论并通过了这个报告，转呈中共中央，很快得到毛泽东周恩来的批示。卫星通信工程由国家命名为"三三一工程"。卫星通信工程是一个庞大的现代化工程，由运载火箭、通信卫星、发射场、跟踪测量控制系统、通信地面站等五大系统组成。中国第一颗试验通信卫星是"东方红二号"卫星。经过 1975 年 3 月到 1977 年 3 月

〔1〕《当代中国的航天事业》编辑委员会编：《当代中国的航天事业》，当代中国出版社、香港祖国出版社 2009 年版，第 119 页。

的方案设计，1977 年 3 月到 1979 年 11 月的初样研制，和 1979 年 11 月到 1984 年 4 月的正样卫星研制，“东方红二号”卫星研制成功，并作好发射准备。为完成把卫星送到高度约为 3.6 万公里的地球静止轨道的任务，航天战线组织力量研制了运载能力更大的运载火箭——“长征三号”运载火箭。“长征三号”的一、二级利用了远程液体燃料火箭的成果，第三级采用高能低温燃料。由于低温燃料带来的一系列复杂的技术问题，第三级低温火箭的研制成为整个卫星通信工程的关键。特别是低温火箭发动机的技术攻关，从 1976 年到 1983 年，经过了 100 多次试车才获得成功。在航天工业部运载火箭研究院和上海航天局的共同努力下，1983 年 8 月，“长征三号”运载火箭全系统试验成功，为发射试验通信卫星创造了最重要的条件。发射地球静止卫星需要对卫星的运行轨道和卫星的姿态进行精确的测量和控制。而且，中国仅有陕西、福建两个地面测控站，只能对卫星进行部分弧段的测控，这提高了对地面测控系统的要求。电子工业部、航天工业部等有关单位合作攻关，研制出两套多功能、高精度、作用距离远的测控设备，解决了这一难题。为了适应发射通信卫星的需要，20 世纪 70 年代初开始兴建西南航天发射场，1983 年全部竣工。卫星发射和定点成功后，4 月 18 日，中共中央、国务院、中央军委在贺电中指出：“试验通信卫星发射成功，是我国社会主义现代化建设取得的一个重大成就，是我国航天事业取得的又一重大胜利，标志着我国航天技术有了新的飞跃。”“这次试验的圆满成功，是全国各地区、各部门，解放军各部队团结一致，大力协同，顽强奋战的结果。”〔1〕

除完成三项重点工程之外，1981 年 9 月 20 日，中国首次成功

〔1〕《人民日报》1984 年 4 月 19 日，第 1 版。

地用一枚运载火箭将三颗卫星送入地球轨道，成为世界上第四个掌握“一箭多星”技术的国家。此次卫星发射所使用的“风暴一号”运载火箭从 1969 年开始研制，最初的目标是发射重型卫星。1975 年 7 月 26 日，“风暴一号”火箭将一颗重量超过 1 吨的重型卫星送入预定轨道取得成功，标志着中国火箭的运载能力大幅提升。1978 年，用一枚“风暴一号”运载火箭发射三颗卫星的任务列入国家计划。研制人员经过攻关，解决了携带多颗卫星对火箭带来的结构动力学、星箭可靠分离等问题之后，1979 年 7 月进行了第一次一箭三星发射试验。由于第二级游动发动机发生故障，第一次试验未能成功。经过全面的质量整顿和游动发动机设计的修改，1981 年 9 月 20 日进行了第二次发射试验并取得成功，将“实践二号”等三颗科学实验卫星送入预定轨道。1981 年 11 月，五届全国人大四次会议指出：“一枚运载火箭发射三颗卫星的成功，是我国科学技术继去年向太平洋预定海域发射运载火箭以后的又一项新成就。”[1]

1988 年 9 月 7 日，中国用“长征四号”运载火箭首次成功发射太阳同步轨道卫星——“风云一号”试验气象卫星。这次发射的成功，标志着中国开拓出一个新的空间应用领域。1969 年，中国提出研制“风云一号”太阳同步轨道气象卫星的任务。1974 年 9 月，国家气象局召开了第一次气象卫星使用要求及卫星规划讨论会，讨论了气象卫星的基本技术要求和系列发展的初步设想。1981 年，卫星转入初样研制阶段。为优先保证重点工程，“风云一号”卫星的发射被适当推迟到 1988 年。“风云一号”气象卫星发射成功后，当天就接收到图像清晰、纹理清楚、层次丰富的云图照片。卫星在轨道上运行了 39 天后因发生故障

[1]《三中全会以来重要文献选编》(下)，人民出版社 1982 年版，第 1000 页。

无法工作。1990 年 9 月 3 日，中国成功发射了第二颗“风云一号”试验气象卫星。次日，国务院、中央军委致电祝贺，指出：“第二颗‘风云一号’气象卫星的发射成功，对于发展我国的气象事业，提高大气探测和天气预报能力，促进社会主义经济建设，扩大同国际气象界的技术交流与合作，具有重要的意义。同时，这颗气象卫星将直接为我国承办的第十一届亚运会提供气象服务，为开好这次举世瞩目的体育盛会做出贡献。”[1]

航天战线完成多项重大突破之后，中国航天技术逐步走向成熟，开始从技术试验阶段转入应用阶段。1985 年 10 月和 1986 年 10 月，中国先后发射了两颗国土普查卫星，通过实时图像传输，获得了大量图片资料，对搞清中国土地、农作物、森林、水利、矿产、海岛等国土资源起到了重要作用。1987 年 8 月、1987 年 9 月、1988 年 8 月，中国先后发射了三颗返回式遥感卫星，在进行科学探测和技术试验的同时，还成功进行了空间微重力试验，并完整无损地回收了试验样品和装置。这标志着中国已初步具有开发空间资源的能力。卫星遥感资料广泛应用于国土、农作物估产、石油勘探、铁路测线、海洋海岸调查、电站选址、地震预报、草原及林区普查、历史文物考古等领域，取得了明显的社会和经济效益。1986 年和 1988 年，中国先后发射了三颗实用通信卫星，分别定点在东经 103 度、87.5 度和 110.5 度赤道上空。20 世纪 90 年代，中国开始进入国际发射服务市场。1990 年 4 月 7 日，中国用“长征三号”运载火箭成功地将美国休斯公司制造的“亚洲一号”通信卫星送入预定轨道。

---

〔1〕《人民日报》1990 年 9 月 5 日，第 1 版。

二、大力发展民品生产

改革开放前，航空航天工业几乎只生产军用产品。改革开放之后，随着全党工作着重点转到经济建设上来，军工企业开始生产民用产品，航空航天工业也逐步转变指导方针，大力发展民品生产。1982年，航空工业部提出“四个转变”和“三个突破”：由单一军品结构转向军民结合产品结构，由仿制转向自行研制，由主要供应国内转为内供外销相结合，由单纯行政管理方法转为同时采用经济管理方法；在新机研制上有所突破，在民品生产上有所突破，在扩大出口上有所突破。1987年，中共中央、国务院作出改革军工体制的决定，军工部门纳入整个国民经济的管理渠道。1988年，航空航天工业部成立，明确提出航空航天为本、军民结合、军工第一、民品为主、走向世界的方针，确定了军转民、内转外、自力更生为主、积极引进技术的发展路子，以及有限目标、突出重点、集中力量打歼灭战的工作方法。

第一，航空工业坚持以航空为本，加快研制民用飞机，致力于民航航线飞机的国产化。20世纪70年代，中国就在研制民用运输机，包括可乘坐8人、商载940公斤的运11，乘位50座、商载4.7吨的中短程直线客机运7，可载运货物20吨的中型运输机运8，乘位150座、商载21.4吨的中程喷气式客机运10等。然而，这些民用飞机的研制工作进展缓慢，除运11外都没有投入生产。1981年10月，邓小平在中共中央政治局扩大会议上讲话时提出，国内航线的飞机要考虑自己制造。[1]此后，国家把发展国产飞机摆上重要议事日程。

1986年4月29日，中国制造的运7飞机首次载客飞行，结束

〔1〕《人民日报》1989年9月26日，第5版。

了国内航线由外国飞机垄断的历史，填补了国产支线客机的空白。运7飞机从1966年开始研制，1968年完成全部产品图纸和技术条件，1969年开始试制生产，1970年12月25日首次试飞成功。但由于当时处于“文化大革命”时期，研制工作进展十分困难，飞机迟迟不能定型投产。1977年后，随着科研生产秩序的恢复，飞机研制进程加快。为使飞机更加安全可靠，对飞机进行了一系列试验和改装。1980年换装了涡桨5甲-1发动机，提高了飞机在高温高原条件下的起动性能。1982年完成了单发起降试飞，证明当一台发动机损坏或操纵失灵时，运7飞机仍然能够满载起飞降落。这也是中国首次成功完成单发起降试飞。1982年7月，运7飞机设计定型投入小批量生产，此前完成了在全国不同地区、不同环境、不同机场的适应性飞行，航迹遍及28个省市自治区，共飞行3665架次1656小时。1985年，西安飞机制造公司同香港飞机工程公司合作，引进国外先进设备，对运7的通信、导航、雷达以及座舱装饰、环境控制和生活设施进行了改装。1986年1月23日，中国民航局为改装后的运7飞机颁发适航证。

1980年9月26日，中国自主设计制造的大型客运飞机运10在上海大场机场首次试飞成功。运10飞机的研制成功填补了中国航空工业的空白。1970年8月，国家计委、中央军委国防工业领导小组原则批准了《关于上海试制生产运输机的报告》，任务定名为“708工程”，飞机代号“运10”。1970年9月开始在上海筹建飞机设计机构。航空工业部门、空军选派了优秀的设计人员，1973年发展到800人，成立了飞机设计院。1973年6月，国务院、中央军委正式批准上海市和国家计委关于研制大型客机的报告。1976年9月，上海飞机厂制出了第一架运10飞机，供静力试验使用。1979年12月制造出第二架飞机用于飞行试验，该架飞机于1980年9月26日首次试飞成功。之后一直到 1985 年 2 月 11 日，运 10 飞机进行了研制试飞、汇报试飞、转场试飞，并执行了援藏货运任务，累计试飞 121 次 167 飞行小时。试飞证明，运 10 飞机达到预定设计指标。1984 年 1 月 31 日，运 10 飞机首次从成都试飞拉萨成功，开创了国产飞机飞上世界屋脊的先例，也证明运 10 飞机具有高原和复杂气候条件下飞行的适应能力。运 10 飞机是一项重大科技成果。在设计上，运 10 有八个方面实现了国内首次突破：一是采用美国联邦航空局适航条例，同时参考苏联规范进行设计，改变了以往一直沿用苏联规范的局面；二是采用尖峰式高速翼型，飞机有较好的高速特性，巡航气动效率最大达到 15.4；三是全面采用“破损安全”和“安全寿命”概念设计飞机结构，并按 10 年使用 13 万小时的寿命制订防疲劳设计细则；四是设计了国内最大的机翼整体油箱和气密座舱，解决了液密和气密问题；五是采用了独特的由调整片带动舵面的操纵形式和机翼下吊装发动机的总体布局；六是进行了规模最大的全机、全尺寸模拟试验，即操纵、液压、燃油、电网络四大系统的模拟试验；七是大量采用新材料、新成品和新标准，全机选用新材料 76 项，占全部材料项数的 18%，新成品 305 项，占全部成品数的 70%，选用的新标准 164 项，占全部标准项数的 17%；八是大规模采用电子计算机进行总体、气动、强度、结构和系统的计算，编制了 50 多项较大计算程序，其中包括总体参数优化程序。尽管由于种种原因，运 10 飞机未能继续研制下去，但研制过程积累了宝贵的经验，为后来中国航空工业的进一步发展奠定了基础。[1]

此外，有“空中大力士”之称的国产运 8 运输机于 1980 年定型投产，之后多次穿越世界屋脊，载货进藏。1985 年 12 月，首架国产运

〔1〕《当代中国的航空工业》编辑委员会编：《当代中国的航空工业》，当代中国出版社、香港祖国出版社 2009 年版，第 158—159 页。

8“黑鹰”载机装载直升机首飞成功。被誉为“天山雄鹰、造林能手”和“短途运输空中客车”的运5飞机于1987年完成改型。国产多用途直升机直8于1985年底首飞成功。

第二，航空工业在发展民用飞机研制和生产的同时，加速军用技术向民用转移，为国民经济技术改造和繁荣市场服务。20世纪80年代，航空工业为能源、交通、轻工、食品、纺织、建筑、化工、冶金、医药、环保等行业的技术改造提供了专用设备、仪器和生产线等；为进口的大型石油、化工、冶金设备和重型车辆等提供备品备件；生产了大量替代进口产品，为国家节省了大量外汇。

能源方面，以航空发动机改型制成工业燃气轮机发电机组，用于油田发电、供热和注水等作业。沈阳航空发动机公司开发制造的一套发电机组，在大庆油田利用石油伴生气发电，运转一年可发电2698万度，供蒸气7.5万吨，投入使用两年即收回投资。航空附件研究所将航空涡轮膨胀制冷技术用于油田回收石油伴生气，把过去“点天灯”烧掉的伴生气回收起来，循环利用。化工方面，沈阳航空发动机设计研究所运用研制航空发动机耐高温、耐腐蚀的技术，帮助丹东、杭州两家化纤厂研制出粘胶自动筛网滤机和粘胶长丝压洗机，使中国粘胶过滤技术跃升到20世纪70年代的水平。建筑机械方面，航空工业部与城乡建设环境保护部合作，将航空液压技术用于研制建筑机械的液压泵、液压马达和液压阀等产品，使这些产品的主要技术性能指标都达到了20世纪80年代水平。这也使得液压挖掘机的国产化率从89%提高到95%。电子方面，运用航空工业精密测试及电子综合技术研制出了煤矿安全监测系统。此外，航空工业还开发生产了轻纺机械、医疗设备、汽车、摩托车，以及自行车、洗衣机、电冰箱等多种民用产品。[1]

第三，多项航天技术从试验阶段进入应用阶段，开始为国民经济建设服务。一是通信卫星投入使用。广播、电视、水电、新闻等部门利用“东方红二号”卫星进行了开通数字和模拟电话、电视和广播节目传送、图片文字传真、数据表报传输等多项卫星通信试验应用。试验表明，卫星转播的图像清晰，色彩鲜艳，音质良好。之后，中央人民广播电台、中央电视台通过卫星广播、电视通道，对新疆、西藏、云南等边远地区传送广播、电视节目。在此之前，边远地区，特别是新疆、西藏地区是无法看到中央电视台当天的节目的，只能用飞机将录像带运送到这些省区，再通过当地电视台重放。二是卫星遥感技术广泛应用。20 世纪 80 年代，中国已经将卫星遥感资料应用到科研和生产领域，包括国土普查、石油勘探、铁路选线、海洋海岸测绘、地图测绘、地质调查、电站选址、地震预报、草原及林区普查、历史文物考古等诸多方面。比如，首钢同有关部门根据卫星遥感资料进行实地勘察，在京郊找到 7 个成矿预测区；冶金工业部参照卫星遥感资料在内蒙古寻找金属矿基收到良好效果。再如，通过卫星照片发现了金代界壕和古城遗址，后经考古专家查证，确认金代界壕和位于内蒙古昭乌达盟克什克腾旗达来诺尔附近的古城，是元朝至元七年（1270 年）忽必烈为其女儿鲁国大长公主兴建的应昌古城。三是进行空间实验。中国发射的“实践一号”和“实践二号”科学实验卫星取得了大量空间物理数据，为中国空间物理研究创造了条件。

第四，航天技术向国民经济各部门转移。一是自动控制技术方面。如首都机械厂利用航天领域自动控制技术，为北京市包装公司纸盒厂

〔1〕《当代中国的航空工业》编辑委员会编：《当代中国的航空工业》，当代中国出版社、香港祖国出版社 2009 年版，第 84—85 页。

研制成中国第一条瓦楞纸板自动化生产线，其技术性能达到国外同类产品水平。二是遥测、遥控技术方面。如上海航天局与中国科学院合作为首都机场研制了机场塔台集中控制导航设备，能够同时显示3条跑道、4个方向的目标。三是真空技术方面。如兰州物理研究所80年代研制成功3种型号的小型制冷机低温泵，并应用到重离子加速器的研究工作中。四是材料、工艺技术方面。火箭用的密封材料被广泛应用于国民经济各部门，如用在水电系统的抗地震阻尼器，舰船上减小振动、降低噪声的阻尼器，抢救病人的吸氧器密封件中。“六五”计划期间，预算内航天企业的民品产值平均每年增长54.5%，1984年民品产值超过军品产值，占比达到53%。1989年民品产值达到70%。航天工业产品结构发生重大变化。〔1〕

三、发展国际技术经济交往与合作

中共十一届三中全会之后，航空工业较早实行了外贸体制改革。从20世纪50年代末到70年代末，中国向17个发展中国家无偿援助了数以千计的飞机。1979年1月，中国决定把单纯的无偿援助改为收费、以物易物和无偿援助三种形式，航空工业开始出口创汇。同月，第三机械工业部成立了外事领导小组；经批准成立了中国航空技术进出口公司，这是国防工业最早成立的进出口经营机构。1986年8月召开了航空外贸工作会议，把对外开放作为发展航空工业的一项战略任务进行了讨论，并总结了经验，以推进外贸工作更快发展。1986年9月和1987年6月，中国航空工业先后参加了英国范堡罗国际航空博览会和巴黎国际航空博览会，向世界展示了中国航空工业的经济技术实

---

〔1〕中国机械电子工业年鉴（机械卷）编辑委员会编：《中国机械电子工业年鉴（机械卷）·1990》，机械工业出版社1990年版，第I-75页。

力，引起国际航空界人士的极大关注。

飞机、发动机及其零备件的出口，是中国航空工业出口的重点。1980 年开始出口歼 6、歼 7 飞机，之后又出口了通过引进国外电子设备改装的歼 7 M型歼击机和强 5Ⅲ 型强击机。从 1979 年到 1989 年，共向十余个国家出口 11 个型号的飞机数百架，其中包括运 12Ⅱ 型旅客机。1986 年 11 月 13 日，出口了 2 架运 12 飞机，结束了中国民用飞机不能出口的历史。1987 年 12 月，出口了 2 架运 8 飞机。还出口了发动机、导弹、机载设备、降落伞等产品。同时，中国航空工业还开展了转包生产，为美国、加拿大、法国、英国、意大利等国家的一些飞机厂商和飞机发动机厂商制造零部件出口，如制造了波音 737-300 客机的垂直尾翼等。另外，与美国麦·道公司合作生产 MD-82 飞机。1985 年 4 月，中美两国政府正式签署合作生产 MD-82 飞机和补偿贸易总协定，规定中方向美方购买 26 架 MD-82 飞机，除一架样机外，25 架在上海航空工业公司完成总装交付。1985 年底，美方的第一批 MD-82 部件运抵上海，半年后第一架 MD-82 在上海总装完毕，1987 年 7 月 2 日首次试飞。还与西德 MBB 公司共同发展 MPC-75 客机。

在发展航空产品出口的同时，航空工业还组织了非航空产品出口。20 世纪 80 年代主要的出口产品为量具、刃具、组合夹具、锻铸件、精密机床等。比如，西德卡尔·蔡司公司向中国航空精密机械研究所购买了一批石英玻璃球，作为工艺测量的基准；还购买了 50 台中国航空风动工具厂生产的大型花岗石平台，作为精密机械三坐标测量机的主要部件。

中共十一届三中全会后，航天工业在推动“军转民”的同时，努力推动“内转外”，积极开展国际交流与合作。

1982 年，航天工业部成立后，开始同国外建立联系。经过几年努力，在航天技术方面先后与 40 多个国家和地区建立了联系，同数百个国外的研究机构、公司和厂家有交往；中国与西德、意大利、美国、法国、英国和日本等国家签订了航天科技合作或交流协议；积极参加国际电信联盟、国际宇航联合会、国际自动控制联合会、联合国和平利用外层空间委员会等国际组织的活动。

航天工业部从 1984 年开始参加中国贸易促进会在国外举办的展览会。1985 年 3 月至 9 月，中国航天产品参加了日本筑波城万国博览会，首次向国外展出了中国第一颗人造卫星、第一颗试验通信卫星、“长征三号”运载火箭模型等，扩大了中国航天的国际影响。1985 年 5 月至 6 月，航天工业部中国精密机械进出口公司参加在法国巴黎举行的第 36 届国际航空宇航展览会，展出中国人造卫星和运载火箭的模型、照片。参展期间，与美国、法国等国的公司、银行就中国提供发射卫星服务进行了商务洽谈，为中国航天产品进入国际市场进行了有益的探索。1985 年 10 月，航天工业部宣布，中国自行研制的“长征二号”“长征三号”火箭投入国际市场，承揽国内外用户发射卫星业务。

1990 年，中国首次成功地用自行研制的运载火箭为国外发射商用卫星。1988 年 2 月，中国国际信托投资公司所属的中信技术公司、英国大东电报局和香港和记通讯有限公司组建一家合资公司——亚洲卫星公司，并由该公司购买美国休斯公司的“亚洲卫星一号”。1989 年 1 月 23 日，亚洲卫星公司与中国长城工业公司签署了这颗通信卫星的发射服务合同，计划于 1990 年 2 月至 4 月，用“长征三号”火箭发射“亚洲卫星一号”。该卫星将为亚洲各国提供电信服务。1990 年 4 月 7 日，“长征三号”运载火箭于北京时间 21 时 51 分，在西昌卫星发射中心发射起飞 21 分钟后，准确地将“亚洲卫星一号”送入地球同步转移轨道。这是“长征三号”火箭连续成功进行的第 6 次发射。

1990 年，中国研制的大推力运载火箭——“长征二号”E 型运载火箭（俗称“长二捆”）试验发射成功，标志着中国具备了发射 2.5 吨以上卫星的能力，中国在国际航天发射市场上的竞争力显著增强。1985 年进入国际航天市场时，中国最大推力的火箭是“长征三号”，只能运载 1.5 吨左右的中型通信卫星。而当时，2.5 吨以上的大卫星已经成为主流。为适应市场需要，1986 年底，航天工业部决定开始研制“长二捆”火箭，并迅速开始对外推销。1988 年 11 月，与美国休斯公司签订了用长征火箭发射 2 颗美国制造的澳大利亚通信卫星的合同。合同要求 18 个月后“长二捆”火箭要试射成功。同年 12 月，“长二捆”火箭进入研制阶段。“长二捆”火箭是在加长的“长征二号”丙火箭周围捆绑 4 枚直径 2.25 米、高 15 米的助推器，全箭长达 49.7 米，一、二子级直径 3.35 米，卫星整流罩最大直径 4.2 米，起飞质量 460 吨，近地轨道运载能力达到 9.2 吨。1990 年 7 月 16 日，“长二捆”如期试射成功，将一颗巴基斯坦科学试验卫星送入预定轨道。1992 年 8 月 14 日，“长二捆”火箭将第一颗澳星成功送入预定轨道；同年 12 月 21 日，第二颗澳星发射成功。中国用短短 18 个月的时间就成功研制出一枚运载火箭，创造了世界航天史上的奇迹。

第三节 船舶工业走向国际市场

面对船舶工业的大多数企业陷入难以维持生存的困境这一情况，1977 年 12 月 6 日，邓小平指出：“中国的船舶要出口，要打进国际市场。”1978 年 6 月 28、29 日，邓小平进一步指出：“造船工业应该打进国际市场。我们造的船比日本便宜，一定要竞争过日本。总之，国际市场有出路，要有信心。”[1]这为船舶工业的发展指明了方向，揭开了保军转民，开拓国际市场的序幕。改革开放后，沿着这一战略方向，中国船舶工业从封闭走向开放，积极引进国外先进技术，形成了“出口—引进—提高—再出口”的外向型经济发展模式，开启了船舶工业现代化建设的新阶段。

一、扩大出口和技术引进并举

20世纪70年代后期，国际船舶市场较为景气。中国船舶工业抓住时机，决定以香港这个国际航运中心为突破口。其一，香港是国际贸易航运中心之一，与世界上100多个国家和地区的460多个港口有航运往来。因而，世界各大船舶公司在香港都有分支机构，使其成为国际航运财团在亚太地区的行政和船舶管理中心。其二，香港有超过100家船东，而且多数是华人，其中不乏爱国船东。其三，香港距离内地近，而且比较容易沟通，供应零配件、解决维修问题也比较好办。在邓小平以及其他领导人的支持下，中国很快从香港打开了船舶出口的局面。1980年5月，大连造船厂与香港船王包玉刚之弟、香港联成轮船有限公司董事长包玉星签订2.7万吨“长城”号散货船建造合同。这是中国造船厂按照国际规范自主研发设计为境外建造的第一条远洋船。1981年9月，“长城”号建成下水，交船后经反复检验，历经太平洋、大西洋恶劣海况的考验，首航成功，完全达到了合同要求。1982年1月4日，“长城”号建成交付，标志着中国船舶工业正式走出中国内地。之后，包玉刚、李嘉诚、曹文锦、何洪、赵世光、董建华等纷纷向内地订船。

---

〔1〕《人民日报》1997年3月25日，第11版。

1982 年后，国际船舶市场进入萧条期。中国船舶工业想方设法保住了大部分原订合同，同时依靠科研部门与生产单位的合作，承接了一批品种档次较高、技术难度较大的船舶出口订单，如全集装箱船、冷藏集装箱船、汽车滚装船、大型穿梭油船和化学品成品油船等。1987 年之后，船舶出口稳步上升。中国船舶工业不仅成功度过了国际船舶市场低谷期，而且在激烈的国际竞争中站稳了脚跟，扩大了国际市场份额。到 80 年代末，中国已成为世界第五大船舶出口国，中国船舶出口已遍及世界五大洲的 20 多个国家和地区，出口船舶的建造质量和技术性能已接近或达到国际 80 年代水平。1991 年，船舶出口再创新高，全年出口成交额为 5.28 亿美元，实际出口 4.19 亿美元。船舶、船用设备等产品开始进入希腊、印度尼西亚、韩国、菲律宾、土耳其等国市场。

70 年代末，中国国产船用材料的技术水平仍停留在 50 年代从苏联引进的技术水平，无法达到 80 年代国际船舶市场的要求。中国船舶出口初期，为了满足船东的要求，国内无法按国际标准生产的主机和配套设备都要依靠进口解决，出口船的国产化率不到 30%。一般情况下，制造一艘普通的远洋运输船，其材料设备费要占到船价的 60% 左右。因而在中国第一批出口船中，成交的外汇中有很大一部分需要用于订购进口设备，实际创汇额是比较低的。针对这种状况，中国船舶工业积极引进外国先进技术，加快消化吸收国产化，以提高自身技术水平，增强竞争力。这一时期，船舶工业大规模引进国外先进技术，十多年中重点引进近 50 项世界名牌关键船用设备制造技术和船型设计制造技术，收集了世界七大著名船级社的上万个造船标准和技术规范，翻译、出版近 9000 万字国外标准、规范及有关公约。在消化、吸收的基础上，重新制订或修订了国内造船技术标准，使之向国际标准靠拢。沿海骨干造船厂与日本造船企业建立了长期技术合作关系，从工艺技术、操作规范到各种规章制度、现场管理等，全部按国际规范要求实施。

在有计划地推进设备国产化的过程中，船舶工业把消化吸收国外先进技术与组织国内技术攻关结合起来，逐步提高引进设备零部件的国产化率。1986 年，“出口船、远洋船设备国产化”被列为“十二条龙项目”之一，由中国船舶工业总公司牵头实施，主要目标是万吨以上货轮、油轮、集装箱船船用设备达 20 世纪 80 年代国际同类产品水平，质量达到国际标准，全船设备自给率和主要零部件自给率都达到 80%。承担项目的单位多达 134 个，其中工业企业 97 个，科研院校 37 个，总投入 3 亿元。1990 年，项目圆满完成，实现了预定目标。“七五”期间，建造的出口船全部装用国产配套主机，共生产国产化柴油机 180 万马力、各种辅机 1500 多台，为 340 万吨出口船、远洋船和沿海船配套，累计创产值十几亿元，替代进口节约外汇 2.5 亿美元。[1]

在引进技术的消化吸收上，船舶工业不满足于“生产性消化吸收”，而是积极努力在消化吸收和移植国外先进技术的基础上，自主开发和创新，形成有中国特色的设计和产品，以达到“设计性消化吸收”，取得了显著的效果。如 34/82SDZ 型船用低速柴油机、新 250 型中速柴油机、半封闭螺杆式空调装置和 CZ 系列船用涡轮增压器等，在技术性能上都有新的提高。[2]由此，中国造船技术迈上新台阶，大致达到 20 世纪 80 年代初的国际水平。

---

〔1〕中华人民共和国国家经济贸易委员会编：《中国工业五十年》第 7 部·中卷，中国经济出版社 2000 年版，第 2542—2544 页。

〔2〕《当代中国的船舶工业》编辑委员会编：《当代中国的船舶工业》，当代中国出版社、香港祖国出版社 2009 年版，第 87 页。

另外，军用舰船方面通过移植出口船和引进设备的先进技术，也加快了更新换代。研制出一批新型导弹驱逐舰、导弹护卫舰、登陆舰、扫雷舰，以及远洋综合测量船、远洋调查船、远洋补给船等。

二、改造老厂形成新的生产能力

中共十一届三中全会以前，船舶工业长期以三线建设为重点。沿海地区船厂的技术改造基本陷于停顿状态，设备陈旧落后，以造中小船为主，无法适应生产出口船舶的需要。比如，1981 年完工船舶中，万吨以下的中小船占当年完工吨位的 58.22%，而当时日本、韩国已经能够生产 30 万吨级油轮。改革开放后，随着国民经济调整的展开，六机部压缩三线投资，投资结构发生重大变化。“六五”计划时期，三线地区建设的实际投资占六机部实际投资的比重从“五五”计划时期的 55% 左右下降到 28%，一、二线地区的投资比重上升到 72%，船舶工业基本建设的投资重点已由三线地区转向沿海地区。在国家财力紧张的情况下，无法开展大规模建设，必须依靠改造老厂形成新的生产能力。

从 20 世纪 80 年代初开始，重点对沿海骨干船厂和关键配套厂进行了建设和技术改造，使大型造修船能力严重不足的状况迅速改观。为尽快适应船舶出口的需要，沿海骨干船厂的改造以提高总装加工能力为重点，力争赶上 80 年代世界造船先进水平。一是提高船台和船坞的生产能力，满足建造大型船舶的需要。大连造船厂在基本建成 10 万吨级船台后，从西德进口了 580 吨龙门式起重机，并增加了 100 吨门座式起重机，以及大型船体联合车间和码头等。江南造船厂将原有的建造潜艇的船台和万吨级老船坞改建为 4 万吨级船台和 5 万吨级船坞，同时配置了 100 吨和 150 吨门座式起重机，扩大了装焊平台面积。沪东造船厂改建了原有的斜坡式船台，并建设了分段装焊车间，还建成了 6 万吨级船台和大型船体车间。此外，上海、中华、东海、山海关、新港、新河、北海、武昌、广州、文冲和澄西等船厂也陆续建成一批船台、船坞、码头及配套设施，更新了起重设备和运输设备。二是应用计算机技术。各船厂根据自身情况，建立了钢材预处理流水线、平面分段生产流水线、管子加工生产流水线、自动化数控切割机和自动化焊机等设施，实现由计算机控制的联机生产。还建立了计算机辅助设计和造船集成系统，从船舶报价、生产设计、船体建造、分段预舾装到部分生产管理，都不同程度地应用了计算机技术。

在进行技术改造的同时，各船厂及配套企业引进国外名牌产品的制造技术，并开发新产品，以提高船用设备的国产化率。大连船用柴油机厂原是大连造船厂的一个车间，80 年代初独立建厂后引进了国外名牌船用低速柴油机制造技术，进行了全面的技术改造，基本达到 80 年代世界先进水平，生产出了能为出口船舶配套的船用柴油机。上海船厂和沪东造船厂也先后引进国外名牌低速、中速柴油机制造技术，产出的船用柴油机用于出口船舶和国内远洋船舶及新型舰艇。武汉船用特种机械厂、南京船用辅机厂等配套设备骨干厂，也纷纷转向引进国外技术，为出口船舶配套。经过改造，已能够生产国外名牌船用液压起重机、甲板机械、油污水处理装置、船用焚烧炉等。此外，还有一批配套设备厂通过技术改造，实现了产品更新换代。

经过改造，船舶工业的技术水平得到快速提升，生产能力迅速提高。到 1989 年底，年造船能力达到 140 万吨，比 1978 年提高 75%。

三、通过管理体制改革推动企业走向市场

船舶工业要参与国际竞争，必须从封闭走向开放，从计划经济转

向市场经济，这就要求改革船舶工业的管理体制。

一是成立中国船舶工业总公司。1982 年 5 月，中国船舶工业总公司在北京正式成立。这是全国第一个打破部门和地区界限，按行业实行联合和改组的专业公司。与此同时，经五届全国人大常委会第二十三次会议批准，撤销第六机械工业部。原六机部所属经营进出口业务的中国船舶工业公司，随同六机部一起撤销。凡由中国船舶工业公司对外签订的一切合同和协议，全部移交给中国船舶工业总公司继续承办。这一举措是推进工业管理体制改革、用经济组织替代行政机构进行经营管理的一项重大突破。中国船舶工业总公司是社会主义全民所有制企业，由原六机部和交通部直属的 153 个企事业单位组成。公司以提高经济效益、加速发展船舶工业为目标，实行工业与贸易、军品与民品、造船与修船、科研与生产相结合的方针，为交通运输、国防建设、海洋开发、农业渔业和人民生活服务，并积极开展出口贸易。总公司实行企业化经营，同时受政府委托，负责统筹规划全国船舶工业的生产建设和进出口，研究提出有关方针政策。

二是成立地区性船舶工业公司。中国船舶工业总公司成立前后，相继成立了一批地区公司，成为总公司直属企业。1979 年 3 月 19 日，邓小平便提出了“六机部可建立上海、大连、广州等三个造船专业公司”[1]。按照这一指示，从 1981 年到 1985 年，相继成立了上海、广州、天津、武汉、重庆、大连、九江等 7 家地区船舶工业公司。其中，1981 年 8 月最先成立了上海船舶工业公司，统一管理上海、江苏、安徽地区的六机部和交通部直属企事业单位，以及上海市所属的部分船舶企业。之后成立的地区公司也分别管理本地区船舶总公司所属的企

[1]《邓小平年谱（1975—1997）》（上），中央文献出版社 2004 年版，第 494 页。

事业单位，由此构成了船舶总公司、地区公司、基层企业的三级管理，并逐步实行三级核算。此外，还成立了西安、昆明 2 家船舶配套工业公司，以及船舶电站设备、船舶内装工程、船用货物通道设备等直属专业公司。

三是逐步扩大企业自主权。中国船舶工业总公司成立后，逐步向经济实体转变，在改革管理体制方面进行了一些探索。主要是：总公司对国家实行税后利润总包干或利润总额按比例上缴，对所属企业普遍实行利润分成；扩大企业自主权，在所属企业中普遍推行厂长负责制，在部分企业中推行厂长任期目标责任制或承包经营责任制；总公司及其所属单位在确保完成国家指令性计划的前提下，可以根据国内外市场的需要确定自己的补充计划，努力增加出口，扩大服务领域，承接各种加工协作任务；继续改革外贸体制，总公司及其所属单位直接开展对外贸易，与外商洽谈进出口业务。

第四节　汽车工业逐步成长为支柱产业

新中国成立后，中国汽车工业经历了从无到有、从小到大的发展过程，到改革开放前夕已建成独立自主的汽车工业基础。然而，1978 年的汽车产量只有 14.9 万辆，汽车工业发展受到技术、资金、人才等的严重制约。中共十一届三中全会后，中国汽车工业在对外开放与合作中探索前行，发展速度大大加快，逐步成长为国民经济的支柱产业。

一、探索推进管理体制改革

1963 年 3 月，中央曾提出试办托拉斯，次年 8 月就成立了中国汽车工业公司。公司下设长春（以一汽为主体）、南京（以南汽为主体）、四川（以川汽为主体）、北京（以北汽为主体）四个汽车分公司，以及济南、武汉两个汽车总厂和轴承、供应、销售三个专业公司。国务院将原本由交通部管理的汽车配件也移交给中国汽车工业公司统一管理。公司成立后上收了一批骨干汽车厂，按照专业化原则对汽车零部件生产作出适当调整。然而，“文化大革命”开始之后，托拉斯体制被取消，各地区和各部门再度出现一大批小型企业，纵横分割，多头领导，汽车工业又陷入布点分散、重复建设、“小而全”的状态。

中共十一届三中全会之后，党和国家开启汽车工业管理体制改革。1980 年，国务院提出全国汽车工业调整方案。1982 年 5 月，经国务院批准，中国汽车工业公司再度成立。公司实行产销结合、科研和生产结合、军民结合、进出口结合，是独立从事生产经营与核算的经济组织，实行董事会领导下的总经理负责制。公司采用经济办法管理全国汽车工业，其主要职责是对全国汽车工业进行统筹规划、综合平衡、开发经营、监督服务、组织协调。

在中国汽车工业公司成立前后，以中心城市、工业基地为依托，以骨干汽车制造厂或零部件厂为基础，打破地区界限，按自愿互利原则，成立了汽车工业联营公司。1981 年成立了东风汽车工业联营公司。该公司以第二汽车制造厂为基础，联合了杭州汽车制造厂、汉阳特种汽车制造厂、广州汽车制造厂、柳州汽车制造厂、重庆汽车制造厂、贵州汽车制造厂、云南汽车制造厂和乌鲁木齐汽车装配厂。1982 年成立了南京汽车工业联营公司（以南京汽车制造厂为主体）、解放汽车工业联营公司（以第一汽车制造厂为主体）。1983 年成立了中国汽车零部件工业联营公司、重型汽车工业联营公司（以济南汽车制造总厂、四川重型汽车制造公司、陕西汽车制造厂为主体）、京津冀汽车工业联营公司（以北京市、天津市、河北省三个汽车工业公司为主体）。

1984年又成立了上海汽车拖拉机工业联营公司（以上海拖拉机汽车工业公司为主体），撤销了京津冀汽车工业联营公司。

中国汽车工业公司成立后，围绕汽车工业在国民经济中的地位和作用进行了系统调研和论证，使汽车工业在国民经济中的重要支柱地位得到肯定。1984年11月，国家经委、国家计委、国家体改委、机械工业部和中国汽车工业公司联合召开了全国汽车行业工作会议，基本统一了全行业对汽车工业大发展的形势、方针等重大问题的认识，并讨论了汽车工业的“七五”发展规划。1985年，中共十二届五中全会通过的《中共中央关于制定国民经济和社会发展第七个五年计划的建议》指出，要根据加快交通运输建设的要求，要把汽车制造业作为重要的支柱产业，争取有一个较大的发展。[1]

中国汽车工业公司成立之后的五年中，逐步推进汽车工业管理体制改革，推动了企业的改组、改造和联合，先后组建了若干个汽车生产企业集团。1986年，一汽、二汽脱离中国汽车工业总公司，实行计划单列。两大汽车制造厂扩大了经营自主权，并通过发展横向联合，组建起一汽集团、二汽集团，按专业化协作组织生产，使企业活力大增。

随着经济体制改革的进一步深化，国务院作出推进改革的新决定。1987年6月，经国务院批准，成立中国汽车工业联合会，同时撤销中国汽车工业公司。中国汽车工业联合会是全国汽车、摩托车行业的企业事业单位自愿参加的联合组织，为政府决策提供咨询，在企业和政府之间发挥桥梁和纽带的作用。中国汽车工业联合会成立后，围绕汽车工业发展战略进行了研究论证，提出中国汽车工业发展的战略重点

[1]《十二大以来重要文献选编》（中），人民出版社1986年版，第806页。

从载重卡车向轿车转移。此前，中国汽车工业的战略重点一直是中型卡车，产品结构存在“缺重型车，少轻型车，轿车近乎空白”的问题。随着国内市场对于轿车的需求快速上升，供需矛盾日益紧张，导致进口轿车数量大增。到 1987 年 9 月，全国轿车保有量为 27 万辆，其中 80%是进口车。[1] 1987 年 8 月，国务院召开会议讨论研究加快发展汽车工业的重大问题，确定了通过发展民族轿车工业来振兴汽车工业的发展战略，并确定第一汽车制造厂、第二汽车制造厂、上海汽车制造厂在“八五”期间建成三大轿车生产基地。此后，汽车工业的发展重点有计划地从载重卡车转向轿车。

1987 年 10 月，经国务院领导批准，国务院成立振兴汽车工业协调小组，负责起草汽车工业振兴法，加快推动汽车工业发展成国民经济的支柱产业。至此，汽车工业形成了新的管理体制。国务院振兴汽车工业协调小组是最高层次的宏观决策协调机构，中国汽车工业联合会是中间层次的行业管理机构，各汽车工业集团为第三层次。这种管理体制是改革过程中的一次探索。经过两年多的运行，中国汽车工业联合会这种具有社团组织性质的行业管理模式，由于缺乏必要的权威和手段，宏观管理没有达到预期目标。1990 年，经国务院批准，中国汽车工业总公司成立，由机械电子工业部归口管理，在国家计划中实行单列。中国汽车工业联合会作为民间机构继续试点。

二、老产品换型转产

20 世纪 80 年代，中国汽车老产品实现了换型转产，结束了三十年一贯制的历史，标志着中国汽车工业技术的进步。

---

〔1〕《人民日报》1987 年 9 月 16 日，第 1 版。

解放牌汽车长期以来是中国汽车工业的主力产品。1980 年 7 月，第一汽车制造厂（简称一汽）提出换型产品 CA141 型 5 吨载货车和顶置气门汽车发动机设计，计划在老产品基础上挖潜改进，使新车型的性能指标赶上或超过二汽东风牌 EQ140 型 5 吨载货车。换型改造项目被列入国家“六五”计划重点建设项目，总投资 4.4 亿元。工程工作量很大，不亚于当年建设一汽。72.8%的零部件要做生产准备，有老生产线改造、新生产线建设，涉及厂内 25 个专业厂和 17 个后方单位，以及全国 95 个外协配套厂、材料供应厂、设备制造厂及国外供货厂商。工程于 1982 年 7 月动工。经过三轮设计、试制和试验，1983 年 9 月 CA141 型 5 吨载货汽车通过国家鉴定。1985 年，一汽以技贸结合的方式，引进了日本日野汽车公司 6 挡变速器产品和制造技术。1986 年 7 月，CA141 型载货汽车投入试生产，当年 9 月 29 日一汽生产长达 30 年、累计产量 110 多万辆的老解放牌载货汽车停产，1987 年 1 月，CA141 型汽车投入大批量生产。

跃进牌汽车长期以来是中国主要的轻型载货汽车。1982 年 2 月，南京汽车制造厂产品换型改造工程被批准列为“六五”后三年国家重点建设项目，总投资 7231 万元。南京汽车制造厂通过引进模具，改为生产平头驾驶室，并提高了发动机功率和改进了悬架等，将载重量提高到 3 吨，并可选装柴油机或汽油机，型号改为 NJ131。新车型于 1984 年 10 月通过国家鉴定，1985 年小批量投产；1985 年 8 月，NJG427A 型汽油机的双排座 NJ136 型、NJ13613 型 2 吨载货车通过国家鉴定。1988 年，南京汽车制造厂全部转产换型产品，当年生产 3.4 万辆。1988 年，从 1958 年开始生产，累计生产近 19 万辆的老跃进牌载货汽车停产。至此，南京汽车制造厂完成换型产品开发，形成包括 NJ221 型越野车产品的系列化、多品种生产能力。换型转产使南京汽车制造厂产品技术水平和生产规模上了一个新台阶，为发展轻型车生产迈开了重要的一步。

黄河牌载货汽车是中国重型汽车生产的一个主导产品。20 世纪 70 年代末，为适应国内对重型载货汽车的需求，中国曾与罗马尼亚合作，在济南汽车制造厂建设罗曼 8 吨以上载货车装配线，进行组装生产。1980 年，济南汽车制造厂吸收消化罗曼汽车驾驶室、动力转向等技术，开发换型产品 JN162 型 10 吨重型载货汽车，于 1984 年 7 月通过国家鉴定批量投产。之后，又解决了降低噪声、前轮摆振、驾驶室共振等问题，1989 年 6 月通过鉴定验收。JN162 型重型载货汽车采用系列化方式形成了变型车、改装车、专用车和大客车底盘的产品系列。

20 世纪 80 年代，汽车工业自主开发并投入生产的重型车、中型车、微型车、各种专用车、客车等基本车型有 30 多种，开发改装车、专用车新产品 200 多种。主要产品除解放 CA141、跃进 NJ131、黄河 JN162 外，还有 BJ122 型 1 吨卡车、CQ30290 型 18 吨卡车、CQ19210 型 10 吨卡车、SX161 型 13.5 吨卡车等。一汽新开发的 CA151F 型 6 吨柴油卡车和 EQ153 型 8 吨卡车，主要技术性能指标已达到 80 年代世界同类产品的水平。

三、以市场换技术

从 20 世纪 70 年代末开始，中国汽车工业开始探索与国外企业合资经营。1978 年 10 月，中国同美国通用汽车公司就重型卡车技术引进进行谈判。其间，美国通用公司提出与中方企业合资经营的建议，引起中央高度重视。1979 年，国务院技术引进领导小组提交《关于美国通用汽车公司访华代表团愿意同我国合资经营办汽车厂》的报告。邓小平审阅报告后作出批示："合资经营企业可以办。"[1]由于种种原因，中国未能与美国通用汽车公司就创办合资企业达成协议，但自此以后，一批与外商合资经营的汽车公司陆续建立起来。1984 年，北京汽车制造厂与美国汽车公司合资成立了北京吉普汽车有限公司，生产当时的美国汽车公司切诺基 XJ 系列 4 轮驱动越野车。1985 年，上海汽车厂与西德大众汽车公司合营的上海大众汽车有限公司正式成立。1986 年，天津汽车工业公司引进日本大发公司夏利轿车技术许可证转让合同在天津签字。1986 年，中法合资的广州标致汽车有限公司投产。1990 年 11 月，第一汽车制造厂和德国大众汽车公司合资年生产 15 万辆普及型轿车的项目在北京正式签约。1990 年 12 月，第二汽车制造厂与法国雪铁龙汽车公司合资生产轿车项目在巴黎签约。

这一时期，中国汽车工业的主要发展模式为引进国外技术，成立合资企业，开展大批量生产，从散件进口组装起步，逐步提高国产化率。1978 年，经国家批准上海汽车制造厂从进口散件装车入手，与西德大众汽车公司合作生产轿车。1983 年 4 月，装出第一辆桑塔纳轿车。1985 年 3 月，上海大众汽车有限公司正式成立，年产 2 万辆上海桑塔纳轿车，后调整为 3 万辆、发动机 10 万台，西德大众汽车公司接受返销发动机 8 万台，购买 14 万美元模具，以实现外汇平衡。1985 年 7 月，上海市决定将上海安亭建成年产 30 万辆轿车的现代化汽车城。1988 年 10 月，一期技术改造竣工，形成了年产 6 万辆能力。为了提高轿车生产的国产化率，上海市组织实施了桑塔纳国产化项目。1988 年 7 月，以上海大众汽车公司为主导，联合了全国 13 个省市 120 多家配套企业、研究所和大专院校的"上海桑塔纳轿车国产化共同体"

[1]《邓小平年谱（1975—1997）》（上），中央文献出版社 2004 年版，第 488 页。

成立，推动桑塔纳国产化加速发展。[1]

一汽大众是当时汽车行业内最大的合资企业，其 15 万辆轿车项目被列入“八五”重点工程，总投资 89 亿元，中德双方占股比例分别为 60% 和 40%。一汽大众 15 万辆项目的投资建设，标志着中国轿车工业发展的新起点。（1）一汽大众是国内第一个按经济规模起步建设的轿车生产企业。一期工程建设为年产 15 万辆整车、27 万台发动机、18 万台传动器。其中部分建设项目已具备 30 万辆规模，其他部分项目也为 30 万辆留下了发展的空间。（2）全面引进了具有国际先进水平的产品。捷达、高尔夫系列轿车是当时联邦德国大众年产销量最大的主力车型；一汽大众引进的发动机是当时最先进的 5 气阀技术。（3）制造技术先进。总装首次采用悬链生产方式，班产能力 500 辆；冲压首次使用了 800 吨多工位全自动压力机等。一汽大众公司于 1991 年 2 月在长春成立，9 月正式营业。公司成立之初，确定了边建设、边生产、边国产化的经营方针，在确保建设进度的同时，积极组织生产。1991 年 10 月便实现了第一批白车身在焊装后下线，并试装 156 辆捷达轿车，1992 年以 CKD（全散件组装）形式组装 8000 辆轿车。1995 年，15 万辆轿车项目部分建成投产；1996 年，传动器和发动机两个项目先后建成投产；1997 年，整个项目通过国家验收。

除合资经营外，中国汽车工业还采取了其他技术引进方式。1984 年 2 月，重型汽车工业联营公司与奥地利斯泰尔汽车公司签订了重型汽车制造技术引进合同。1985 年 3 月，南京汽车工业联营公司与意大利依维柯公司签订了 S 系列轻型汽车制造技术的合同。这两个引进项

〔1〕《人民日报》1988 年 7 月 3 日，第 1 版。

目列入“七五”期间国家重点项目。斯泰尔项目于1986年开始全面实施，1989年6月成功生产出第一辆中国—斯泰尔重型载货汽车，1991年2月通过考核验收。南京依维柯轻型客车于1991年8月开始批量生产，国产化率达到40%。此外，1984年3月，中国汽车工业进出口公司、天津市汽车工业公司与日本大发工业有限公司、丰田通商有限公司签订850系列微型汽车技术转让许可证合同。1986年3月，双方又签订了夏利轿车许可证换让合同。1987年12月，天津市汽车减震器厂又引进了日本夏利汽车减震器软件技术。

中国汽车工业通过引进汽车零部件生产技术，加快消化吸收，推动汽车国产化率逐步提高。1984年3月，唐山齿轮厂与日本大发公司签约引进大发微型汽车变速器制造技术及关键加工设备，并与西德梯维斯公司签约，引进轿车制动器技术。1986年11月，中国汽车进出口公司、东风汽车进出口公司、第二汽车制造厂与美国康明斯发动机公司签订B系列柴油发动机许可证转让合同。1987年5月，国家计委批准一汽引进美国克莱斯勒公司轻型发动机制造技术和设备。7月，双方签订技术引进协议。克莱斯勒公司向一汽提供2.2L化油器或单点喷射式、多点喷射增压式及2.5L单点喷射式四缸发动机系列产品的技术。1988年6月，江西齿轮箱总厂引进日本五十铃汽车MSC-5C变速器生产技术。到1990年，上海桑塔纳的国产化率达到60.09%，北京切诺基轻型越野车为43.51%，一汽奥迪轿车为13.66%，广州标致505型轿车为19.05%，天津夏利轿车为40.74%。

第七章

工业的结构转变与发展成就

1978 年到 1991 年，改革开放为中国工业的发展注入了新鲜的活力和强劲的动力。中国的工业结构发生显著转变，轻重工业比例由“偏重”转变为均衡，同时工业内部的产业门类更加丰富，行业分工更加专业化，企业主体日益多元。随着一批重点建设项目和重大技术攻关项目的完成，以及国外先进技术的引进和消化吸收，中国工业的生产能力和技术水平大幅提升。

第一节　工业的增长和结构的改善

1978 年到 1991 年，中国工业发展取得重大成就。通过工业结构调整，轻重工业实现协调发展；主要工业产品产量大幅度增加，一批新兴行业蓬勃兴起，填补了国内多项空白；多种所有制工业健康发展，推动工业产值实现快速增长，为这一时期经济结构的改善和经济增长作出重要贡献。

一、工业产值、产量的迅速提升

1978 年到 1991 年，全国工业总产值增长迅速，由 1978 年的 4237 亿元增长到 1991 年的 28248 亿元，按可比价格计算，平均每年增长 12.2%。人均工业总产值由 440 元增长到 2439 元，增长了 4.5 倍。（见表 7-1、表 7-2、表 7-3）

表 7-1　1978—1991 年全国工业总产值（按当年价格计算）

（单位：亿元）

年份	全国工业总产值	轻工业总产值	重工业总产值
1978	4237	1826	2411
1979	4681	2045	2636
1980	5154	2430	2724
1981	5400	2781	2619
1982	5811	2919	2892
1983	6461	3135	3326
1984	7617	3608	4009
1985	9716	4575	5141
1986	11194	5330	5864
1987	13813	6656	7157
1988	18224	8979	9245
1989	22017	10761	11256
1990	23924	11813	12111
1991	28248	13801	14447

数据来源:《中国工业经济统计年鉴（1992）》，中国统计出版社 1992 年版，第 34 页。

表 7-2　1978—1991 年工业总产值指数（以上年为 100）

年份	全部工业	轻工业	重工业
1978	113.5	110.9	115.6
1979	108.8	110	108
1980	109.3	118.9	101.9
1981	104.3	114.3	95.5
1982	107.8	105.8	109.9
1983	111.2	109.3	113.1
1984	116.3	116.1	116.5
1985	121.4	122.7	120.2
1986	111.7	113.1	110.2

续表

年份	全部工业	轻工业	重工业
1987	117.7	118.6	116.7
1988	120.8	122.1	119.4
1989	108.5	108.2	108.9
1990	107.8	109.2	106.2
1991	114.5	114.6	114.4
平均每年增长率	12.2%	14.0%	10.6%

数据来源：《中国工业经济统计年鉴（1992）》，中国统计出版社 1992 年版，第 34 页。

表 7-3　1978—1991 年中国人均工业产值统计

（单位：元）

年份	人均工业产值	人均轻工业产值	人均重工业产值
1978	440	190	250
1979	480	210	270
1980	522	246	276
1981	540	278	262
1982	572	287	285
1983	629	305	324
1984	733	347	386
1985	925	439	486
1986	1051	500	550
1987	1278	616	662
1988	1663	819	843
1989	1980	968	1012
1990	2092	1033	1059
1991	2439	1192	1247

数据来源：《中国工业经济统计年鉴（1992）》，中国统计出版社 1992 年版，第 13 页。

工业规模不断扩大。从企业数量来看，由 1978 年的 34.84 万个增长到 1991 年的 50.48 万个，平均每年增加 1.2 万个。工业企业职工人数逐年增加，工资总额快速提高。据统计，全国区县以上工业企业职工人数，从 1978 年的 4354 万人增长到 1991 年的 6551 万人，平均每年增加 169 万人；工资总额由 1978 年的 268 亿元增长到 1550.8 亿元。

主要工业产品产量显著增长。1978 年到 1991 年，全国钢产量由 3178 万吨增长到 7100 万吨，由世界第 5 位上升到世界第 4 位；原煤产量由 6.18 亿吨增长到 10.87 亿吨，由世界第 3 位上升到世界第 1 位；原油产量由 10405 万吨增长到 14099 万吨，由世界第 8 位上升到第 5 位；发电量由 2566 亿千瓦时增长到 6775 亿千瓦时，由世界第 7 位上升到世界第 4 位；水泥产量由 6524 万吨增长到 25261 万吨，由世界第 4 位上升到世界第 1 位；电视机产量由 51.73 万台增长到 2691.41 万台，由世界第 8 位上升到世界第 1 位；化肥产量由 869.3 万吨增长到 1979.5 万吨；汽车产量由 14.91 万辆增长到 71.42 万辆。家电等耐用消费品的品种和产量高速增长，许多产品到 1991 年开始出现供大于求的局面，这是中国工业发展史上一个具有重要意义的变化。

全国乡及乡以上独立核算工业企业利润和税金总额由 1978 年的 916 亿元增长到 1991 年的 2233.3 亿元，平均每年增长 7.1%。（见表 7-4）

从轻重工业产值的比例来看，1978 年，轻工业产值与重工业产值的比例为 43.1∶56.9，仍处于失衡状态。经过三年国民经济调整，1981 年和 1982 年，轻工业产值比重迅速上升，甚至超过重工业，分别达到 51.5∶48.5 和 50.2∶49.8。1978 年到 1981 年，工业经济增长中轻工业的贡献份额达到了 69.4%。（见表 7-5）之后，重工业产值比重有所回升，但轻重工业基本保持平衡。1978 年到 1991 年，工业经济增长中轻工业的贡献份额为 49.9%，重工业的贡献份额为 50.1%。

表 7-4　1978—1991 年全国乡及乡以上独立核算工业企业主要财务指标

（单位：亿元）

年份	固定资产原值	固定资产净值	产品销售税金	亏损企业亏损总额	利润总额	利润和税金总额
1978	3477.6	2423.7	316.7	45.1	599.3	916
1979	3803.8	2629.7	339.8	40.2	654.3	994.1
1980	4134	2830.2	368.5	38.8	692.3	1060.8
1981	4506.7	3063.6	398.6	53.5	682.4	1081
1982	4926.7	3322	437.4	55.8	704.2	1141.6
1983	5399.4	3623.7	463.9	37.6	772.1	1236
1984	5916	3935.6	533.9	34.2	852.4	1386.3
1985	6885.9	4664.3	719.9	40.5	944.1	1664
1986	7921.4	5416.8	787.5	72.4	877.6	1665.1
1987	9158.2	6346.8	888.4	84.7	1005	1893.4
1988	10641.1	7420.3	1098.9	106.6	1189.9	2288.8
1989	12474	8751.6	1275.1	234.1	1000.3	2275.5
1990	14390	10138.9	1386.1	453.7	559.8	1945.9
1991	17156.3	12019.7	1590.5	475.5	642.8	2233.3

数据来源：《中国工业经济统计年鉴（1992）》，中国统计出版社 1992 年版，第 65 页。

表 7-5　1978—1991 年轻、重工业产值比例

	1978	1979	1980	1981	1982	1983	1984	1985	1986	1987	1988	1989	1990	1991
轻工业	43.1	43.7	47.2	51.5	50.2	48.5	47.4	47.4	47.6	48.2	49.3	48.9	49.4	48.9
重工业	56.9	56.3	52.8	48.5	49.8	51.5	52.6	52.6	52.4	51.8	50.7	51.1	50.6	51.1

数据来源：根据《中国工业经济统计年鉴（1995）》，中国统计出版社 1996 年版，第 13 页数据计算。

从轻重工业各自的增长速度来看，1978 年到 1991 年轻重工业发展速度比较协调，总体上看轻工业发展略快于重工业。（见图 7-1）

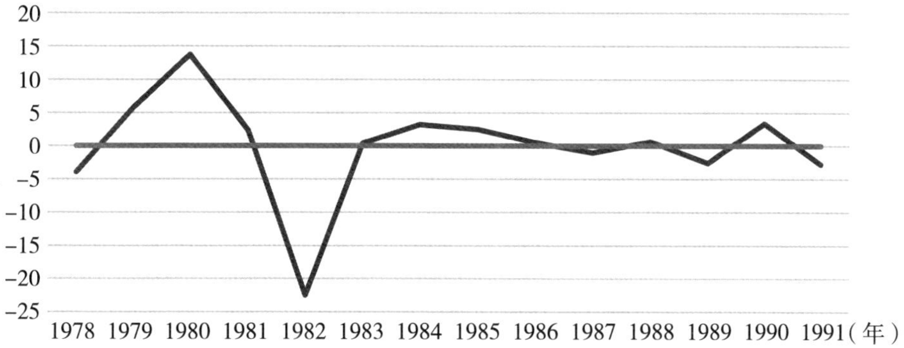

图 7-1　1978—1991 年轻重工业产值增速差值（轻工业增速减去重工业增速）

数据来源：根据《中国工业经济统计年鉴（1995）》，中国统计出版社 1996 年版，第 13 页数据计算。

二、重工业的发展

1978 年到 1991 年，重工业产值由 2411 亿元增长到 14447 亿元，按可比价格计算，年均增长 10.6%。就重工业内部结构来看，制造工业发展过快，采掘工业和原料工业发展滞后。1978 年到 1981 年，经过国民经济调整，重工业内部结构得到改善，采掘工业和原料工业的比重上升，由 12% 和 35.5% 上升到 15% 和 40.6%；制造工业的比重下降，由 52.5% 降为 44.2%。1981 年到 1988 年，采掘工业和原料工业的比重持续下降，到 1988 年下降到 9.5% 和 33.8%；制造工业的比重持续上升，到 1988 年上升为 56.7%。采掘工业和原料工业发展缓慢，其短板效应越来越凸显。1988 年到 1991 年，经过治理整顿，采掘工业和原材料工业的比重回升，到 1991 年升至 11.7% 和 41.7%；制造工业比例下降，到 1991 年降到 46.6%。（见图 7-2）

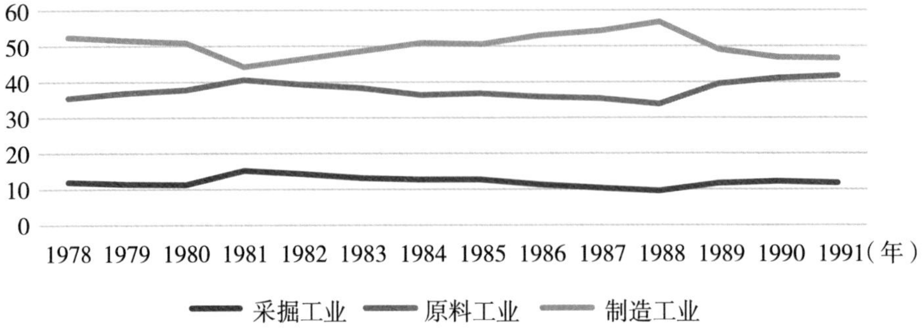

图 7-2　1978—1991 年采掘工业、原料工业、制造工业比例变化

数据来源：《中国工业经济统计年鉴（1986）》，中国统计出版社 1987 年版，第 186 页；《中国工业经济统计年鉴（1988）》，中国统计出版社 1989 年版，第 18 页；《中国工业经济统计年鉴（1990）》，中国统计出版社 1990 年版，第 7 页；《中国工业经济统计年鉴（1992）》，中国统计出版社 1992 年版，第 7 页。

国家加大能源工业投资力度，努力提高能源产量，以适应国民经济快速发展的需要。（见表 7-6）据统计，能源工业固定资产投资额 1981 年为 141.24 亿元，1990 年为 846.74 亿元，增长了近 5 倍，能源工业固定资产投资占固定资产投资总额的比重由 1981 年的 21.16% 增长到 1990 年的 28.23%。但投资的效果未能立即显现，能源工业产值增速低于同期工业增速，1978 年到 1990 年平均每年增长 10.4%，因而能源工业产值在工业总产值中的比重由 1978 年的 12.3% 下降到 9%。这从一个方面反映了基础工业发展滞后、“瓶颈”制约加剧的状况。

煤炭工业持续稳定增长，原煤产量由 1978 年的 61786 万吨增长到 1991 年的 108428 万吨，年均增长 4.4%。由于贯彻了“国家、集体、个人一齐上，大中小煤矿一起搞”的方针，地方煤矿和小煤矿的原煤产量增长迅速。1978 年到 1991 年，地方煤矿原煤产量由 27602 万吨增长到 60368 万吨，年均增长 6.2%，远高于国有重点煤矿年均 2.7%

的增速；地方煤矿原煤产量占全国原煤总产量的比重也由 44.7% 上升到 55.7%。在各级地方煤矿当中，乡镇煤矿原煤产量增长最快，1978 年到 1991 年产量由 9532 万吨增长到 35593 万吨，年均增长 10.7%，占地方煤矿原煤产量的比重由 34.5% 上升到 59%。小煤矿原煤产量占全国原煤产量的比例越来越高，到 1991 年，3 万吨以下矿井产量达到 43061.61 万吨，超过了大型矿井煤矿的 30608.62 万吨，占 1991 年全国原煤产量的比重达到 39.7%。（见表 7-7）

表 7-6　1978—1990 年能源工业主要产品新增生产能力

年份	煤炭开采（万吨）	石油开采（万吨）	天然气开采（亿立方米）	发电机组装机容量（万千瓦）	火电装机容量（万千瓦）
1978	1151	999.6	23.56	504.82	399.64
1979	1393	800	18.32	465.15	351.59
1980	829	574.7	13.39	287.08	203.16
1981	1373	518.9	6.22	264.01	152.34
1982	820	636.5	6.27	294.25	205.3
1983	1852	810.8	4.75	449.11	341.69
1984	2435	1309.7	5.47	377.92	268.79
1985	1647	1737.2	10.8	637.64	587.07
1986	2105	1548.5	5.37	663.8	540.99
1987	2106	1640	4.4	874.4	607.05
1988	3302	1581	13.5	1117.02	233.78
1989	2845	1650	5.31	1060.91	896.1
1990	2336	1324.4	7.07	915.55	772.56

数据来源：《中国能源统计年鉴（1991）》，中国统计出版社 1992 年版，第 56 页。

表 7-7　按隶属关系分全国原煤产量

（单位：万吨）

年份	总计	国有重点煤矿	地方煤矿合计	省营	专营	县营	乡镇煤矿	其他
1978	61786	34184	27602	7002	4977	6091	9532	
1979	63554	35777	27777	6976	4518	5652	10631	
1980	62013	34439	27574	6616	4282	5314	11362	
1981	62163	33505	28658	6690	4044	5265	12659	
1982	66632	34990	31642	7031	4252	5752	14607	
1983	71453	36312	35141	7819	4405	5910	17007	
1984	78923	39470	39453	6700	4669	6396	21688	
1985	87228	40626	46602	6195	5092	6991	26671	
1986	89404	41392	48012	6047	5198	6893	27748	83
1987	92809	42020	50789	6310	4910	6893	29633	288
1988	97987	43445	54542	6640	5341	7408	30673	676
1989	105415	45830	59585	6846	5739	7961	33727	1005
1990	107930	48022	59908	6643	5871	7995	34580	488
1991	108428	48060	60368	6459	5928	7969	35593	426

数据来源：中国煤炭工业协会编：《中国煤炭工业统计资料汇编（1949—2009）》，煤炭工业出版社 2011 年版，第 10 页。

石油工业由于从 1981 年开始实行 1 亿吨原油产量包干的政策，拓宽了石油勘探、开发的资金来源，缓解了资金缺乏的状况。1981 年到 1990 年，全民所有制石油天然气开采业的固定资产投资额由 46.86 亿元增长到 231.13 亿元，增长了近 4 倍，年均增长 19.4%。其中，其他固定资产投资的增长尤为显著，投资额由 1982 年的 24.08 亿元增长到 1990 年的 130.71 亿元，增长了 4.4 倍，年均增长 23.5%，占固定资产投资总额的比重也显著提高，1985 年达到了 72.2%，1982 年到 1990 年平均达到 57.2%，成为石油工业资金的主要来源，为石油生产提供了有力的资金保障。（见表 7-8）“六五”计划时期，国际油价大幅上涨，在保障了资金的情况下，原油产量快速增长，打破了70年代末原油产量突破1亿吨后徘徊不前的局面。1981年到1985年，原油产量由10122万吨增长到12490万吨，年均增长5.4%，1984年和1985年的增长率达到8.1%和9.0%。“七五”时期，由于国际油价下跌，原油产量增速变缓，1986年到1990年原油产量由13069万吨增长到13831万吨，年均增长率仅为1.4%。

表7-8　石油天然气开采业固定资产投资及构成表（全民所有制）

年份	合计（亿元）	投资额（亿元）			构成（以合计为100）		
		基本建设	更新改造	其他固定资产投资	基本建设	更新改造	其他固定资产投资
1981	46.86	23.14	23.72	—	49.38	50.62	—
1982	61.99	21.52	16.39	24.08	34.72	26.44	38.84
1983	74.24	25.98	25.19	23.07	34.99	33.93	31.07
1984	94.60	25.63	7.92	61.05	27.09	8.37	64.53
1985	130.29	27.07	9.15	94.07	20.78	7.02	72.20
1986	137.82	29.75	10.32	97.75	21.59	7.49	70.93
1987	166.21	42.22	11.84	112.15	25.40	7.12	67.47
1988	196.89	61.11	27.64	108.14	31.04	14.04	54.92
1989	232.94	71.98	25.95	135.00	30.90	11.14	57.95
1990	231.13	75.56	19.73	130.71	32.69	8.54	56.55

数据来源：《中国能源统计年鉴（1991）》，中国统计出版社1992年版，第25页。

电力工业是这一时期的建设重点，基本建设投资从1978年的50.91亿元增长到1990年的334.55亿元，增长了5.6倍，年均增长17.0%，尤其是“七五”时期，1985年到1990年平均每年增长34.2%。1978年到1991年，发电设备装机容量从1978年的5712万千瓦，增长到1991年的15147万千瓦，增加了近1.7倍，平均每年增长7.8%。其中，水电设备装机容量由 1978 年的 1728 万千瓦增长到 1991 年的 3788 万千瓦，平均每年增长 6.2%；火电设备装机容量由 1978 年的 3984 万千瓦增长到 1991 年的 11359 万千瓦，平均每年增长 8.4%。发电量也相应由 1978 年的 2566 亿千瓦时增长到 1991 年的 6775 亿千瓦时，平均每年增长 7.8%。在全国发电量中，绝大部分是火电，比重保持在 80% 左右。（见表 7-9）

表 7-9 1978—1991 年全国发电量及构成

年份	发电量（亿千瓦时）			构成 (%)	
	总量	水电	火电	水电	火电
1978	2566	446	2120	17.4	82.6
1979	2820	501	2319	17.8	82.2
1980	3006	582	2424	19.4	80.6
1981	3093	655	2438	21.2	78.8
1982	3277	744	2533	22.7	77.3
1983	3514	864	2650	24.6	75.4
1984	3770	868	2902	23.0	77.0
1985	4107	924	3183	22.5	77.5
1986	4495	945	3550	21.0	79.0
1987	4973	1000	3973	20.1	79.9
1988	5452	1092	4361	20.0	80.0
1989	5848	1183	4664	20.2	79.8
1990	6212	1267	4945	20.4	79.6
1991	6775	1247	5525	18.4	81.5

数据来源：《中国能源统计年鉴（1991）》，中国统计出版社 1992 年版，第 88 页。

原材料工业稳步发展。1978 年到 1991 年，钢产量由 3178 万吨增长到 7100 万吨，年均增长 6.4%；成品钢材由 2208 万吨增长到 5638 万吨，年均增长 7.5%。到 80 年代后期，中国已能生产包括高温合金、精密合金等各种高级合金钢在内的1000多个钢种，可轧制钢材品种规格4万多个，板材、带材、管材、型材、线材以及钢丝等品种基本齐全。钢铁工业规模逐步扩大。1978年到1991年累计固定资产投资总额达1250.9亿元。按可比价格计算，钢铁工业产值由1980年的342.2亿元增长到1990年的621.9亿元，年均增长6.2%。有色金属工业迎来振兴。1978年到1991年，10种主要有色金属产量从99.63万吨增长到259.11万吨，增长了1.6倍，年均增长7.6%，“七五”时期年均增速达到9%。水泥产量快速增长，1978年到1991年由6524万吨增长到25261万吨，增长了2.9倍，年均增长11.0%。

化学工业产品结构不断改善。1978年到1991年，化肥产量由869.3万吨增长到1979.5万吨，年均增长6.5%。其中，氮肥与磷肥的比例持续改善，由1∶0.14变为1∶0.30，钾肥的产量也显著提高，由2.1万吨增长到9.9万吨，增长了3.7倍。化学农药方面，1983年停止生产“六六六”、滴滴涕农药，开发了一批新农药，提高了高效低残留农药的比重。橡胶工业迅速发展，橡胶轮胎外胎产量由1978年的936万条增长到1991年的3940万条，增长了3.2倍，年均增长11.7%。为轻工业提供原料的化工产品产量增长迅速。化学纤维产量大幅提高，由1978年的28.46万吨增长到1991年的191.03万吨，增长了5.7倍，年均增长15.8%，其中合成纤维的产量增长更快，由1978年的16.94万吨增长到1991年的167.03万吨，增长了9.9倍，年均增长19.2%。塑料产量由1978年的67.9万吨增长到1991年的283万吨，增长了3.2倍，年均增长11.6%。硫酸、纯碱、烧碱、合成氨等化工产品产量也稳步增长，详见表7-10。

表 7-10　部分化工产品产量

（单位：万吨）

年份	硫酸（折 100%）	浓硝酸（折 100%）	盐酸（氯化氢含量 31%）	纯碱	烧碱（折 100%）	合成氨
1978	661	33.76	111.5	132.9	164	1183.5
1979	699.8	28.19	107.8	148.6	182.6	1348.2
1980	764.3	22.77	117.7	161.3	192.3	1497.4
1981	780.7	19.26	129.2	165.2	192.3	1483.4
1982	817.5	24.61	148.3	173.5	207.3	1546.3
1983	869.6	25.6	158.3	179.3	212.3	1677.1
1984	817.2	25.78	170.4	188	222.2	1837.4
1985	676.4	27.4	185.6	201.1	235.3	1718.8
1986	763.1	27.53	206	214.6	251.8	1672.9
1987	983.3	29.02	227	236.3	273.9	1940.6
1988	1111.3	30.33	246.2	260.9	300.5	1986.3
1989	1153.3	32.82	257.9	304.2	321.1	2068.1
1990	1196.9	31.8	262.3	379.5	335.4	2129
1991	1332.9	34.34	285.2	393.6	354.1	2201.6

数据来源：《中国工业经济统计年鉴（1995）》，中国统计出版社 1996 年版，第 377—378 页。

机械工业发展较快，按可比价格计算，年均增长 11%。其中，汽车工业发展比较突出，产品结构大幅改善。1978 年到 1991 年，特别是“六五”计划后期，汽车生产企业数量快速增加，1978 年为 55 个，1983 年达到 65 个，1985 年就达到 114 个，1991 年继续增长为 120 个；汽车工业投资持续增加，由 1978 年的 3.8 亿元增加到 1991 年的 58.9 亿元；汽车产量由 14.9 万辆增长到 70.9 万辆，增长了 3.8 倍，年均增长 12.7%。（详见表 7-11）通过产品结构调整，“缺重少轻无轿”状况得到明显改善。1980 年全国商用车产量的轻（包括微）、中、重型车比例为 29.7∶66.2∶4.1，1990 年为 47.9∶47.2∶4.9，重型车比例显著提高；1980 年全国载货车产量的轻（包括微）、中、重型车比例为 32.0：64.4：3.6，1990 年为 55.3：39.8：4.9，重型载货汽车比例显著提高。[1]1978 年轿车产量仅占全国汽车产量的 1.8%，1991 年已上升为 11.4%。另外，摩托车产量增长迅速。1980 年全国摩托车产量仅为 4.9 万辆，1985 年突破 100 万辆，达到 104.5 万辆，1991 年达到 131.7 万辆。

表 7-11　1978—1991 年中国汽车产量及构成

年份	汽车总产量（辆）	载货汽车		轿　车	
		产量（辆）	占总产量比重（%）	产量（辆）	占总产量比重（%）
1978	149062	96103	64.5	2640	1.8
1979	185700	119501	64.4	4152	2.2
1980	222288	135532	61.0	5418	2.4
1981	175645	108261	61.6	3428	2.0
1982	196304	121789	62.0	4030	2.1
1983	239886	137100	57.2	6046	2.5
1984	316367	179846	56.8	6010	1.9
1985	443377	236934	53.4	5207	1.2
1986	372753	218863	58.7	12297	3.3
1987	472538	299356	63.4	20865	4.4
1988	646951	364000	56.3	36798	5.7
1989	586936	342835	58.4	28820	4.9
1990	509242	269098	52.8	42409	8.3
1991	708820	361310	51.0	81055	11.4

数据来源：《中国汽车工业年鉴（1995）》，《中国汽车工业年鉴》编辑部 1995 年版，第 89 页。

[1] 中华人民共和国国家经济贸易委员会编：《中国工业五十年》第 9 部，中国经济出版社 2000 年版，第 818 页。

三、轻工业的快速发展

轻工业综合生产能力逐步提高，许多新兴行业迅速兴起，消费品严重短缺的状况得到很大缓解。轻工业产值由 1978 年的 1826 亿元大幅提升至 1991 年的 13801 亿元，按可比价格计算，年均增长 14%，比同期重工业年均增速高出 3.4 个百分点。从轻工业内部结构来看，这一时期主要以满足基本生活需求为主，以农产品为原料的轻工业的增长为主导。而具体来看，1978 年到 1985 年，以农产品为原料的轻工业比重持续上升，由 68.4% 上升到 70.7%；1985 年到 1991 年，由于家用电器等耐用消费品工业的发展，以工业品为原料的轻工业比重有所上升，由 29.3% 上升到 31.6%。（详见表 7-12）

表 7-12　1978—1991 年部分年农产品、工业品原料占轻工业总产值的比重情况

（单位：%）

		1978	1980	1985	1990	1991
占轻工业总产值比重	以农产品为原料	68.4	68.5	70.7	70.1	68.4
	以工业品为原料	31.6	31.5	29.3	29.9	31.6

数据来源：《中国工业经济统计年鉴（1995）》，中国统计出版社 1996 年版，第 8 页。

随着人民生活水平的提高，工业食品消费的比重升高，推动了食品工业的发展。1978 年到 1991 年，食品工业总产值由 471.7 亿元增长到 2732.5 亿元，按照可比价格计算，年均增长率为 9%，显著高于改革开放前 26 年 6.3% 的年均增速。食品工业可以划分为食品制造业、饮料制造业和烟草制造业三大类。食品制造业中，乳制品、罐头的产量增长较快：1978 年到 1991 年，乳制品的产量由 4.65 万吨增长到

37.66 万吨，年均增长 17.5%；罐头的产量由 48.8 万吨增长到 193 万吨，年均增长 11.2%。饮料制造业发展更加迅速，软饮料产量从 1980 年的 28.8 万吨增长到 1991 年的 400.46 万吨，年均增长 27%，并涌现出健力宝等知名品牌。饮料酒的产量由 1978 年的 247 万吨增长到 1991 年的 1539 万吨，年均增长 15.1%，其中啤酒的年均增长率达到 26.4%。食品工业的发展丰富了人民的餐桌，满足了日益提高的生活需要。但食品工业的发展仍具有非常大的空间。到 1991 年，食品工业总产值与农业总产值之比仅为 33.5∶100，与同期发达国家食品工业总产值比农业总产值高出一倍的情况还有较大差距。

纺织工业长期以来“生产赶不上需要，原料供应赶不上生产”的矛盾逐步得到解决，纺织工业发展加快。1978 年到 1991 年，纺织工业总产值由 473.2 亿元增长到 2177.7 亿元，增长了 3.6 倍，年均增长 12.5%。纺织工业的迅速发展，使长期以来纺织品供应短缺的状况得到缓解，1983 年 12 月，国家决定停止实行了 29 年的棉布限量供应办法，实现了敞开供应，这是中国纺织工业发展史上的一个里程碑。之后，纺织工业在增加现有产品产量的同时，努力增加纺织品的品种花色，并大力发展服装工业，市场供应得到丰富。1978 年到 1991 年，棉纱产量由 238.2 万吨增加到 460.8 万吨，棉布产量由 110.3 亿米增加到 181.8 亿米；呢绒产量由 0.89 亿米增加到 3.11 亿米，增长了 2.5 倍；丝织品产量由 6.11 亿米增加到 24.06 亿米，增长了近 3 倍。服装工业发展升级，产品设计水平不断提高，1978 年到 1991 年，服装产量由 6.73 亿件增长到 36.3 亿件，增长了 4.4 倍。纺织品成为重要出口产品，主要纺织品出口数量不断增长。（见表 7-13）

表 7-13　1978、1990、1991 年主要纺织品出口数量统计

	1978	1990	1991
棉纱（万吨）	2.34	19.41	20.88
棉布（亿米）	10.96	22.85	24.26
涤棉布（万米）	13344	121207	134098
呢绒（万米）	639	2167	3489
绸缎（万米）	12352	19926	18918
厂丝（吨）	8739	8385	9296
毛毯（万条）	226	283	345
人造棉纱（万件）	4.3	9.64	6
人造棉布（亿米）	1.02	2.93	4.06
毛针织品（万美元）	6436	33968	43258
服装（万美元）	30973	342510	469281

数据来源：《中国纺织工业年鉴》编辑委员会编：《中国纺织工业年鉴（1992）》，纺织工业出版社 1992 年版，第 279 页。

相比解决吃、穿问题的食品工业和纺织工业，解决用的问题的工业部门发展更为迅速。

“老三大件”（手表、自行车、缝纫机）的生产有了新的发展。钟表工业引进先进技术设备，调整产品结构，逐步实现石英化，产品品种规格越来越多样化。钟表产量由 1978 年的 1410.8 万只增长到 1990 年的 8671.3 万只，年均增长 16.3%，其中手表产量由 1351.1 万只增长到 8351.2 万只，年均增长 16%。1991 年产量略有回落，钟表产量为 7824.9 万只，手表产量为 7595.5 万只。1978 年，中国自行车产量已达 854 万辆，跃居世界第一。之后，自行车产量继续快速增长，产品质量不断提高，产品种类逐渐增多，出口逐渐扩大，自行车工业取得新的发展成就。自行车产量 1979 年、1985 年、1987 年分别

突破1000万辆、3000万辆、4000万辆，到90年代彻底改变了长期以来凭票供应的短缺状态。产品出口逐渐增加，1981年突破100万辆，1991年达到793.54万辆，创汇3.76亿美元，出口额比1990年增长了56.8%。1978年到1982年，缝纫机产量从486.5万架迅速增至1286万架，摆脱了缝纫机市场长期短缺的局面。之后产量有所调整，到80年代末维持在年产接近1000万台的水平，1990年和1991年回落到760万台的水平。尽管产量有所下降，但出口量连年增长，1991年出口缝纫机203.44万架，创汇0.81亿美元，出口额比1990年增长了23.1%。

中国的家电工业虽然起步晚，但起点高，发展快，在短短的时间内就迅速成为轻工业的支柱产业。随着家电工业的发展，各种家电产品逐渐走进千家万户，电冰箱、洗衣机、电风扇成为“新三大件”。电冰箱产量由1978年的2.8万台增长到1988年的757.63万台，增长了270倍，年均增长75.1%；洗衣机由1978年的400余台增长到1988年的1046.8万台；[1]电风扇由1978年的137.8万台提高到1991年的6219.1万台，增长了44倍，年均增长35.1%。其他家用电器的产量也出现了突飞猛进的增长。电熨斗由1978年的91.11万台提高到1988年的2186.6万台。房间空调器由1978年的200余台提高到1991年的63.03万台。吸尘器由1978年的4000余台提高到1991年的69.61万台。电饭锅即电热蒸煮器由1978年的3.64万个提高到1991年的1183.35万个。电视机的产量由1978年的51.73万台提高到1991年的2691.41万台，其中彩色电视机由1978年的0.38万台提高到1991年的1205.06万台。录音机由1978年的4.73万台提高到1991年的

[1] 电冰箱和洗衣机由于生产过剩，1989—1991年产量均有所调整。1991年，电冰箱、洗衣机的产量分别为469.94万台和687.2万台。

2873.7 万台。随着产量的增长，家电产品的普及率也大幅提高。（详见表 7-14）各种各样的家电产品极大地改善了人民的生活，成为 80 年代人民生活水平显著提高的一大标志。

表 7-14　1978—1991 年部分年耐用消费品社会拥有量统计

	单位	1978	1980	1985	1990	1991
社会拥有量						
缝纫机	万架	3396	4604	9833	14055	14544
手　表	万只	8206	12765	36069	58976	—
自行车	万辆	7426	9617	22364	39099	41979
电风扇	万台	920	1365	6360	20127	22989
洗衣机	万台	1	26	3030	9628	10615
电冰箱	万台	9	19	410	2996	3466
电视机	万部	304	902	6965	18546	20671
录音机	万部	163	499	3660	11875	13099
收音机	万部	7546	11910	24181	25123	23399
照相机	万架	498	577	1186	2275	2465
平均每百人拥有量						
缝纫机	架	3.5	4.7	9.3	12.3	12.6
手　表	只	8.5	12.9	34.1	51.6	—
自行车	辆	7.7	9.7	21.1	34.2	36.2
电风扇	台	1	1.4	6	17.6	19.8
洗衣机	台	—	—	2.9	8.4	9.2
电冰箱	台	—	—	0.4	2.6	3
电视机	部	0.3	0.9	6.6	16.2	17.8
录音机	部	0.2	0.5	3.5	10.4	11.3
收音机	台	7.8	12.1	22.8	22	20.2
照相机	架	0.5	0.6	1.1	2	2.1

数据来源：《中国统计年鉴（1990）》，中国统计出版社 1990 年版，第 294 页。

四、工业所有制结构的变化

1978 年到 1984 年，各种所有制工业的规模，特别是集体所有制工业的规模快速增长。全民所有制工业企业基本保持在 8.4 万个；集体所有制工业企业[1]由 26.5 万个增加到 35.2 万个，新增 8.7 万个；其他经济类型企业由 1980 年的 400 个增加到 1984 年的 1000 个，新增 600 个。1985 年到 1991 年，各种经济类型工业企业规模继续扩大，城乡个体工业企业增长尤为显著。全民所有制工业企业由 9.4 万个增长到 10.5 万个，新增 1.1 万个。集体所有制工业企业由 36.8 万个增加到 38.9 万个，新增 2.1 万个；城乡个体工业企业由 334.8 万个增加到 638.7 万个，新增 303.9 万个。（详见表 7-15、表 7-16）

表 7-15 1978—1984 年各种经济类型工业企业数量及比重

年份	全国工业企业总数（万个）	全民所有制		集体所有制		其他类型工业	
		企业数（万个）	占比（%）	企业数（万个）	占比（%）	企业数（万个）	占比（%）
1978	34.8	8.4	24.0	26.5	76.0		
1979	35.5	8.4	23.6	27.1	76.4		
1980	37.7	8.3	22.1	29.4	77.8	0.04	0.11
1981	38.2	8.4	22.1	29.7	77.8	0.05	0.13
1982	38.9	8.6	22.1	30.2	77.7	0.07	0.18
1983	39.3	8.7	22.2	30.5	77.6	0.08	0.20
1984	43.7	8.4	19.2	35.2	80.5	0.1	0.23

数据来源：《中国工业经济统计年鉴（1988）》，中国统计出版社 1989 年版，第 25—26 页。

从职工人数来看，全国工业企业职工人数由 1978 年的 4354 万人增加到 1991 年的 6551 万人，新增 2197 万人。其中，全民所有制工业企业由 3139 万人增加到 4472 万人，新增 1333 万人；集体企业由

[1] 本段中的集体所有制工业企业均为乡及乡以上集体所有制工业企业的数据。

1215 万人增加到 1898 万人，新增 683 万人；其他经济类型企业净增加 181 万人。从比重上看，全民所有制工业企业职工占比由 1978 年的 72.1% 下降到 1991 年的 68.3%，而集体所有制工业企业职工占比由 27.9% 上升到 29%，其他经济类型工业企业职工占比则上升到 2.8%。（详见表 7-17）

表 7-16　1985—1991 年各种经济类型工业企业数量

（单位：万个）

分类	1985	1990	1991
全民所有制工业	9.37	10.44	10.47
集体所有制工业	36.78	39.11	38.92
其中：乡办工业	21.71	22.87	22.96
城乡个体工业	334.78	617.6	638.67
其中：城镇个体工业	33.01	43.25	45.06
农村个体工业	301.77	574.35	593.62
其他经济类型工业	0.17	0.88	1.08

数据来源：《中国工业经济统计年鉴（1992）》，中国统计出版社 1992 年版，第 23 页。

表 7-17　1978—1991 年各种经济类型工业企业职工人数及比重

年份	全部工业企业职工总人数（万人）	全民所有制工业		集体所有制工业		其他经济类型工业	
		职工人数（万人）	占比（%）	职工人数（万人）	占比（%）	职工人数（万人）	占比（%）
1978	4354	3139	72.09	1215	27.91	—	—
1979	4536	3208	70.72	1328	29.28	—	—
1980	4762	3334	70.01	1428	29.99	—	—
1981	4983	3488	70.00	1495	30.00	—	—
1982	5115	3582	70.03	1533	29.97	—	—
1983	5205	3632	69.78	1573	30.22	—	—
1984	5343	3669	68.67	1641	30.71	33	0.62

续表

年份	全部工业企业职工总人数（万人）	全民所有制工业		集体所有制工业		其他经济类型工业	
		职工人数（万人）	占比（%）	职工人数（万人）	占比（%）	职工人数（万人）	占比（%）
1985	5557	3815	68.65	1705	30.68	37	0.67
1986	5781	3955	68.41	1781	30.81	45	0.78
1987	5971	4086	68.43	1828	30.61	57	0.95
1988	6158	4229	68.67	1850	30.04	79	1.28
1989	6228	4273	68.61	1845	29.62	110	1.77
1990	6378	4365	68.44	1876	29.41	137	2.15
1991	6551	4472	68.26	1898	28.97	181	2.76

数据来源:《中国工业经济统计年鉴（1992）》，中国统计出版社 1992 年版，第 26 页。

从产值来看，1978 年到 1991 年，全民所有制工业由 3289 亿元增加到 14955 亿元，在全国工业总产值中所占比重由 77.6%下降到 52.9%；集体所有制工业由 948 亿元增加到 10085 亿元，比重由 22.4%上升到 35.7%；城乡个体工业由 1980 年的 0.81 亿元增加到 1609.1 亿元，比重由 1980 年的 0.02%上升到 5.7%；其他经济类型工业由 1980 年的 24 亿元增加到 1600 亿元，比重由 1980 年的 0.5%上升到 5.7%。（详见表 7-18）

多种经济形式和多重经营方式的发展为经济注入了活力，有力地推动了经济增长，非全民所有制企业的发展起到了重要作用。1991 年的全国工业总产值比 1978 年增加了 24011 亿元，其中全民所有制工业增加了 11666 亿元，占 48.6%，非全民所有制工业占 51.4%。而在非全民所有制工业中，集体所有制工业增加了 9137 亿元，占非全民所有制工业的 74%。按照可比价格计算，1978 年到 1991 年，全国工业总产值每年平均增长 12.2%，全民所有制工业年均增长 7.7%，而集体所有制工业的年平均增长率高达 17.8%。1980 年到 1991 年，城乡个体工业和其他经济类型工业的年均增长率更是高达 76.1% 和 35.7%。（详见表 7-19）

表 7-18　1978—1991 年各种经济类型工业产值比重

年份	全国工业总产值（亿元）	全民所有制工业		集体所有制工业		城乡个体工业		其他经济类型工业	
		产值（亿元）	占工业总产值比重（%）	产值（亿元）	占工业总产值比重（%）	产值（亿元）	占工业总产值比重（%）	产值（亿元）	占工业总产值比重（%）
1978	4237	3289	77.6	948	22.4	—	—	—	—
1979	4681	3674	78.5	1008	21.5	—	—	—	—
1980	5154	3916	76.0	1213	23.5	0.81	0.02	24.49	0.5
1981	5400	4037	74.8	1329	24.6	1.9	0.04	31.4	0.6
1982	5811	4326	74.4	1442	24.8	3.4	0.06	39.4	0.7
1983	6461	4739	73.4	1663	25.7	7.5	0.12	50.4	0.8
1984	7617	5263	69.1	2263	29.7	14.81	0.19	76.7	1.0
1985	9716	6302	64.9	3117	32.1	179.75	1.85	117.41	1.2
1986	11194	6971	62.3	3752	33.5	308.54	2.76	163.06	1.5
1987	13813	8250	59.7	4782	34.6	502.39	3.64	278.77	2.0
1988	18224	10351	56.8	6587	36.1	790.49	4.34	495.32	2.7
1989	22017	12343	56.1	7858	35.7	1057.66	4.80	758.44	3.4
1990	23924	13064	54.6	8523	35.6	1290.3	5.39	1047.56	4.4
1991	28248	14955	52.9	10085	35.7	1609.1	5.70	1599.58	5.7

数据来源：《中国工业经济统计年鉴（1992）》，中国统计出版社 1992 年版，第 35 页。

表 7-19　1978—1991 年各种经济类型工业总产值指数（以上年为 100）

年份	全民所有制工业	集体所有制工业	城乡个体工业	其他经济类型工业
1978	114.44	110.58	—	—
1979	108.88	108.57	—	—
1980	105.61	119.24	—	—
1981	102.53	109.01	234.57	131.6
1982	107.05	109.54	178.95	127.73
1983	109.39	115.53	220.59	133.9
1984	108.92	134.85	197.33	156.81
1985	112.94	132.69	1190.41	139.54
1986	106.18	117.97	167.57	134.16
1987	111.3	123.24	156.59	166.39
1988	112.61	128.16	147.34	161.53
1989	103.86	110.48	123.77	142.68
1990	102.96	109.02	121.11	139.33
1991	108.6	117.9	124	150.1
平均每年增长率（%）	7.7	17.8	76.1	35.7

数据来源：《中国工业经济统计年鉴（1992）》，中国统计出版社 1992 年版，第 37 页。

五、促进第一产业和第三产业发展

改革开放前，中国采取优先发展重工业的工业化战略，建立起独立的、比较完整的工业体系，而第一产业和第三产业的发展相对滞后。1978 年，第二产业占国内生产总值的比重达到 47.7%，第一产业和第三产业的比重分别为 27.7% 和 24.6%；第二产业吸纳了 17.3% 的就业，第一产业的就业人员占比高达 70.5%，第三产业就业人员占比只有 12.2%。改革开放后，中国调整了工业化战略，第一产业和第三产业实现较快发展。1978 年到 1982 年，农业发展较快，第一产业的比重持续上升，第二产业的比重有所下降，而第三产业基本保持稳定。1982年，一、二、三产业占国内生产总值的比重分别由1978年的27.7%、47.7%、24.6%变为32.8%、44.6%、22.6%。1982年之后，随着人民生活水平的提高，消费需求拉动第三产业较快增长，特别是80年代中期，中国的国内生产总值比1980年翻了一番，人民的温饱问题基本解决，而就业压力增大和第三产业发展不足的问题日益突出，社会资源逐渐向第三产业转移。1985年，第三产业占国内生产总值的比重达到29.4%，首次超过第一产业。1991年，一、二、三产业占国内生产总值的比重分别变为24%、41.5%、34.5%，第三产业比1982年上升了11.9个百分点。在产业结构实现转变的过程中，工业发展与结构优化有力促进了第一产业和第三产业的发展。（三次产业总产值占比演变轨迹见图7-3，部分年份产值及就业占比见表7-20）

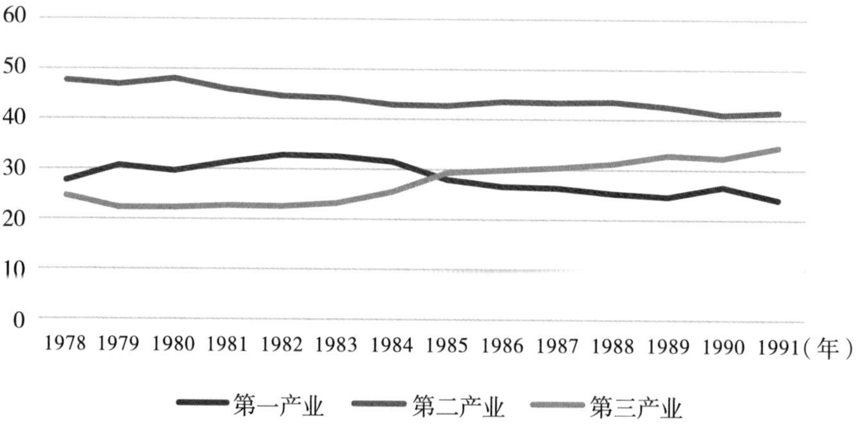

图7-3 1978—1991年三次产业结构演变轨迹

数据来源：《中国统计年鉴（2019）》，中国统计出版社2019年版，第58—59页。

表 7-20　部分年份产业结构情况

（单位：%）

年份	国内生产总值构成			就业结构		
	第一产业	第二产业	第三产业	第一产业	第二产业	第三产业
1978	27.7	47.7	24.6	70.5	17.3	12.2
1982	32.8	44.6	22.6	68.1	18.4	13.5
1985	27.9	42.7	29.4	62.4	20.8	16.8
1991	24.0	41.5	34.5	59.7	21.4	18.9

数据来源:《中国统计年鉴（2019）》，中国统计出版社 2019 年版，第 58、59、104 页。

工业发展促进农业生产条件不断改善。农业机械产量不断提高，产品结构不断优化，产品质量逐步提升，为农业提供了大量适用的农机设备，促进农业机械化程度持续提高。农业机械总动力大幅提高，由 1978 年到 1991 年增长了 1.5 倍。耕作机械化水平显著提高，1979 年到 1991 年，机耕面积由 6.33 亿亩增长到 7.53 亿亩，机播面积由 2.32 亿亩增长到 3.71 亿亩，机收面积由 0.58 亿亩增长到 1.74 亿亩。化肥工业发展促进农用化肥施用量大幅提升，施用结构不断优化。1980 年到 1991 年，化肥施用量增长了 1.2 倍，氮肥使用占比由 73.6% 降低到 61.5%，磷肥、钾肥、复合肥使用占比分别由 21.5%、2.7%、2.2% 提高到 17.8%、6.2%、14.5%。农田水利化和农村电气化稳步推进，1978 年到 1991 年，农田有效灌溉面积提高了 6.4%，农村用电量增长了 2.8 倍。[1]（详见表 7-21）农药产品结构优化，1983 年停止生产“六六六”、滴滴涕农药，开发了一批新农药，提高了高效低残留农药的比重。塑料制品工业积极保障农地膜生产，稳定了农地膜

〔1〕数据来自《辉煌 70 年：新中国经济社会发展成就（1949—2019）》（中国统计出版社 2019 年版）、《中国农业年鉴（1980）》（农业出版社 1981 年版）、《中国农业年鉴（1981）》（农业出版社 1982 年版）、《中国农业年鉴（1992）》（农业出版社 1992 年版）。

价格，基本满足了农地膜使用需要。乡镇企业的发展和壮大，为农产品开辟了新的流通渠道和用途，还提供了支农、补农、建农资金，促进了农业生产和农民增收。

表 7-21 1978—1991 年农业生产条件

年份	农业机械总动力（万千瓦）	有效灌溉面积（千公顷）	化肥施用量（万吨）	农村用电量（亿千瓦小时）
1978	11749.9	44965.0	884.0	253.1
1979	13379.5	45003.1	1086.3	282.7
1980	14745.7	44888.1	1269.4	320.8
1981	15680.1	44573.8	1334.9	369.9
1982	16614.2	44176.9	1513.4	396.9
1983	18021.9	44644.1	1659.8	435.2
1984	19497.2	44453.0	1739.8	464.0
1985	20912.5	44035.9	1775.8	508.9
1986	22950.0	44225.8	1930.6	586.7
1987	24836.0	44403.0	1999.3	658.8
1988	26575.0	44375.9	2141.5	712.0
1989	28067.0	44917.2	2357.1	790.5
1990	28707.7	47403.1	2590.3	844.5
1991	29388.6	47822.1	2805.1	963.2

数据来源：《辉煌 70 年：新中国经济社会发展成就（1949—2019）》，中国统计出版社 2019 年版，第 397—398 页。

第三产业发展迅速，1978 年到 1991 年平均每年增长 11.1%，高于同时期第一产业和第二产业的年均增速。工业发展为第三产业快速发展提供了重要基础。工业生产能力的提高和产品结构的改善，成为推动商业快速发展的重要动力。1978 年到 1991 年，社会消费品零售总额增长了 5 倍。交通建设的加强，交通运输设备制造业、邮电工业的技术进步和产量提升，为运输业和邮电业加快发展奠定了基础。1978 年到 1991 年，铁路营业里程由 5.17 万公里增长到 5.78 万公里，铁路电气化里程增长了 6.8 倍；公路里程由 89.02 万公里增长到 104.11 万公里，高速公路从无到有，1991 年达到 600 公里，民用汽车拥有量增长了 3.5 倍；定期航班航线里程增长了 2.8 倍。这一时期，货运总量增长了 2.1 倍，客运总量增长了 2.2 倍。（详见表 7-22）1978 年到 1991 年，邮政业务总量增长了 2.5 倍，固话用户增长了 3.4 倍，特快专递、邮政快件、邮政储蓄、长途直拨、程控电话、用户电报、图片传真、数据通信、无线寻呼、移动电话等新兴业务有较大发展。[1]广播电视工业、文教体育用品工业、旅游纪念品工业等的发展有力促进了文化体育事业的繁荣和旅游业的崛起。在 1990 年举行的北京亚运会上，由中国企业提供的指定主要比赛器材和主要辅助器材占比达到 70.6%，其质量和性能经受住了大赛的考验。[2]

表 7-22　1978—1991 年交通运输状况

年份	铁路营业里程（万公里）	公路里程（万公里）	民用汽车拥有量（万辆）	定期航班航线里程（万公里）	货运量（万吨）	客运量（万人）
1978	5.17	89.02	135.8	14.89	319431	253993
1979	5.30	87.58	155.5	16.00	318258	289665
1980	5.33	88.83	178.3	19.53	310841	341785
1981	5.39	89.75	199.1	21.82	298642	384763
1982	5.33	90.70	215.7	23.27	311937	428964
1983	5.46	91.51	232.6	22.91	323956	470614
1984	5.48	92.67	260.4	26.02	339995	530217
1985	5.52	94.24	321.1	27.72	745763	620206

〔1〕数据来自《辉煌 70 年：新中国经济社会发展成就（1949—2019）》，中国统计出版社 2019 年版，第 419—434 页。

〔2〕轻工业发展战略研究中心编：《中国轻工业年鉴（1991）》，中国轻工业年鉴社 1991 年版，第 352 页。

续表

年份	铁路营业里程（万公里）	公路里程（万公里）	民用汽车拥有量（万辆）	定期航班航线里程（万公里）	货运量（万吨）	客运量（万人）
1986	5.58	96.28	362.0	32.31	853557	688211
1987	5.60	98.22	408.1	38.91	948229	746422
1988	5.62	99.96	464.4	37.38	982195	809592
1989	5.70	101.43	511.3	47.19	988435	791374
1990	5.79	102.83	551.4	50.68	970602	772682
1991	5.78	104.11	606.1	55.91	985793	806048

数据来源：《辉煌 70 年：新中国经济社会发展成就（1949—2019）》，中国统计出版社 2019 年版，第 419—426 页。

第二节　工业技术的重大突破

1978 年到 1991 年，中国工业的技术水平迈上了一个新台阶。一方面依靠自主创新，在诸多领域取得一系列重大突破；另一方面通过引进国外先进技术，并积极做好消化吸收国产化工作，使各行各业的技术水平获得快速提升。

一、自主创新取得重大突破

坚持大力协同，联合攻关，中国完成了多项重大科技攻关项目，航天工业、航空工业、能源工业、建材工业、高科技领域取得了重大突破。[1]

1988 年 10 月 16 日，中国第一座高能加速器——北京正负电子对撞机首次对撞成功。《人民日报》评论称：“这是我国继原子弹、氢弹爆

〔1〕能源、航空、航天领域的重大突破已在第四章第一节和第六章第二节介绍，本节不再赘述。

炸成功、人造卫星上天之后，在高科技领域又一重大突破性成就。”[1] 中国高能加速器建设方案几经调整，于1983年初确定为建造2×2.2G电子伏特的正负电子对撞机（BEPC）。在邓小平的支持下，1984年国务院批准了这个方案。1984年12月，北京正负电子对撞机列入国家重点工程，要求5年内建成。10月7日，北京正负电子对撞机国家实验室奠基典礼在中国科学院高能物理研究所举行，邓小平参加了典礼。北京正负电子对撞机由电子注入器、储存环、探测器及数据处理中心、同步辐射区四个部分组成，包括数百种、上万台专用设备，建造难度和技术复杂性相当高。经过艰苦的努力，1987年底对撞机出束，1988年10月16日首次对撞成功。1990年7月，北京正负电子对撞机工程正式通过国家验收，验收委员会一致认为对撞机整机性能达到20世纪80年代国际先进水平。

1983年12月，中国自行研制的第一台亿次电子计算机——银河-I巨型计算机研制成功，填补了国内通用巨型计算机的空白，使中国成为继美国、日本之后，第三个能够独立设计和制造巨型计算机的国家。研究、设计第二代核武器、核动力装置、航天飞行器，以及军事情报分析和卫星图片判读都需要高速、大容量的巨型计算机。在西方国家对中国实行技术封锁的条件下，自主研发是唯一的出路。1977年，长沙工学院（后改名国防科技大学）计算机研究所的科技人员提出了设想方案，形成报告上报国防科委。1977年11月，国防科委向中央呈报关于研制巨型电子计算机事的报告，提出力争在1983年底完成巨型计算机研制任务。报告很快得到中央批准，国防科委、中央军委随即决定由长沙工学院负责巨型机的研制。1978年7月，巨型机研

[1]《人民日报》1988年10月20日，第1版。

制工程总体方案形成，瞄准当时国际先进水平，确定总体技术指标为：中央处理机运算速度在高效时每秒 1 亿次以上，存储器容量 200 万字，字长 64 位，平均故障时间 24 小时以上，可用性不低于 90%。1982 年 1 月，巨型机主机硬件调试完毕并命名为“银河计算机”。1983 年 12 月，银河 -I 顺利通过国家鉴定。银河计算机软硬件较齐全，运算速度达到每秒向量运算亿次以上，存储容量大，功能强，可靠性高，稳定性好，其主要技术指标达到或优于国家技术鉴定大纲的要求，具有国内先进水平，某些方面达到国际先进水平。[1] 银河 -I 巨型机研制成功是研制人员齐心协力、奋勇拼搏的结果，也是多方协同、集中力量办成的一件大事。银河 -I 应用广泛，产生了巨大的社会经济效益。巨型计算机可应用于长期天气预报和气象设计分析、石油地震处理、油藏工程与能源开发、大型图像处理、遗传工程等领域。银河 -I 共生产了 3 台，1 台留在长沙国防科大计算机研究所服务国防建设；1 台在河北涿县石油工业部物探局研究院作为“银河地震数据处理系统”的主机；1 台在四川绵阳作为西南计算中心主机，为工程物理科学计算以及航空、航天技术的课题计算等作出了巨大贡献。[2]

1987 年 12 月，中国自行研制的华光Ⅲ型计算机激光汉字照排系统通过国家鉴定委员会的鉴定和国家验收委员会的验收，推动中国印刷技术实现新的革命，告别“铅与火”，迈向“光与电”。利用计算机对汉字信息进行处理，是中国推广应用计算机的关键之一。1974 年 8 月，第四机械工业部、第一机械工业部、中国科学院、新华通讯社和

〔1〕《当代中国的国防科技事业》编辑委员会编：《当代中国的国防科技事业》（下），当代中国出版社、香港祖国出版社 2009 年版，第 288 页。

〔2〕司宏伟、冯立昇：《中国第一台亿次巨型计算机“银河 -I”研制历程及启示》，《自然科学史研究》2017 年第 4 期。

国家出版事业管理局5个单位联合向国务院和国家计划委员会提出了关于研制汉字信息处理系统工程的报告，经周恩来批准，国家计委批复同意，该工程被列入1975年国家科学技术发展规划，简称“748工程”。北京大学无线电系教师王选得知“748工程”的消息后，经过深入研究，找到了解决汉字字模信息存储难题的办法，得到了“748工程”办公室的认可。1976年9月，北京大学被正式确定为系统的总体设计和研制单位。1979年7月，原理性样机试制成功，输出第一张报纸样张《汉字信息处理》。[1]项目组对原理性样机进行了改进，1980年9月成功排印出第一本激光照排图书《伍豪之剑》。1985年，华光Ⅱ型系统在新华社试运行成功，5月通过国家鉴定，实现了从原理性样机到实用性样机的跨越。经过进一步改进，1987年华光Ⅲ型系统在经济日报社实用化试运行成功。1988年初，华光Ⅲ型系统定型面世，即有20多家报社订货。之后，华光系统不断升级改造，取得国际领先地位，将来华研制和销售照排系统的英国蒙纳公司、美国王安公司和日本森泽公司等全部“挤出”中国市场。到1993年，国内99%的报社和90%以上的黑白书刊出版社和印刷厂采用了国产激光照排系统。

1981年4月30日，中国自主研究试验成功的“洛阳浮法玻璃工艺”正式通过了国家级技术鉴定。这是继国产第一艘万吨轮和万吨水压机之后的第三次国家级技术鉴定。[2]浮法玻璃工艺的特点是，玻璃液漂浮在金属熔液的表面上，由于重力、表面张力和机械引力的作用，

〔1〕原理性样机的硬件还不稳定，无法投入使用，而同样研发中文激光照排系统的英国蒙纳公司1979年10月在中国举办的展览却大获成功。印刷出版界和科技界在究竟是引进英国“蒙纳系统”，还是继续研制汉字激光照排系统上产生了意见分歧。1980年2月，国家进出口管理委员会提出报告，表示应积极扶持北大等单位的“中文激光照排设备”研制，得到国家领导人的赞同。

〔2〕《人民日报》1981年5月3日，第1版。

摊开铺平成型。1960年，世界上第一条浮法玻璃生产线在英国建成，由于其优质、高产、高效能、低消耗等特性，被称为平板玻璃工业的一次革命。中国从20世纪60年代开始自力更生地研究和试验浮法玻璃工艺。

20世纪60年代初期，建材研究院与玻璃工业设计院、株洲玻璃厂合作，开始研究浮法玻璃生产技术。1967年，实验室研究工作完成。1967年12月，国家科委决定在株洲玻璃厂进行中间试验，进一步解决浮抛技术、设备和操作问题。1971年，中间试验取得突破性进展，国家决定在洛阳玻璃厂建设浮法玻璃试验生产线。1971年9月，中国第一条浮法玻璃试验线在洛阳玻璃厂建成投产。投产后，经过十年的试验和试产，洛阳玻璃厂基本解决了玻璃光畸、变点、粘锡、雾点等质量问题，能稳定生产3、4毫米厚的浮法玻璃，从而使具有中国特点的浮法技术日益完善，生产技术和操作水平不断提高。洛阳浮法玻璃工艺的成熟和完善是各方力量集体攻关的结果，参与研制过程的单位有建材研究院、秦皇岛玻璃研究院、秦皇岛玻璃工业设计院、杭州新型建材工业设计院、洛阳玻璃厂、株洲玻璃厂、上海玻璃机械厂等。1981年4月，国家科委在洛阳玻璃厂召开国家级鉴定会，宣告中国平板玻璃浮法成型工艺技术研究成功，定名为“中国洛阳浮法玻璃工艺”。这标志着中国已经掌握了浮法玻璃生产技术，是中国平板玻璃工业史上划时代的事件。

此后，浮法玻璃生产工艺开始在全国推广。1982年，洛阳玻璃厂第二条浮法线被列入“六五”攻关计划，于1985年建成投产。这是全国第一座400吨级浮法生产线，它的建成实现了中国浮法技术从小到大的突破，玻璃质量大幅度改善。1986年，秦皇岛耀华玻璃厂450吨级的浮法玻璃生产线建成投产；1987年，洛阳玻璃厂与蚌埠玻璃工业研究设计院协作，成功地将原垂直引上生产线改造为第三条浮法生产线，实现了中国浮法技术从旧到新的突破。自此，洛阳浮法玻璃工艺在河北、辽宁、内蒙古、广东、广西、浙江、安徽、山西等地区开花结果。

二、引进技术的消化吸收

中共十一届三中全会之后，中国把引进国外先进技术作为促进技术进步的重要途径。为了集中国家有限的外汇引进经济建设迫切需要的、能够较快产生经济效益的技术，并且避免重复引进，国家对重点引进技术作了统筹安排和规划。“六五”计划时期，国家经委会同有关部门提出引进“三千项”先进技术的规划，在执行中实际引进 4450 项，形成了较大规模引进技术的高潮。

在引进工作方面，中央始终强调要做好消化吸收工作。1979 年 4 月，李先念在中央工作会议上强调：“我们引进的目的是为了增强我国自力更生的能力，因此要多引进制造技术和专利，逐步提高我们自己的制造能力。”[1]1981 年 2 月，国家科委在《关于我国科学技术发展方针的汇报提纲》中指出，要把学习、消化、吸收国外科学技术成就作为发展我国科学技术的重要途径。[2]

“六五”计划时期，技术开发工作开始走上以提高经济效益为中心，以产品为龙头，以消化吸收引进技术为重点的轨道。进入“七五”计划时期，国家决定把技术开发工作转到以引进技术的消化吸收为主的轨道上来，并加强了引进技术消化吸收工作的计划和组织。1986 年，国家经委编制下达了《1986—1990 年引进技术消化吸收国产化重大项

〔1〕《三中全会以来重要文献选编》(上)，人民出版社 1982 年版，第 125 页。
〔2〕《三中全会以来重要文献选编》(下)，人民出版社 1982 年版，第 767 页。

目计划》（简称“十二条龙计划”），决定重点组织实施啤酒生产线、服装加工设备、气流纺纱机和剑杆织机、数控机床、彩色电视机、出口船与远洋船设备、合成氨（含尿素）工艺设备、煤炭采掘机组、水泥窑外分解技术、特殊钢连铸、电力与内燃机车制造、瘦肉型猪生产系列工程共 12 个重大项目。到 1990 年底，“十二条龙计划”约有 360 个项目投产，达到了计划所要求的“主要产品达到国际 70 年代末、80 年代初的水平，国产化率达到 80%，同时形成批量生产”的目标，获得了较大的社会效益和经济效益。以下重点介绍啤酒生产线项目和气流纺纱机和剑杆织机项目。〔1〕

啤酒生产线项目。“六五”计划时期，中国各地的啤酒企业引进了大量啤酒专用设备，但未能解决装备的配套问题。为实现啤酒行业装备的国产化、系列化，轻工业部牵头组织实施了啤酒“一条龙”项目。经过多次反复咨询论证，轻工业部选择了 52 个单位参加项目实施，相当一部分单位属于军工部门。轻工业部在项目的组织实施中采取了一系列措施，使参与项目的军工部门充分发挥出其技术力量强、设备优良、检测手段齐全的优势，弥补了轻工机械制造业的不足。〔2〕啤酒“一条龙”几乎包含了从制麦到糖化、发酵、过滤、灌装等所有啤酒生产所需的设备，还包含了一些重要工艺。1990 年，啤酒“一条龙”项目按期完成，达到了年产 20 套 5 万吨成套设备的预定目标，其中制麦系统、硅藻土过滤机、灌装线等十几种主要设备的国产化率达到 80%以上，技术水平达到 20 世纪 80 年代国际同类产品水平，使中国啤酒工

---

〔1〕彩色电视机国产化项目、数控机床项目、出口船和远洋船设备项目已分别在第三章第四节、第六章第一节和第三节介绍，本节不再赘述。

〔2〕轻工业部:《抓好啤酒“一条龙”工作》,《企业管理》1987 年第 10 期。

业跃上一个新台阶。[1]

气流纺纱机和剑杆织机项目。20 世纪 80 年代，中国纺织品出口扩大，纺织工业对纺织机械器材的需求也随之上升。为保证出口纺织品的质量，中国开始从国外进口先进的纺织机械器材产品，国内纺织机械器材基本自给的状态发生了格局上的变化。中国纺织机械工业利用这个机会引进了先进技术，开发制造了许多先进的纺织机械器材产品。1985 年以后，中国纺织机械器材企业形成了技贸结合、引进技术合作生产以及自主研制新型纺织机械器材的高潮。1986 年，气流纺纱机（转杯纺纱机）和剑杆织机被列入“十二条龙计划”，由纺织工业部主持，以意大利 Smit TP500 剑杆机和捷克 BD200SN 转杯纺纱机为样机，由山西经纬纺织机械厂和上海中国纺织机械厂承担开发。1990 年，项目顺利通过验收，BD200SN 型气流纺纱机的国产化率达到 94%，形成年产主机 200 台、纺纱器 6 万头、纺杯轴承 13 万套的批量生产能力；剑杆织机批量生产的国产化率达到 78%，形成年产 500 台的生产能力，性能达到引进机型的水平。国产化设备达到国际 80 年代同类产品水平，可直接替代进口，并且更加符合中国国情，价格显著低于进口机型。[2]

1978 年到 1991 年，中国共产党顺应国内外条件变化，转变工业发展战略，推动中国工业走上轻重工业协调发展、相互促进、双轮驱动的轨道。轻工业迅速发展，不仅国内消费品严重短缺的状况得到极

〔1〕轻工业发展战略研究中心编：《中国轻工业年鉴（1991）》，中国轻工业年鉴社 1991 年版，第 16 页。

〔2〕纺织部科技司成果处：《气流纺纱机和剑杆织机通过国家验收》，《纺织导报》1991 年第 10 期。

大改善，轻工业产品出口创汇的能力和水平也显著提升。在国内消费需求由温饱型向小康型升级的推动下，一批新兴行业蓬勃兴起，耐用消费品行业在 20 世纪 80 年代后期快速发展起来，家用电器走进千家万户成为人民生活水平提高的一大标志。重工业各行业纷纷转变服务方向，千方百计增产农业、轻工业需要的产品，有些企业直接转产消费品，取得良好效果。宝钢、秦山核电站、巨型计算机等重大建设项目和技术攻关项目的实施显著增强了我国工业体系的实力。这一时期的经济体制改革，激发了煤炭工业、电力工业等行业的发展活力，利用外资和对外技术合作促进钢铁工业、化学工业、家电工业、汽车工业等行业的规模和技术水平快速迈上新台阶。总之，1978 年到 1991 年是新中国工业史上重要的转型时期，中国工业实现了发展战略和发展路径的转变，中国的工业化进程由此步入加速发展阶段。

同时，1978 年到 1991 年也是改革目标和改革路径的探索时期。这一时期的经济体制改革，特别是价格体制改革，与经济增长和工业增长波动性较大的现象密切相关。1992 年，中共十四大确立了社会主义市场经济体制的改革目标，经济体制改革步伐加快，经济增长和工业增长在总体加快的同时逐步趋于稳定。另外，进入 20 世纪 90 年代，随着消费需求进一步升级，部分日用消费品工业开始显露产能过剩的端倪，带动工业发展和经济发展的主导产业转变为电子工业、汽车工业、建筑业等，工业结构的战略性调整呈现出新的特点。由此，1992 年后中国工业结构的调整与发展进入新的历史时期。

参考文献

1.《毛泽东年谱（1949—1976）》第 1 卷、第 2 卷、第 5 卷，中央文献出版社 2013 年版。

2.《邓小平文选》第 2 卷，人民出版社 1994 年版。

3.《邓小平年谱（1975—1997）》（上），中央文献出版社 2004 年版。

4.《陈云文选》第 3 卷，人民出版社 1995 年版。

5.《陈云文集》第 2 卷，中央文献出版社 2005 年版。

6.《陈云传》，中央文献出版社 2015 年版。

7.《李先念传（1949—1992）》（下），中央文献出版社 2009 年版。

8.《李先念年谱》第 6 卷，中央文献出版社 2011 年版。

9.《三中全会以来重要文献选编》，人民出版社 1982 年版。

10.《十二大以来重要文献选编》，人民出版社 1986 年版。

11.《建国以来重要文献选编》第 4 册、第 7 册，中央文献出版社 1993 年版。

12. 全国人大财政经济委员会办公室编：《建国以来国民经济和社会发展五年计划重要文件汇编》，中国民主法制出版社 2007 年版。

13. 当代中国研究所:《中华人民共和国史稿》第 4 卷，人民出版社、当代中国出版社 2012 年版。

14. 中华人民共和国国家经济贸易委员会编：《中国工业五十年》第 6 部、第 7 部、第 9 部，中国经济出版社 2000 年版。

15.《当代中国经济》编辑委员会编：《当代中国经济》，当代中国出版社、香港祖国出版社 2009 年版。

16.《当代中国的基本建设》编辑委员会编：《当代中国的基本建设》（上），当代中国出版社、香港祖国出版社 2009 年版。

17.《当代中国的国防科技事业》编辑委员会编：《当代中国的国防科技事业》，当代中国出版社、香港祖国出版社 2009 年版。

18.《当代中国的兵器工业》编辑委员会编：《当代中国的兵器工业》，当代中国出版社、香港祖国出版社 2009 年版。

19.《当代中国的轻工业》编辑委员会编：《当代中国的轻工业》，当代中国出版社、香港祖国出版社 2009 年版。

20.《当代中国的电子工业》编辑委员会编：《当代中国的电子工业》，当代中国出版社、香港祖国出版社 2009 年版。

21.《当代中国的煤炭工业》编辑委员会编：《当代中国的煤炭工业》，当代中国出版社、香港祖国出版社 2009 年版。

22.《当代中国的石油工业》编辑委员会编：《当代中国的石油工业》，当代中国出版社、香港祖国出版社 2009 年版。

23.《当代中国石油工业》编委会编写：《当代中国石油工业（1986—2005）》上卷，当代中国出版社 2008 年版。

24.《当代中国的电力工业》编辑委员会编：《当代中国的电力工业》，当代中国出版社、香港祖国出版社 2009 年版。

25.《当代中国的核工业》编辑委员会编：《当代中国的核工业》，当代中国出版社、香港祖国出版社 2009 年版。

26.《当代中国的钢铁工业》编辑委员会编:《当代中国的钢铁工业》,当代中国出版社、香港祖国出版社 2009 年版。

27.《当代中国的有色金属工业》编辑委员会编:《当代中国的有色金属工业》,当代中国出版社、香港祖国出版社 2009 年版。

28.《当代中国的化学工业》编辑委员会编:《当代中国的化学工业》,当代中国出版社、香港祖国出版社 2009 年版。

29.《当代中国的石油化学工业》编辑委员会编:《当代中国的石油化学工业》,当代中国出版社、香港祖国出版社 2009 年版。

30.《当代中国的机械工业》编辑委员会编:《当代中国的机械工业》,当代中国出版社、香港祖国出版社 2009 年版。

31.《当代中国的船舶工业》编辑委员会编:《当代中国的船舶工业》,当代中国出版社、香港祖国出版社 2009 年版。

32.《当代中国的航天事业》编辑委员会编:《当代中国的航天事业》,当代中国出版社、香港祖国出版社 2009 年版。

33.《新中国煤炭工业》编辑委员会编:《新中国煤炭工业》,海洋出版社 2007 年版。

34.《宝钢志》编纂委员会编:《宝钢志》,上海社会科学院出版社 1995 年版。

35. 秦山核电有限公司编:《秦山核电有限公司志》,中国原子能出版社 2011 年版。

36. 马洪、孙尚清主编:《中国经济结构问题研究》,人民出版社 1981 年版。

37. 史丹:《中国能源工业市场化改革研究报告》,经济管理出版社 2006 年版。

38. 吕政主编:《中国工业发展报告(2008)》,经济管理出版社

2008 年版。

39. 武力主编：《中华人民共和国经济史》增订版，中国时代经济出版社 2010 年版。

40. 张卓元等：《新中国经济学史纲（1949—2011）》，中国社会科学出版社 2012 年版。

41. 郭根山：《世纪跨越：改革开放以来的中国工业化》，人民出版社 2015 年版。

42. 程连升：《筚路蓝缕：计划经济在中国》，中共党史出版社 2016 年版。

43. 路风：《光变》，当代中国出版社 2016 年版。

44. 路风：《走向自主创新：寻求中国力量的源泉》，中国人民大学出版社 2019 年版。

45. 汪海波等：《新中国工业经济史》第 3 版，经济管理出版社 2017 年版。

46. 国家发展改革委宏观经济研究院产业经济与技术经济研究所：《工业化：中国产业发展与结构变迁 40 年》，人民出版社 2018 年版。

47. 严鹏：《简明中国工业史（1815—2015）》，电子工业出版社 2018 年版。

48. 仕志江：《新中国成立以来经济发展战略与经济体制模式的历史互动与历史启示》，人民出版社 2018 年版。

49. 肖翔：《中国工业经济发展研究》，华中科技大学出版社 2019 年版。

50. 中国社会科学院工业经济研究所：《中国工业发展报告（2021）》，经济管理出版社 2021 年版。

51. 武力：《1949—1978 年中国“剪刀差”差额辨正》，《中国经济史研究》2001 年第 4 期。

52. 武力:《中国工业化道路选择的历史分析》,《教学与研究》2004 年第 4 期。

53. 武力、温锐:《1949 年以来中国工业化的“轻、重”之辨》,《经济研究》2006 年第 9 期。

54. 武力、申晓勇:《中国国防工业与经济发展互动研究(1949—2015)》,《中国经济史研究》2016 年第 5 期。

55. 肖冬连:《1979 年国民经济调整方针的提出与争论——大转折纪事之一》,《党史博览》2004 年第 10 期。

56. 朱佳木:《中国工业化与中国共产党》,《当代中国史研究》2002 年第 6 期。

57. 朱佳木:《由新民主主义向社会主义的提前过渡与优先发展重工业的战略抉择》,《当代中国史研究》2004 年第 5 期。

58. 申晓勇:《20 世纪五六十年代中国国防工业优先发展研究》,《当代中国史研究》2012 年第 7 期。

59. 萧冬连:《关于改革开放起步时期国际环境的考察》,《中共党史研究》2022 年第 4 期。

60. 黄志钢、郭冠清:《重工业优先发展战略形成历程及其对构建新发展格局的启示》,《上海经济研究》2022 年第 10 期。

后 记

2018 年进入当代中国研究所经济史研究室工作后不久，我就有幸被当代中国研究所原副所长武力研究员和经济史研究室原主任郑有贵研究员吸纳进《中国工业史·综合卷》课题组当中，负责撰写有关 1978 年到 1991 年工业结构调整和工业发展成就等内容的章节。在参与这项课题研究的过程中，我查阅了许多关于新中国工业史的文献资料，也实地走访、调研了一些企业，对新中国工业史研究的兴趣逐步加深。2020 年，我以“改革开放初期中国工业结构的调整与发展研究（1978—1991）”为题申请了中国社会科学院青年科研启动项目，并在之后的两年中完成了一篇 10 万字的研究报告。2023 年，这篇研究报告有幸通过了当代中国研究所的遴选，被纳入新中国史研究文丛出版计划。这也使我有机会把近期的研究和思考吸收进来，将本书扩充至现在的篇幅。

在本书即将付梓之际，我特别要感谢武力老师和郑有贵老师。正是在两位老师的指引下，我得以进入新中国工业史研究领域，并确定了本研究课题和研究思路。在研究和写作的过程中，两位老师不仅在书稿写作方面给予我指导和帮助，而且为我提供了到工业企业实地调研的机会，使我对新中国工业史有了更深切的认识。感谢《中国工业史·综合卷》课题组的老师们在会议交流和讨论中给了我启发。感谢责任编辑袁又文老师对书稿内容提出的宝贵意见和专业性建议，以及编辑书稿的辛勤工作。感谢家人的理解、包容和支持，正是由于爱人、父母以及岳父岳母的无私奉献，我才得以脱开本应承担的家务和照顾幼女的责任，顺利完成书稿。

我出生在山西省长治钢铁公司，其前身故县铁厂始建于1947年，是解放战争时期中国共产党在解放区兴建的第一个现代化炼铁厂。从我的祖父辈到我这一辈，许多家庭成员都在这座具有深厚红色传统和峥嵘历史的钢铁企业中工作。在撰写本书的过程中，我越来越被波澜壮阔的新中国工业化历程所打动，也越来越为自己的家乡和家人是这一非凡历程的参与者而感到自豪。这不仅使我更加热爱家乡，也使我有了更加强烈的愿望长期从事新中国工业史研究，做这一伟大历史进程的见证者和记录者。

贾子尧

2024年9月3日